ADMIS FONCTION PUBLIQUE

CONCOURS 2022-2023

6e édition

W0387763

AUXILIAIRE DE PUÉRICULTURE TERRITORIAL

PRINCIPAL DE 2e CLASSE

Tout-en-un

Pierre-Brice Lebrun
Enseignant dans le secteur sanitaire, social et médico-social

Marie-Christine Lefort
Puéricultrice, cadre de santé et formatrice auprès de publics sanitaires et sociaux

Coordonné par Pierre-Brice Lebrun

Avec la collaboration **de Olivier Bellégo**
Ancien directeur des concours du Centre interdépartemental de gestion (CIG) de la petite couronne et du Centre de gestion du Rhône et de la Métropole de Lyon, membre de jurys de concours et examens et élu local

Vuibert

Ressources numériques

Téléchargez gratuitement des ressources numériques sur
www.Vuibert.fr/site/211443

- **1 planning de révisions personnalisable**
- **100 QCM interactifs sur la fonction publique territoriale**

ISBN : 978-2-311-21144-3

Conception de la couverture et de l'intérieur : Séverine Tanguy
Composition : Emili Loriel
Photographie de couverture : ©Adobe/Stock – Tyler Olson

DANGER LE PHOTOCOPILLAGE TUE LE LIVRE

La loi du 11 mars 1957 n'autorisant aux termes des alinéas 2 et 3 de l'article 41, d'une part, que les « copies ou reproductions strictement réservées à l'usage privé du copiste et non destinées à une utilisation collective » et, d'autre part, que les analyses et les courtes citations dans un but d'exemple et d'illustration, « toute représentation ou reproduction intégrale, ou partielle, faite sans le consentement de l'auteur ou de ses ayants droit ou ayants cause, est illicite » (alinéa 1er de l'article 40). Cette représentation ou reproduction, par quelque procédé que ce soit, constituerait donc une contrefaçon sanctionnée par les articles 425 et suivants du Code pénal.
Le « photocopillage », c'est l'usage abusif et collectif de la photocopie sans autorisation des auteurs et des éditeurs. Largement répandu dans les établissements d'enseignement, le « photocopillage » menace l'avenir du livre, car il met en danger son équilibre économique. Il prive les auteurs d'une juste rémunération. En dehors de l'usage privé du copiste, toute reproduction totale ou partielle de cet ouvrage est interdite. Des photocopies payantes peuvent être réalisées avec l'accord de l'éditeur.
S'adresser au Centre français d'exploitation du droit de copie : 20, rue des Grands-Augustins, F-75006 Paris. Tél. : 01 44 07 47 70

© Vuibert – août 2021 – 5, allée de la 2e DB – 75015 Paris
Site Internet : http://www.vuibert.fr

Sommaire
pour se repérer

Travail réalisé

Rappels d'anatomie, physiologie et pathologie

Le nourrisson et l'enfant

La nutrition et l'alimentation de l'enfant

L'hygiène et la sécurité dans les soins quotidiens

La communication professionnelle

PARTIE 2 L'épreuve orale

Votre concours, votre métier en 20 questions

1. En quoi consiste le métier ?

L'auxiliaire de puériculture[1] exerce son métier **sous l'autorité de l'infirmier ou de la puéricultrice** dans le cadre de l'article R. 4311-4 du Code de la santé publique.

Elle ou il réalise dans le cadre du rôle propre à l'infirmier ou au puériculteur (à la puéricultrice), en collaboration avec eux ou sous leur autorité, des **activités d'éveil et d'éducation**, et dispense des **soins d'hygiène et de confort** pour préserver et restaurer la continuité de la vie, le bien-être et l'autonomie de l'enfant.

Il (elle) participe à l'élaboration et au suivi du projet de vie de l'établissement et accueille l'enfant seul ou en groupe.

Les auxiliaires de puériculture des collectivités territoriales (communes, départements, régions et dans les établissements publics qui en dépendent) exercent en **crèches collectives, crèches familiales, halte-garderies, multi-accueil, jardins d'enfants, crèches parentales**, mais aussi comme assistant maternel, et **en service de protection maternelle et infantile (PMI).**

L'auxiliaire de puériculture accueille les enfants de 0 et 6 ans en fonction des structures. Son rôle s'inscrit dans une approche globale de l'enfant et prend en compte la dimension relationnelle des soins ainsi que la communication à la famille.

L'auxiliaire de puériculture participe à l'accueil de l'enfant porteur de maladie chronique, de handicap ou en situation à risque d'exclusion.

Le travail en équipe pluridisciplinaire est une spécificité de ce métier.

2. Quel est le cadre d'emplois ?

Le cadre d'emplois des auxiliaires de puériculture territoriaux, classé en catégorie C, relève de la filière médico-sociale, secteur médico-social.

Il comprend deux grades :

– auxiliaire de puériculture principal de 2e classe, accessible par concours ;

1. Les fonctions suivantes (infirmier, puériculteur, auxiliaire de puériculture) traitées dans ces pages, s'entendent aussi bien au masculin qu'au féminin ; remarque évitant l'écriture inclusive, un peu lourde à lire. NdE

– auxiliaire de puériculture principal de 1re classe, grade d'avancement par ancienneté (il n'existe ni concours, ni examen professionnel d'accès à ce grade).

3. Quelles sont les missions ?

A. En structure d'accueil

L'auxiliaire de puériculture territorial peut prendre en charge un groupe d'enfants bien portants de 3 mois à 3 ans. Elle exerce des activités en fonction du rythme des enfants. Elle prend en charge les enfants en répondant à leurs besoins spécifiques (repas, sommeil et activités) tout en veillant à leur sécurité, leur hygiène et leur confort.

Elle a un rôle de « conseil » auprès des parents autour des sujets concernant la vie quotidienne de leur enfant.

Elle participe à l'élaboration et au suivi du projet de vie de l'établissement.

Elle s'inscrit dans un travail pluridisciplinaire et exerce sous l'autorité de la puéricultrice.

B. En centre de protection maternelle et infantile (PMI)

L'auxiliaire de puériculture accueille les futures mères et les jeunes mamans avec leur enfant. Son rôle ne se limite pas aux soins courants (pesée, mesures, etc.). Son travail consiste aussi à assister aux consultations données par le médecin, à tenir les dossiers à jour et à effectuer, aux côtés de la puéricultrice, des visites dans les familles. Elle participe à la continuité de l'éducation des parents en ayant un rôle de « conseil » sur les sujets du quotidien (repas, soins, activités d'éveil, etc.).

Elle peut aussi être animatrice de relais assistantes maternelles ou de crèche familiale.

4. Quelles sont ses activités et ses compétences ?

A. Quelles sont les activités de l'auxiliaire de puériculture ?

L'auxiliaire de puériculture territorial répond aux activités suivantes :

1. Prendre soin de l'enfant dans ses activités de la vie quotidienne de la naissance à 6 ans (dispenser des soins liés à l'hygiène corporelle, au sommeil, aux activités d'éveil, au confort, à l'alimentation, etc.).

2. Observer l'enfant et mesurer les principaux paramètres liés à son état de santé et à son développement (développement somatique, psychomoteur et affectif, etc.).

3. Aider l'infirmier ou le puériculteur (la puéricultrice) à la réalisation des soins (préparer et rassurer l'enfant lors de soins et observer ses réactions, etc.).

4. Assurer l'entretien de l'environnement immédiat de l'enfant et des matériels de soins (aménagement et entretien du lieu de vie familial ou collectif, lit, jouets, tapis d'éveil, etc.).

5. Recueillir et transmettre ses observations par oral et par écrit pour maintenir la continuité des soins et des activités (recueillir les informations venant des familles et retransmettre ces informations en utilisant les outils de transmissions adéquats, etc.).

6. Accueillir, informer et accompagner l'enfant et sa famille. Présenter à la famille et à l'enfant le service et les professionnels de PMI ou de crèche, donner les informations nécessaires pour une bonne collaboration, échanger et communiquer avec les parents pour une mise en confiance, donner des conseils sur l'hygiène, l'alimentation, les rythmes de vie, la sécurité domestique, etc.

7. Réaliser des activités d'éveil, de loisirs et d'éducation (aider l'enfant dans les activités quotidiennes, lavage des mains par exemple).

8. Proposer et organiser des activités d'éveil diversifiées individuelles ou collectives, etc.

9. Accueillir et accompagner des collègues et des stagiaires en formation (notions de tutorat, expliquer les fonctions et les activités de chaque professionnel, les modalités de chaque activité, etc.).

B. Quelles sont les compétences demandées à l'auxiliaire de puériculture ?

- Discrétion et respect de la confidentialité
- Disponibilité et écoute de l'enfant et des familles
- Patience et maîtrise de soi
- Respect et tolérance envers les familles d'un point de vue éthique
- Empathie devant des situations complexes (d'enfance en danger ou de handicap par exemple)
- Réactivité dans une situation d'urgence

5. Quelles sont les conditions générales pour avoir la qualité de fonctionnaire ?

Ces conditions sont au nombre de cinq :

1. Posséder la nationalité française ou être citoyen de l'Espace économique européen ou citoyen suisse

2. Jouir de ses droits civiques et électoraux en France ou dans son pays d'origine

3. Ne pas avoir subi de condamnation inscrite au bulletin n° 2 du casier judiciaire qui soit incompatible avec l'exercice des fonctions

4. Être en position régulière au regard des obligations de service national de l'État dont il est ressortissant

5. Remplir les conditions d'aptitude physique exigées pour l'exercice des fonctions

6. Comment se déroule le concours d'accès au grade d'auxiliaire de puériculture principal de 2e classe ?

A. Quelles sont les conditions d'accès au concours ?

Peuvent se présenter à ce concours, les candidats titulaires de l'un des titres ou diplômes mentionnés aux articles L.4392-1 et L.4392-2 du Code de la santé publique :

- diplôme d'État d'auxiliaire de puériculture ;
- certificat d'aptitude aux fonctions d'auxiliaire de puériculture ;
- diplôme professionnel d'auxiliaire de puériculture.

Ce concours est également ouvert aux personnes ayant satisfait, après 1971, à l'examen de passage de première en deuxième année du diplôme d'État d'infirmier ou, après 1979, du diplôme d'infirmier de secteur psychiatrique.

■ **Diplômes européens**

Les candidats titulaires d'une autorisation d'exercer les fonctions d'auxiliaire de puériculture délivrée par le Préfet de Région au vu, notamment, des titres, diplômes, certificats et titres obtenus dans un État membre de la Communauté européenne ou dans un État partie à l'accord sur l'Espace économique européen autre que la France, bénéficient des mêmes droits que les titulaires du diplôme professionnel d'auxiliaire de puériculture.

■ **Demande d'équivalence de diplômes**

Si vous disposez d'un diplôme étranger délivré dans un État autre qu'un État membre de la communauté européenne ou partie de l'accord sur l'espace économique européen, vous devez saisir la commission d'équivalence placée auprès du Président du CNFPT, à l'adresse suivante :

Centre National de la Fonction Publique Territoriale
Commission d'équivalence de diplômes et de reconnaissance de l'expérience professionnelle
80, Rue de Reuilly – CS 41232 – 75578 PARIS cedex 12

Le dossier de demande d'équivalence est à télécharger sur le site Internet du CNFPT : www.cnfpt.fr.

Cette commission est également compétente pour apprécier l'expérience professionnelle du demandeur, soit en complément de ces mêmes diplômes et titres, soit en l'absence de tout diplôme.

B. Quelle est l'épreuve du concours ?

Le concours comprend uniquement une épreuve orale d'admission.

Celle-ci consiste en un entretien permettant d'apprécier les capacités professionnelles du candidat, ses motivations et son aptitude à exercer les missions incombant aux membres du cadre d'emplois (durée : 15 minutes).

Cet entretien permet au jury d'évaluer la motivation et les compétences professionnelles du candidat, ainsi que sa connaissance de l'environnement institutionnel au sein duquel il exerce son métier. Il requiert également du candidat une connaissance de l'actualité sanitaire et sociale.

Il est attribué à l'épreuve une note de 0 à 20.

Un candidat ne peut être admis s'il n'a pas obtenu au moins 10 sur 20 à cette épreuve.

7. Quelles sont les étapes du recrutement ?

Le recrutement en tant qu'auxiliaire de puériculture principal de 2e classe intervient après inscription sur une liste d'aptitude établie après concours. L'inscription sur cette liste d'aptitude ne vaut pas recrutement mais permet de postuler auprès des collectivités territoriales : communes, départements, régions et leurs établissements publics.

A. Comment « fonctionne » la liste d'aptitude ?

La liste d'aptitude est établie par l'autorité organisatrice du concours, un centre de gestion de la fonction publique territoriale ou, dans l'hypothèse rare où une collectivité territoriale non affiliée à un centre de gestion organise elle-même ce concours, une collectivité territoriale non affiliée.

À noter que **toute liste d'aptitude a valeur nationale**, ce qui signifie que, quelle que soit l'autorité organisatrice du concours dont vous êtes lauréat, vous pouvez être recruté par toute collectivité territoriale. Le fait, par exemple, que vous soyez lauréat du concours organisé par le centre interdépartemental de gestion (CIG) de la petite couronne ne fait pas obstacle à ce que la commune de Cluses (Haute-Savoie) vous recrute. Cette dernière devra toutefois dans ce cas s'acquitter d'un « **coût du lauréat** », perçu par l'organisateur du concours, dans la mesure où elle n'est pas affiliée au CIG de la petite couronne et n'a pas conventionné avec ce dernier l'organisation de ce concours.

L'inscription sur la liste d'aptitude est automatique en cas de réussite, sauf si le lauréat signale être déjà inscrit sur une autre liste d'aptitude du même cadre d'emplois, auquel cas il doit opter pour l'une ou l'autre liste.

La liste mentionne les coordonnées personnelles des lauréats qui en ont expressément autorisé la publication.

La durée de validité de la liste d'aptitude est de deux ans, renouvelable deux fois pour une durée d'un an, soit une durée totale d'inscription de quatre ans. Toutefois, pour bénéficier d'une réinscription sur la liste d'aptitude pour une troisième et quatrième années, le lauréat doit en faire la demande, par courrier recommandé avec accusé de réception, dans le délai d'un mois avant le terme de la deuxième ou de la troisième année.

Le décompte de la période de quatre ans est suspendu pendant la durée de congé parental, de maternité, d'adoption, de présence parentale et d'accompagnement d'une personne en fin de vie, ainsi que pendant la période de congé de longue durée et de celle de l'accomplissement des obligations du service national. Il est également suspendu pour les élus locaux jusqu'au terme de leur mandat et lorsqu'un agent contractuel est recruté dans une collectivité ou un établissement public territorial pour assurer le remplacement temporaire de fonctionnaires sur le fondement de l'article 3-1 de la loi du 26 janvier 1984, alors qu'il est inscrit sur une liste d'aptitude d'accès à un cadre d'emploi dont les missions correspondent à l'emploi qu'il occupe. Enfin, il est également suspendu pour les agents qui ont conclu un engagement de service civique.

Pour bénéficier de ces dispositions, le lauréat doit adresser une demande au centre de gestion, accompagnée de justificatifs.

B. Et le recrutement proprement dit ?

L'inscription sur une liste permet de postuler auprès des collectivités territoriales, communes, départements, régions et leurs établissements publics à l'exception de la Ville de Paris qui a un statut particulier.

La recherche d'emploi relève d'une démarche personnelle du lauréat qui pourra adresser des candidatures spontanées aux collectivités.

Cependant, le centre de gestion facilite la recherche d'emploi des lauréats qui le souhaitent.

Ceux-ci ont la possibilité :

- de consulter les offres d'emplois proposées par les collectivités ;
- de faire figurer leurs coordonnées personnelles sur la liste d'aptitude, facilitant ainsi la prise de contact par les collectivités ;
- de faire connaître aux collectivités leur CV et leurs souhaits professionnels et géographiques, en adressant au centre de gestion leur demande d'emploi qui sera diffusée sur Internet.

Les sites Internet concernés sont www.rdv emploipublic.fr ou www.fncdg.com

C. Comment se passe la nomination ?

a. Nomination en tant que stagiaire

Lors de son recrutement, le lauréat inscrit sur une liste d'aptitude est nommé en qualité d'auxiliaire de puériculture principal de 2e classe stagiaire.

Le stage est une période probatoire qui a pour but de vérifier l'aptitude à l'exercice des fonctions.

La durée statutaire est d'un an.

Cette période de stage peut être, à titre exceptionnel, prolongée d'une durée maximale d'un an par l'autorité territoriale et après avis de la commission administrative paritaire.

Les agents qui, antérieurement à leur nomination, avaient la qualité de fonctionnaire, sont dispensés de stage à condition qu'ils aient accompli deux ans au moins de services publics effectifs dans un emploi de même nature.

b. La titularisation

La titularisation intervient à la fin du stage, par décision de l'autorité territoriale.

Lorsque la titularisation n'est pas prononcée, le stagiaire est soit licencié s'il n'avait pas auparavant la qualité de fonctionnaire, soit réintégré dans son cadre d'emplois, corps ou emploi d'origine s'il était déjà titulaire d'un grade.

8. Comment se déroule la carrière et pour quelle rémunération ?

A. Déroulement de carrière

Le cadre d'emplois ne comprend que deux grades, un grade de recrutement par concours (auxiliaire de puériculture principal de 2e classe) et un grade d'avancement à l'ancienneté (auxiliaire de puériculture principal de 1re classe). Il n'existe ni concours ni examen professionnel d'accès à ce grade d'avancement.

Les titulaires du grade d'auxiliaires de puériculture principal de 2e classe peuvent ainsi bénéficier au cours de leur carrière d'un avancement au grade d'auxiliaire de puériculture principal de 1re classe.

S'il existe un poste vacant, la nomination au grade d'auxiliaire de puériculture principal de 1re classe est prononcée par l'autorité territoriale, après inscription sur un tableau annuel d'avancement, établi par ordre de mérite après avis de la commission administrative paritaire.

Déroulement de carrière

Auxiliaire de puériculture principal de 1re classe (C3)

↑

Tableau d'avancement

Conditions

Justifier d'au moins un an d'ancienneté dans le 4e échelon du grade d'auxiliaire de puériculture principal de 2e classe

ET

compter au moins cinq ans de services effectifs dans ce grade ou dans un grade d'un autre corps ou cadre d'emploi de catégorie C doté de la même échelle de rémunération, ou dans un grade équivalent si le corps ou cadre d'emploi d'origine est situé dans une échelle de rémunération différente ou n'est pas classé en catégorie C.

↑

Auxiliaire de puériculture principal de 2e classe (C2)

↑

Concours externe sur titres

B. La rémunération

Traitement brut mensuel au 1er février 2021 :

– un auxiliaire de puériculture principal de 2e classe en début de carrière : 1 565,13 € (indice majoré 334) ;

– un auxiliaire de puériculture principal de 2e classe en fin de carrière : 1 968,13 € (indice majoré 420) ;

– un auxiliaire de puériculture principal de 1re classe en fin de carrière : 2 216,49€ (indice majoré 473).

Au traitement s'ajoutent diverses indemnités et primes.

Enfin les fonctionnaires des collectivités territoriales sont affiliés à un régime particulier de Sécurité sociale et de retraite accordant les mêmes avantages que le régime des fonctionnaires de l'État.

La grille indiciaire de la fonction publique territoriale du 1er janvier 2021 ci-après résume les salaires bruts mensuels des différents indices majorés.

Grille indiciaire de la fonction publique territoriale 01/01/21

Auxiliaire de puériculture principal de 2e classe				Catégorie C
Échelon	Indice Brut	Indice majoré	Durée	Traitement brut mensuel
1	356	334	1 an	1 565,13 €
2	359	335	2 ans	1 569,82 €
3	362	336	2 ans	1 574,50 €
4	364	338	2 ans	1 583,88 €
5	376	346	2 ans	1 621,36 €
6	387	354	2 ans	1 658,85 €
7	404	365	2 ans	1 710,40 €
8	430	380	2 ans	1 780,69 €
9	446	392	3 ans	1 836,92 €
10	461	404	3 ans	1 893,15 €
11	473	412	4 ans	1 930,64 €
12	486	420		1 968,13 €

Auxiliaire de puériculture principal de 1re classe				Catégorie C
Échelon	Indice Brut	Indice majoré	Durée	Traitement brut mensuel
1	380	350	1 an	1 640,11 €
2	393	358	1 an	1 677,60 €
3	412	368	2 ans	1 724,46 €
4	430	380	2 ans	1 780,69 €
5	448	393	2 ans	1 841,61 €
6	460	403	2 ans	1 888,47 €
7	478	415	3 ans	1 944,70 €
8	499	430	3 ans	2 014,99 €
9	525	450	3 ans	2 108,71 €
10	558	473		2 216,49 €

9. En quoi consiste la formation ?

Depuis la loi de modernisation de la fonction publique du 19 février 2007, on distingue plusieurs types de formations.

A. Les formations liées à l'emploi et au cadre d'emplois

Elles sont obligatoires et permettent l'acquisition des connaissances nécessaires à l'intégration dans la fonction publique territoriale :

– la **formation statutaire d'intégration** dédiée à l'acquisition de connaissances sur l'environnement territorial qui se déroule sur cinq jours ;

– la **formation de professionnalisation pour un 1er emploi**, qui doit se dérouler dans les deux ans suivant la nomination. La durée de la formation dépend du motif ;

– la **formation de professionnalisation pour prise de poste à responsabilité** ;

– la **formation tout au long de la carrière** à raison de cinq jours par tranche de cinq ans ;

– **l'actualisation des connaissances relatives aux gestes et soins d'urgences**, sachant que la validation de l'attestation de formation aux gestes et soins d'urgences a une durée de validité de 4 ans.

B. Qu'est-ce que le compte personnel de formation (CPF) ?

Mis en place en janvier 2015, le CPF remplace le DIF (droit individuel à la formation). L'auxiliaire de puériculture peut bénéficier d'une formation grâce à un cumul d'heures mobilisables tout au long de sa carrière, de l'entrée dans la vie active à la retraite. Le CPF est un droit universel d'évolution professionnelle à l'emploi et à la démocratie sociale.

C. Quelles sont les préparations aux concours et examens professionnels ?

Ces formations sont comprises dans la formation professionnelle tout au long de la vie et peuvent être demandées par l'agent dans le cadre du CPF.

D. Les formations de perfectionnement Formation de professionnalisation tout au long de la carrière

Elles sont dispensées en cours de carrière dans le but de maintenir, de développer ou d'acquérir des compétences professionnelles. Elles sont prescrites par la hiérarchie.

E. La validation des acquis de l'expérience (VAE)

Ce dispositif offre à l'agent la possibilité d'acquérir une nouvelle qualification professionnelle. La VAE fait valoir ses compétences dans le cadre d'une mobilité professionnelle ainsi que ses aptitudes et ses motivations afin de définir un projet professionnel ou un projet de formation.

REMARQUE DU FORMATEUR

Le décret n° 2011-2114 du 30 décembre 2011 donne obligation aux auxiliaires de puériculture de la fonction publique territoriale de se former tout au long de la vie.

10. Qu'est-ce que la mobilité ?

Tous les agents de la fonction publique territoriale ont accès à la mobilité interne ou externe.

- **Changer de poste ou de lieu**

Mobilité interne : l'agent peut changer de poste dans la même collectivité.
Mobilité externe : l'agent peut postuler dans une autre collectivité.

C'est à l'agent de chercher un poste vacant auprès d'un nouvel employeur. Si la candidature est retenue, l'agent doit signaler par écrit son souhait de changement de poste à l'employeur actuel. L'agent sera alors muté ou détaché ou intégré directement selon la situation administrative.

- **Passer des concours de la fonction publique**

– **Concours externe :** selon le diplôme exigé (ou un diplôme et/ou une formation reconnus comme équivalents)

– **Concours interne :** selon votre ancienneté d'agent public et fonctionnaire (stagiaire et titulaire)

– **Troisième concours :** selon votre expérience professionnelle dans le secteur privé, quelle qu'en soit la nature, ou votre responsabilité associative, ou votre mandat d'élu local

- **Trois niveaux de concours**

– **Concours de catégorie C** pour les fonctions d'exécution, accessible avec un CAP ou un BEP.

– **Concours de catégorie B** pour les fonctions d'application, accessible avec un baccalauréat.

– **Concours de catégorie A** pour les fonctions de direction/conception accessible avec bac + 3.

11. Quels sont les textes juridiques de référence ?

– **Articles L. 4392-1 et L. 4392-2** du Code de la santé publique

– **Décret n° 92-865 du 28 août 1992** modifié portant statut particulier du cadre d'emplois des auxiliaires de puériculture territoriaux

– **Décret n° 93-398 du 18 mars 1993** modifié relatif aux conditions d'accès et aux modalités d'organisation des concours sur titres pour le recrutement, notamment, des auxiliaires de puériculture territoriaux

– **Arrêté du 16 janvier 2006** relatif à la formation conduisant au diplôme profes- sionnel d'auxiliaire de puériculture (*cf.* annexes I et II), modifié par l'**arrêté du 30 novembre 2009** modifiant l'arrêté du 16 janvier 2006 relatif à la formation conduisant au diplôme professionnel d'auxiliaire de puériculture

– **Décret n° 2011-2114 du 30 décembre 2011** relatif au développement professionnel continu des professionnels de santé paramédicaux

– **Décret n° 2013-593 du 5 juillet 2013** modifié relatif aux conditions générales de recrutement et d'avancement de grade et portant diverses dispositions statutaires applicables aux fonctionnaires de la fonction publique territoriale

– **Décret n° 2016-596 du 12 mai 2016** modifié relatif à l'organisation des carrières des fonctionnaires de catégorie C de la fonction publique territoriale

– **Décret n° 2016-604 du 12 mai 2016** fixant les différentes échelles de rémunération pour les fonctionnaires de catégorie C de la fonction publique territoriale

– **Décret n° 2017-715 du 2 mai 2017** modifiant le décret n° 2016-596 du 12 mai 2016 relatif à l'organisation des carrières des fonctionnaires de catégorie C de la fonction publique territoriale

– **Arrêté du 7 avril 2020** relatif aux modalités d'admission aux formations conduisant aux diplômes d'État d'aide-soignant et d'auxiliaire de puériculture.

Auto-évaluation

1. Collectivités territoriales

Chaque question comporte une ou plusieurs bonnes réponses.

❶ Un(e) auxiliaire de puériculture territorial recruté(e) par une autre collectivité bénéficie :

☐ a. d'une mutation
☐ b. d'un détachement
☐ c. d'une disponibilité
☐ d. d'une promotion

❷ L'auxiliaire de puériculture territorial(e) qui travaille en crèche municipale est placé(e) sous l'autorité hiérarchique :

☐ a. du directeur ou de la directrice de la structure
☐ b. du maire de la commune
☐ c. du président du conseil départemental
☐ d. du médecin de PMI

❸ L'auxiliaire de puériculture qui travaille en PMI est soumis(e) :

☐ a. au secret professionnel par état (lié/e au diplôme d'État dont il/elle est titulaire)
☐ b. au devoir de réserve
☐ c. à l'obligation de discrétion professionnelle
☐ d. au secret médical

❹ Le préfet est le supérieur hiérarchique :

☐ a. du maire
☐ b. du président du conseil départemental
☐ c. du directeur départemental de la cohésion sociale et de la protection des populations
☐ d. du directeur de l'aide sociale à l'enfance

❺ Sont des obligations pour la commune et représentent des dépenses obligatoires :

☐ a. la création et le fonctionnement de crèches et autres établissements d'accueil du jeune enfant (EAJE)
☐ b. la création et le fonctionnement de restaurants scolaires
☐ c. l'organisation des élections européennes
☐ d. la création et le fonctionnement de « garderies » avant et après l'école pour les enfants des écoles maternelles

2. Actualité sanitaire et sociale

❶ Il existe plusieurs types de handicap. L'autisme est considéré comme :

☐ **a.** un handicap mental
☐ **b.** un handicap psychique
☐ **c.** un trouble envahissant du développement
☐ **d.** un handicap sensoriel

❷ La Commission pour les droits et l'autonomie des personnes handicapées (CDAPH) :

☐ **a.** a remplacé la COTOREP et ne s'occupe que des majeurs
☐ **b.** a remplacé la CDES et s'occupe aussi des mineurs
☐ **c.** est un service déconcentré de l'État
☐ **d.** siège à la maison départementale des personnes handicapées (MDPH)

❸ Sont des structures spécialisées dans la prise en charge des enfants porteurs de handicap

☐ **a.** le centre médico-psycho-pédagogique (CMPP) :
☐ **b.** la maison d'accueil spécialisée (MAS)
☐ **c.** le centre d'action médico-sociale précoce (CAMSP)
☐ **d.** l'institut thérapeutique, éducatif et pédagogique (ITEP)

❹ Les parents d'un enfant mineur sont :

☐ **a.** ses responsables légaux
☐ **b.** ses représentants légaux
☐ **c.** obligés alimentaires, même après sa majorité
☐ **d.** autorisés en France à lui donner une fessée

❺ Une relation sexuelle imposée est considérée comme un viol :

☐ **a.** même entre époux
☐ **b.** même entre partenaires pacsés
☐ **c.** même entre concubins
☐ **d.** entre partenaires pacsés et concubins, mais pas entre époux : il s'agit d'un devoir conjugal

3. Anatomie, physiologie et pathologie

❶ Trois fonctions essentielles garantissent la survie de l'être humain :

☐ **a.** la fonction de reproduction
☐ **b.** la fonction de relation
☐ **c.** la fonction d'hydratation
☐ **d.** la fonction de nutrition

❷ Un appareil est un groupement d'organes qui exercent la même fonction.

L'appareil digestif comprend :

☐ **a.** l'œsophage
☐ **b.** le côlon

☐ c. l'urètre
☐ d. le canal endolymphatique

❸ **Ils assurent le transport de l'oxygène et du gaz carbonique :**

☐ a. les protéines plasmatiques (albumine...)
☐ b. les globules blancs (leucocytes)
☐ c. les plaquettes (thrombocytes)
☐ d. les globules rouges (hématies)

❹ **Pour les enfants nés avant le 1er janvier 2018, l'obligation vaccinale impose :**

☐ a. 3 vaccins (antidiphtérique, antitétanique et antipoliomyélitique)
☐ b. 4 vaccins (antidiphtérique, antitétanique, antipoliomyélitique et ROR - rougeole-oreillons-rubéole)
☐ c. 5 vaccins (antidiphtérique, antitétanique, antipoliomyélitique, ROR - rougeole-oreillons-rubéole - et BCG - contre la tuberculose)
☐ d. 11 vaccins (listés par l'article L. 3111-2 du code de la santé publique)

❺ **Les maladies infectieuses chez l'enfant évoluent en cinq phases, dont, dans l'ordre :**

☐ a. l'incubation
☐ b. l'invasion
☐ c. la rétractation
☐ d. la convalescence

4. Hygiène et nutrition

❶ **Sont des substances énergétiques qui apportent à l'organisme les éléments nécessaires à ses besoins :**

☐ a. les glucides
☐ b. les vitamines liposolubles (A, D, E, K)
☐ c. les lipides
☐ d. le magnésium

❷ **La ration lactée, en ml par 24 heures, pour un bébé de moins de 6 kilos, se calcule selon :**

☐ a. le règle de Troyes
☐ b. la règle d'Appert
☐ c. la règle d'Avinci
☐ d. la règle d'Apgar

❸ **Si un enfant s'étouffe après avoir avalé un corps étranger, il faut :**

☐ a. appeler son supérieur hiérarchique
☐ b. pratiquer la méthode de Heimlich
☐ c. pratiquer la méthode de Mofenson
☐ d. appeler les pompiers

❹ **Quand un enfant saigne du nez, il convient de :**

☐ a. appuyer sur la narine qui saigne et pencher la tête de l'enfant vers l'arrière
☐ b. appeler son supérieur hiérarchique

☐ c. le moucher dès que le saignement cesse
☐ d. appuyer sur la narine qui saigne et pencher la tête de l'enfant vers l'avant

❺ Certaines carences alimentaires peuvent provoquer des maladies ou des réactions physiques désagréables :

☐ a. L'hypoglycémie est un manque de sucre.
☐ b. L'anémie est une carence en fer.
☐ c. L'hyperglycémie correspond à un taux anormalement élevé de sucre dans le sang.
☐ d. L'apostasie est une carence en potassium.

Corrigés

1. Collectivités territoriales

❶ a. Un AP territorial peut être détaché dans une autre administration, ou dans une association, mais il reste agent de sa collectivité d'origine.

❷ a. et b. L'AP est placé sous l'autorité hiérarchique et fonctionnelle du directeur ou de la directrice de la structure, mais le maire est l'employeur du personnel municipal, comme le président du conseil départemental est l'employeur du personnel départemental.

❸ c. L'AP n'est pas soumis au secret professionnel par état, il peut l'être par profession, lorsqu'il travaille pour l'aide sociale à l'enfance ou la PMI ; il est – comme tout fonctionnaire – soumis à l'obligation de discrétion professionnelle et au devoir de réserve, – qui n'est pas un droit –, et le « secret médical » n'existe pas : un médecin ou une infirmière sont soumis au secret professionnel.

❹ c. Le préfet est le supérieur hiérarchique des directeurs des administrations déconcentrées, tels que le directeur départemental de la cohésion sociale et de la protection des populations ; il est, avec le procureur de la République, une des autorités de tutelle du maire et du président du conseil départemental, et non leur supérieur hiérarchique ; le directeur du service de l'aide sociale à l'enfance est quant à lui un agent du conseil départemental : l'aide sociale à l'enfance est une compétence décentralisée.

❺ c. La commune n'a aucune obligation de gérer ou financer des établissements d'accueil du jeune enfant (EAJE), des restaurants scolaires et des « garderies » avant et après l'école, même pour les enfants des écoles maternelles : ce sont des dépenses facultatives.

2. Actualité sanitaire et sociale

❶ c. 40 % des autistes souffrent d'un handicap mental sévère à profond ; 30 %, d'un handicap mental léger à modéré ; 30 % n'ont aucun handicap ; une petite partie est même douée d'une intelligence supérieure.

❷ b. et d. La CDAPH siège à la MDPH, elle gère, pour le conseil départemental, la situation des mineurs et des majeurs, mais la proposition a. ne précisait « que des majeurs »… il faut toujours bien lire les questions.

❸ a., c. et d. La MAS accueille un public adulte.

❹ b., c. et d. Les parents d'un enfant mineur sont ses représentants légaux, ils restent obligés alimentaires après sa majorité, et l'interdiction faite aux parents de frapper leur enfant n'a en France toujours pas été adoptée définitivement : l'article 371-1 du Code civil précise seulement que « l'autorité parentale s'exerce sans violences physiques ou psychologiques » (depuis le 10 juillet 2019).

❺ a., b. et c. Une relation sexuelle imposée avec pénétration est considérée comme un viol entre époux, entre partenaires pacsés et entre concubins : le « devoir conjugal » n'est pas obligation et nécessite à chaque fois un consentement réel.

3. Anatomie, physiologie et pathologie

❶ a., b. et d. L'hydratation fait partie de la nutrition.

❷ a. et b. Le canal endolymphatique est situé dans l'oreille interne et l'urètre fait partie de l'appareil reproducteur).

❸ d.

❹ a. Pour les enfants nés avant le 1er janvier 2018, l'obligation vaccinale impose 3 vaccins, et 11, désormais, pour les enfants nés après le 1er janvier 2018, dont ne fait pas partie le BCG.

❺ a., b. et d.

4. Hygiène et nutrition

❶ a. et c. Les vitamines liposolubles et le magnésium sont des substances non énergétiques).

❷ b. Le score d'Apgar, mis au point en 1952 par Virginia Apgar, est un test pratiqué sur les nouveau-nés pour contrôler leur état de santé général à la naissance.

❸ b. et c. La méthode de Mofenson est à privilégier avec les enfants de moins d'un an, il conviendra d'appeler ensuite le SAMU, et non les pompiers, en composant le 15 ou le 112 d'un téléphone mobile, si l'enfant devient cyanosé.

❹ d. Il ne faut jamais pencher la tête de l'enfant vers l'arrière, et ne surtout pas le moucher quand le saignement a cessé.

❺ a., b. et c.

Tableau d'analyse du score

Nombre de réponses correctes	Analyse et conseils
Entre 0 et 5	Rien n'est perdu, surtout s'il vous reste du temps, mais vous allez devoir fournir, pour y arriver, un travail important !
Entre 6 et 10	Vos cours d'auxiliaire sont peut-être un peu loin ? Il serait peut-être bon de vous rafraîchir la mémoire, en reprenant les bases ? Vous avez développé des compétences pratiques sur le terrain, et les connaissances théoriques se sont un peu effacées. C'est normal : vous allez vite les raviver avec un entraînement intensif !
Entre 11 et 15	Vous êtes sur la bonne voie, mais pas question de faiblir avant d'avoir franchi la ligne d'arrivée ! Intensifiez vos révisions, il ne vous manque plus grand-chose pour être au niveau du concours.
Entre 16 et 20	Bravo ! Vous maîtrisez les fondamentaux dans tous les domaines, ce n'est pas une raison pour cesser d'étudier : maintenez le rythme, ne lâchez rien, continuez à approfondir vos connaissances !

Méthodologie et conseils

Le concours est le principal mode d'accès aux cadres d'emplois de la fonction publique territoriale et garantit le principe d'égal accès aux emplois publics.

L'épreuve du concours d'auxiliaire de puériculture territorial consiste en un entretien avec un jury permettant d'apprécier les capacités professionnelles du candidat, ses motivations et son aptitude à exercer les missions incombant aux membres du cadre d'emplois d'auxiliaire de puériculture.

La présentation à ce concours impose que vous sachiez comment s'organisent et fonctionnent les collectivités territoriales et que vous exposiez votre motivation professionnelle dans la mission qui vous est confiée.

En tant qu'auxiliaire de puériculture territorial, vous exercerez principalement vos activités sous la responsabilité de la puéricultrice dans deux types de structures :

– les structures d'accueil de la petite enfance où vous prendrez en charge le quotidien et le bien-être des enfants lors des temps d'hygiène, de repas, de sommeil et d'éveil ;

– les services de PMI où vous jouerez un rôle de prévention dans le dépistage des troubles, maladies ou handicaps.

En fonction de ces structures, vous accueillerez des enfants jusqu'à 6 ans. Vous serez en contact permanent avec les enfants et entretiendrez des relations quotidiennes avec les parents.

Cet ouvrage a été conçu à partir du référentiel d'activités dédié aux auxiliaires de puériculture.

Il vous offre les outils nécessaires pour vous préparer au concours et la possibilité de répondre aux questions qui peuvent vous être posées.

Cet ouvrage est composé de deux parties :

- Une **première partie** contenant les **connaissances indispensables**. Elle comprend l'organisation administrative et politique de la France ainsi que le fonctionnement des collectivités territoriales. Cette première partie contient aussi des rappels d'anatomie, physiologie et pathologie et les informations nécessaires à une prise en charge adaptée aux besoins des enfants.
- Une **deuxième partie** traitant de la **préparation à l'épreuve orale** d'admission où vous trouverez des conseils devant vous permettre de répondre avec pertinence aux questions du jury. Enfin, des exercices et leur corrigé vous permettront de vous entraîner.

Nous vous conseillons de débuter la préparation au concours le plus tôt possible.

La régularité dans vos révisions est un élément d'efficacité dans la mémorisation.

Le planning de révisions que nous vous proposons vous aidera à atteindre votre objectif.

CONSEIL DU FORMATEUR

Chacun doit trouver sa méthode de mémorisation personnelle, « faire des fiches » ou lire et relire indéfiniment ne fonctionne pas avec tout le monde : certains ont besoin d'écrire, d'autres, de lire à haute voix, d'autres encore, d'expliquer à quelqu'un ce qu'ils ont appris pour que cela « s'imprime » durablement...

Soyez stratégique dans le découpage de vos révisions. Consacrez plus de temps aux chapitres que vous ne maîtrisez pas bien, abordez-les si nécessaire en deux fois. Les sujets qui vous sont familiers sont à revoir et à valider dès que possible, votre moral sera meilleur si vous voyez la case « validé » se remplir (mais rien ne vous empêche d'y revenir de temps en temps…).

CONSEIL DU FORMATEUR

On révise ce que l'on a appris, il faut donc commencer par étudier, sans Smartphone, sans musique, sans télévision : aménagez-vous des plages horaires de deux heures, et coupez-vous de l'extérieur.

L'organisation et le fonctionnement administratif de la France paraît complexe car la formation initiale d'auxiliaire de puériculture n'apporte pas ces éléments.

C'est généralement sur cette première partie de cours qu'il vous faut mettre l'accent et ne pas hésiter à donner de votre temps.

Les éléments de cours qui suivent comportent une majorité d'apports déjà découverts lors de votre formation initiale et alimentés par votre quotidien professionnel.

CONSEIL DU FORMATEUR

Soyez curieux ! N'hésitez pas à prolonger vos recherches sur Internet, à consulter un dictionnaire, à ressortir, si vous les avez toujours, vos anciens livres de cours ! On trouve aussi beaucoup d'informations dans les bibliothèques...

Les schémas présentés dans cet ouvrage sont la base de l'anatomie/physiologie de l'être humain. La mémorisation des schémas se fait par la compréhension de la structure et l'organisation des éléments.

Entraînez-vous à refaire ces schémas : ils vous aideront à mémoriser le cours.

Des exercices sont présents à chaque fin de chapitre. Nous vous conseillons d'y répondre une fois que vous aurez validé le contenu du cours.

Planning de révisions

REMARQUE DU FORMATEUR

Le calendrier proposé est donné à titre d'exemple et ne peut être daté, sachant que chacun s'organise différemment dans le temps et avance avec cet outil en fonction de ses acquis.

Des séances de travail sont proposées à titre indicatif. Une séance correspond à 2 heures de travail environ et peut s'allonger ou se raccourcir selon les besoins de chaque candidat.

Ce tableau pourra être complété au fur et à mesure que vous avancerez dans vos révisions afin de vous permettre de repérer ce que vous avez intégré et ce qui doit être revu.

PÉRIODES	PARTIES DU PROGRAMME	TEMPS À CONSACRER	
Période 1 Introduction	Le métier	1 séance	☐
	Le cadre d'emplois		
	Les missions		
	Les activités et les compétences		
	Être fonctionnaire		
	Le concours d'accès		
	Le recrutement		
	Le déroulement de carrière et la rémunération		
	La formation		
	La mobilité		
Période 2 Les collectivités territoriales	Les points fondamentaux	1 séance	☐
	Le fonctionnement de l'État	1 séance	☐
	La Constitution et la décentralisation	1 séance	☐
	La commune	2 séances	☐
	L'intercommunalité	1 séance	☐
	Le département	1 séance	☐
	La région	1 séance	☐
	Le contrôle des collectivités territoriales	1 séance	☐

Période 3 L'actualité sanitaire et sociale	Le handicap et sa prise en charge La mobilité des personnes handicapées	1 séance	☐
	Le handicap et la maladie chronique chez l'enfant L'autorité parentale	1 séance	☐
	Du PACS au mariage « pour tous » Les violences au sein du couple Du RMI au RSA	1 séance	☐
	La promotion et la protection sanitaire et sociale	1 séance	☐
	Les besoins La santé publique L'hygiène et la sécurité	1 séance	☐
Période 4 Anatomie, physiologie, pathologie	L'organisation du corps humain Le système nerveux Le système locomoteur	1 séance	☐
	Le système cardio-circulatoire Le système respiratoire et la respiration Le système digestif	1 séance	☐
	Le système urogénital Le système sensoriel	1 séance	☐
	Le système endocrinien Le système immunitaire et le processus infectieux	1 séance	☐
Période 5 Le nourrisson et l'enfant	Le développement de la naissance à 6 ans	2 séances	☐
	Les activités d'éveil	1/2 séance	☐
Période 6 La nutrition et l'alimentation de l'enfant	Les besoins nutritionnels L'alimentation de la naissance à 1 an	1 séance	☐
Période 7 L'hygiène et la sécurité dans les soins quotidiens	L'hygiène du personnel Notions d'ergonomie L'hygiène alimentaire L'hygiène dans la restauration	1 séance	☐
	L'hygiène des locaux et de l'équipement Les gestes de premiers secours La pharmacie et la trousse de secours	1 séance	☐
Période 8 La communication professionnelle	Les transmissions L'accueil et l'accompagnement	1/2 séance	☐
Période 9 L'épreuve orale	Méthodologie et conseils	1 séance	☐
	Entraînements	2 séances	☐

Témoignages de professionnels

« C'est en gardant des enfants le soir, après mes cours de CAP de comptabilité, que j'ai découvert ce que je voulais vraiment faire comme métier. J'ai passé mon diplôme d'auxiliaire de puériculture et comme j'avais envie de suivre les enfants sur une longue période, j'ai choisi de travailler en crèche.

Ce métier a bien évolué depuis ces 20 dernières années. Moi-même, je ne le pratique plus de la même façon que lorsque j'ai commencé. Il y a quelques années, j'ai compris pourquoi j'avais choisi ce métier et cela m'a permis de le voir sous un jour nouveau. Il m'apporte toujours autant de plaisir, même si ce n'est pas facile tout le temps. Il y a cinq ans, j'ai eu envie de changer et de travailler dans une structure plus petite.

J'ai passé et réussi mon concours. »

Claire, 41 ans, auxiliaire de puériculture en crèche

« Je suis entrée dans la vie active en 1990, dans une crèche municipale, avec un Certificat d'aptitude professionnelle d'assistante technique en milieux familial et collectif (d'abord cuisinière, puis lingère). Ce CAP a disparu en 2006, je crois, et le CAP « petite enfance » n'existait pas encore, à l'époque (il a été créé en octobre 1991).

Je suis nommée titulaire au bout d'un an, et je passe le concours d'entrée en école d'auxiliaire de puériculture, car j'aimerais avoir plus de contacts rapprochés avec les enfants.

Je me sens bien dans cet univers : être patiente, à leur écoute, les aimer, les aider et les accompagner dans leur quotidien (éveil, développement psychomoteur, etc.).

Je suis restée une quinzaine d'années dans le même établissement, puis j'ai souhaité découvrir cette profession dans une autre structure, et je me suis orientée vers le service départemental de protection maternelle et infantile (PMI). C'est découvrir, observer, orienter, accompagner des situations diverses qui se présentent. Ainsi il n'y a pas de routine. De plus j'ai l'opportunité de participer avec un médecin aux dépistages lors des bilans de santé en école maternelle pour les enfants de 4 ans (test visuel et auditif, test de langage). L'approche de certains enfants pour parvenir à des résultats (dépasser la timidité, découvrir leur intelligence) me passionne.

Quel plaisir pour moi !

Les diverses formations ont permis un enrichissement et l'acquisition de nouvelles connaissances dans mon travail en fin de carrière, un métier que j'ai souhaité exercer et aimé. »

Sidonie, auxiliaire de puériculture en PMI

« J'ai su à l'adolescence que je voulais travailler auprès des enfants et particulièrement les tout-petits.

J'ai donc commencé par faire un BEP carrières sanitaires et sociales et du baby-sitting en parallèle. J'ai eu la possibilité de suivre les enfants que je gardais durant quatre ans. Ceci m'a permis de les voir évoluer et de créer une relation de confiance avec la famille ; confirmant mon envie d'être auprès des enfants et plus précisément en crèche pour le côté accompagnement de l'enfant et de sa famille, mais aussi pour les choix d'activités qui peuvent être proposées grâce au travail d'équipe.

Une fois diplômée et sur un poste d'auxiliaire de puériculture, j'ai fait « mes premières adaptations » d'enfants en crèche et j'avoue que les premières resteront gravées dans ma mémoire, c'est un moment de partage avec l'enfant et la famille.

On fait connaissance peu à peu. Les parents nous parlent de leurs enfants et nous transmettent leurs habitudes, leurs besoins, mais aussi leurs attentes, leurs inquiétudes et parfois la culpabilité de laisser leur enfant pour aller travailler.

La relation de confiance commence dès cet instant et se prolonge durant toute la durée où l'enfant est à la crèche. Parents/professionnelles échangent sur la journée de l'enfant, les activités, leurs peines, les anecdotes de la journée, leur état de santé, etc. Tout ceci nous permet d'avoir un réel suivi et de prendre en charge l'enfant dans sa globalité.

C'est tout ce travail avec les parents, l'enfant et l'équipe que j'apprécie particulièrement. Voilà six ans que je suis auxiliaire de puériculture mais je dois dire que je ne m'en lasse pas. Pas une journée qui se ressemble. Certes certains jours peuvent être difficiles mais il y en a de si bons avec ces petits enfants ! »

Maïté, auxiliaire de puériculture en crèche

« Cela va bientôt faire trois ans que j'ai obtenu mon diplôme d'auxiliaire de puériculture. À l'issue de mes stages, j'étais certaine de mon choix : je voulais travailler en maternité. Et puis après de nombreuses recherches d'emploi en maternité, en vain, je me suis décidée à me rabattre sur la crèche. À mon grand étonnement, j'y ai trouvé un grand épanouissement professionnel et aujourd'hui, je n'éprouve aucun remords. La crèche correspond tout à fait à mes attentes professionnelles et je veux y rester.

J'ai commencé ma carrière en crèche privée, puis en crèche hospitalière et aujourd'hui, je travaille au sein d'une communauté de communes.

Je souhaite intégrer la fonction publique territoriale qui peut m'apporter de nombreux avantages dans l'évolution de carrière et l'accès à la formation professionnelle. C'est pourquoi, cette année, j'ai dans l'espoir de réussir le concours de la fonction publique territoriale. Je suis en attente des résultats et même si ce n'est pas pour cette fois, je n'en démords pas, je l'aurai un jour.

Pour conclure, je crois que j'ai trouvé ma voie. Je suis fière d'exercer ce métier et heureuse de me lever le matin pour aller travailler. Les enfants nous apportent beaucoup et ensoleillent notre journée. De mon point de vue, je ne pense pas que l'on puisse parler de routine dans ce métier car chaque jour est différent, chaque enfant l'est également. On en apprend tout au long de sa carrière, rien n'est jamais acquis. La connaissance du jeune enfant est très vaste. ”

Vanessa, 24 ans, auxiliaire de puériculture en crèche

PARTIE 1

Les connaissances indispensables

Méthodologie et conseils

Dans cet ouvrage, chacun doit trouver sa méthode de mémorisation personnelle.

Toutefois, nous vous conseillons de débuter la préparation au concours le plus tôt possible.

La régularité dans vos révisions est un élément d'efficacité dans la mémorisation des notions. Nous vous proposons un planning de révision défini et régulier qui doit vous permettre d'atteindre votre objectif.

Soyez stratégique dans le découpage de vos révisions. Privilégiez votre disponibilité aux chapitres que vous ne maîtrisez pas bien. Les sujets qui vous sont familiers sont à revoir et à valider dès que possible, votre moral sera meilleur si vous voyez la case « validé » se remplir.

L'organisation et le fonctionnement politiques et administratifs de la France sont complexes car la formation initiale d'auxiliaire de puériculture n'apporte pas ces éléments. C'est généralement sur cette première partie de cours qu'il vous faut mettre l'accent et ne pas hésiter à donner de votre temps.

Les éléments de cours qui suivent comportent une majorité d'apports déjà découverts lors de votre formation initiale et alimentés par votre quotidien professionnel.

CONSEIL DU FORMATEUR

Les schémas présentés dans cet ouvrage sont la base de l'anatomie/physiologie de l'être humain. La mémorisation des schémas se fait par la compréhension de la structure et l'organisation des éléments.

Entraînez-vous à refaire ces schémas, ils vous aideront à mémoriser le cours.

Des exercices sont présents à chaque fin de chapitre. Nous vous conseillons d'y répondre, une fois que vous aurez validé le contenu du cours.

Les collectivités territoriales

1. Les points fondamentaux

1. Les régions, les départements et les communes

Les collectivités territoriales sont des **administrations décentralisées**. Chaque collectivité territoriale est administrée par une **assemblée délibérante élue** : quand une assemblée délibérante élue prend des décisions, on dit qu'elle vote des **délibérations**. Son élection lui donne sa légitimité : ses décisions doivent être respectées, puisque ses membres ont été choisis par les électeurs (une assemblée délibérante est toujours élue, contrairement à une assemblée consultative). Il existe, en France, essentiellement trois types de collectivités territoriales : la **région**, le **département** et la **commune**.

> **REMARQUE DU FORMATEUR**
>
> L'expression « collectivité locale » a disparu de l'article 34 de la Constitution lors de la révision constitutionnelle du 28 mars 2003 : elle a été remplacée par « collectivité territoriale ».

Le **conseil régional** administre la région : il est composé de **conseillers régionaux** élus pour six ans lors des **élections régionales**, qui élisent ensuite leur président.

Le **conseil départemental** administre le département : il est composé de **conseillers départementaux** élus pour six ans par binômes mixtes (une femme/un homme) lors des **élections départementales**, qui élisent ensuite leur président.

Le **conseil municipal** administre la commune : il est composé de **conseillers municipaux** élus pour six ans lors des **élections municipales**, qui élisent ensuite le maire, qui préside le conseil municipal (le maire est donc élu au **suffrage universel indirect**).

> **REMARQUE DU FORMATEUR**
>
> La loi n° 2013-403 du 17 mai 2013 a modifié le nom de l'assemblée qui dirige le département : elle prend à compter de mars 2015 le nom de **conseil départemental**, en remplacement de la précédente appellation de conseil général. Les **conseillers généraux** étaient élus lors des **élections cantonales**.

Les collectivités territoriales détiennent des compétences propres, qui leur sont attribuées par la loi, leur autonomie administrative leur permet de disposer de leur propre personnel et de leur propre budget.

Les collectivités territoriales sont placées sous le contrôle de l'État, exercé par le préfet, qui s'assure de la légalité des actes et des décisions : il effectue un contrôle de légalité *a posteriori* (une fois la décision prise) qui n'est pas un contrôle d'opportunité (il ne se prononce pas sur l'intérêt de la décision, seulement sur sa légalité).

Le préfet est une **autorité déconcentrée** : il dépend de l'État.

Les collectivités territoriales sont des **personnes morales de droit public** tandis que les associations et les entreprises sont des **personnes morales de droit privé**.

Les services de l'État installés au niveau local ne sont pas des personnes morales, mais des administrations déconcentrées.

2. Le découpage territorial

La France est découpée en régions : à la tête de chaque région, il y a une préfecture de région. Les régions sont découpées en départements : à la tête de chaque département, il y a une préfecture. Les départements sont découpés en arrondissements : à la tête de chaque arrondissement, il y a théoriquement une sous-préfecture, installée dans le chef-lieu d'arrondissement. Les arrondissements sont découpés en cantons (sauf à Paris, Lyon et Marseille) : à la tête de chaque canton, il y a un chef-lieu de canton. Les départements sont aussi découpés en communes, qui peuvent, pour les plus grandes, être constituées de plusieurs arrondissements ou de plusieurs cantons.

L'article 72 de la Constitution définit, après la révision du 28 mars 2003, comme collectivités territoriales de la République :

- 34 965 communes dont 34 839 en métropole (au 1er janvier 2021) ;
- 96 départements de Corse et de métropole ;
- 5 départements d'outre-mer (DOM), dont celui de Mayotte (le processus de départementalisation de Mayotte débuté le 31 mars 2011 s'étend jusqu'en 2036) ;

REMARQUE DU FORMATEUR

Depuis le 1er janvier 2015, le département du Rhône possède une architecture particulière : les services de l'État demeurent identiques (préfet et sous-préfets), le département possède en son sein deux collectivités territoriales, le conseil départemental du Rhône et la métropole de Lyon, qui exercent les mêmes prérogatives sur leurs territoires respectifs.

REMARQUE DU FORMATEUR

Suite à un référendum auquel la Guadeloupe a répondu « non », les conseils régionaux et départementaux de Guyane et de Martinique ont été fusionnés en une assemblée unique au 1er janvier 2016.

– 12 régions de métropole et la collectivité territoriale de Corse, composée de deux départements (Haute-Corse et Corse-du-Sud) ;

– 2 régions d'outre-mer (ROM), Guadeloupe et La Réunion (la Martinique et la Guyane sont des collectivités à statut particulier, comme Mayotte et la métropole de Lyon) ;

REMARQUE DU FORMATEUR

L'Assemblée nationale a adopté le 25 novembre 2014, en seconde lecture, la **nouvelle carte à 13 régions**, qui comprend notamment la fusion des régions Poitou-Charentes, Limousin et Aquitaine, ainsi que celle du Nord-Pas-de-Calais et de la Picardie. Cette nouvelle carte fait passer le nombre de régions en métropole de 22 à 13 (Corse comprise). Les régions fusionnées ont provisoirement porté un nom constitué de la juxtaposition dans l'ordre alphabétique de leurs deux noms (sauf la Normandie, réunion de la Haute Normandie et de la Basse Normandie), leur nom définitif, et leur chef-lieu, ont été fixés en septembre 2016 par un décret en Conseil d'État (ainsi, l'Alsace Champagne-Ardenne Lorraine devient le Grand Est et a pour chef-lieu Strasbourg).

– les collectivités d'outre-mer (COM) : Saint-Pierre-et-Miquelon, Wallis-et-Futuna, la Polynésie française (ce ne sont plus des TOM depuis la révision du 28 mars 2003), Saint-Barthélemy et Saint-Martin (Antilles) ;

– la Nouvelle-Calédonie est dotée d'un gouvernement autonome, elle bénéficie d'un statut spécial, mais elle vient, par référendum, de refuser son indépendance ;

– les TAAF, terres australes et antarctiques françaises : elles restent le seul TOM (depuis la loi statutaire du 6 août 1955).

3. Les agents de la fonction publique

Les fonctionnaires qui travaillent dans les **collectivités territoriales** appartiennent essentiellement à la **fonction publique territoriale**. On trouve également dans les collectivités territoriales, en nombre limité, des fonctionnaires détachés des autres fonctions publiques (essentiellement fonction publique de l'État mais aussi fonction publique hospitalière).

Les fonctionnaires qui travaillent dans les préfectures et dans les **administrations déconcentrées** appartiennent à la **fonction publique de l'État** (il existe une troisième fonction publique, la **fonction publique hospitalière**).

REMARQUE DU FORMATEUR

La loi du 13 juillet 1983 portant droits et obligations des fonctionnaires s'applique aux agents des trois fonctions publiques, c'est une sorte de code de déontologie commun qu'il est conseillé de lire et de comprendre avant de présenter l'oral.

2. Le fonctionnement de l'État

Il est indispensable, pour bien comprendre le fonctionnement des collectivités territoriales, de bien connaître le fonctionnement de l'État et le principe de la séparation des pouvoirs.

1. La séparation des pouvoirs

La démocratie française repose sur le principe de la séparation des pouvoirs, développé par le philosophe Montesquieu (1689-1755) dans un ouvrage intitulé *De l'esprit des lois* (1748). Il a inspiré les révolutionnaires et les rédacteurs des Constitutions successives : la séparation des pouvoirs est imposée par la Ve Constitution de la République, adoptée le 4 octobre 1958.

Les trois pouvoirs principaux détenus par l'État doivent être indépendants les uns des autres, mais ils doivent aussi se contrôler mutuellement :

- le **pouvoir législatif** vote les lois : on dit qu'il légifère ;
- le **pouvoir exécutif** les exécute : il possède pour cela le **pouvoir réglementaire** ;
- le **pouvoir judiciaire** les applique.

2. Le pouvoir législatif

Le pouvoir législatif appartient au **Parlement**, composé de l'**Assemblée nationale** et du **Sénat**. En latin, *legis* signifie « de la loi » : on retrouve cette racine dans « législation », « légiférer » ou « médecin légiste », le médecin qui intervient dans le cadre d'une procédure judiciaire. Le Parlement est bicaméral, c'est-à-dire qu'il est constitué de deux chambres : l'Assemblée nationale (la Chambre des députés) et le Sénat (la Chambre des sénateurs). Les députés et les sénateurs sont des parlementaires.

CONSEILS DU FORMATEUR

Recherchez le nom du président de l'Assemblée nationale, celui du président du Sénat. Qui ont-ils remplacé ? Dans quel département ont-ils été élus député ou sénateur ? Le maire de la ville, ou du village que vous habitez exerce-t-il d'autres mandats ? Lesquels ? Pour quelle raison ? Quelles sont les règles de cumul des mandats politiques ?

Les 577 députés sont élus pour cinq ans au **scrutin universel direct**, uninominal à deux tours, lors des **élections législatives**.

Les 348 sénateurs sont élus pour six ans au **scrutin universel indirect**, uninominal à deux tours, lors des **élections sénatoriales :** les électeurs n'élisent pas directement leurs sénateurs, qui sont élus par un collège de 140 000 « grands électeurs » (sénateurs, députés, conseillers départementaux, régionaux, et délégués des conseils municipaux). Le Sénat se renouvelle par moitié : le mandat d'un sénateur est de six ans, la moitié des sièges est à pourvoir tous les trois ans.

Chacune des deux chambres se réunit dans une salle appelée « hémicycle » : les députés et les sénateurs sont assis en demi-cercle face au président de leur chambre. Il y a un hémicycle à l'Assemblée nationale (le bâtiment s'appelle le Palais-Bourbon). Il y a un hémicycle au Sénat (le bâtiment s'appelle le palais du Luxembourg). Le Sénat est le propriétaire des jardins du Luxembourg, ouverts au public.

C'est de leur disposition dans l'hémicycle que viennent les appellations « gauche » (parti socialiste, par exemple) et « droite » (Les Républicains, par exemple) : les parlementaires de gauche sont assis en face du président, à sa gauche, les parlementaires de droite sont assis en face du président, à sa droite, et les parlementaires « du centre » sont assis au centre. C'est ainsi depuis la première réunion du Parlement, en 1789 : les représentants du peuple se sont assis à la gauche du président, les représentants de la noblesse se sont assis à sa droite et les représentants du clergé, qui se disaient neutres, se sont assis au milieu.

Les deux chambres élisent leur président :

– le président de l'Assemblée nationale est un député, élu président pour cinq ans par les députés ;

– le président du Sénat est un sénateur, élu président pour trois ans par les sénateurs.

REMARQUE DU FORMATEUR

On retrouve le même principe au sein des collectivités territoriales : le maire est un conseiller municipal élu pour six ans par les conseillers municipaux pour présider le conseil municipal.

Si le président de la République ne peut plus assumer ses fonctions (décès, démission, etc.), c'est le président du Sénat qui assure l'intérim, en attendant qu'une nouvelle élection présidentielle soit organisée.

Le Parlement contrôle l'action du gouvernement au nom du peuple qu'il représente.

Les parlementaires et le gouvernement, dirigé par le Premier ministre, ont **l'initiative des lois**, ils peuvent proposer au Parlement un projet ou une proposition de loi, qui sera discuté, voté et peut-être adopté.

Le président de la République n'a pas l'initiative des lois.

Le Parlement examine les **propositions de loi** qui lui sont soumises par les parlementaires.

Il examine les **projets de loi** qui lui sont soumis par le gouvernement : si l'idée d'une loi vient d'un parlementaire, c'est une **proposition de loi** (il propose son idée à ses collègues), si l'idée vient du gouvernement, c'est un **projet de loi** que le gouvernement soumet au Parlement après l'avoir examiné, et adopté, en Conseil des ministres.

La loi constitutionnelle du 23 juillet 2008 de modernisation des institutions de la Ve République permet désormais au président de la République de « convoquer **le Congrès du Parlement français** pour faire une déclaration » (article 18 de la Constitution). Un débat peut suivre sa déclaration, en dehors de la présence de ce dernier. Auparavant, l'article 18 prévoyait que « le président de la République communique avec les deux assemblées du Parlement par des messages qu'il fait lire et qui ne donnent lieu à aucun débat » (depuis la loi De Broglie du 13 mars 1873). Le Congrès est la réunion exceptionnelle, à Versailles, des parlementaires des deux chambres, qui siègent et votent ensemble.

3. Le pouvoir exécutif

Le **pouvoir exécutif** appartient au gouvernement et à ses représentants : ils exécutent les lois adoptées par les législateurs, c'est-à-dire les parlementaires. Ils disposent pour cela du **pouvoir réglementaire**.

Le pouvoir exécutif est **centralisé** : il est installé à Paris, la capitale du pays, il est composé du gouvernement et de chacun des ministres.

Il est dirigé par le Premier ministre, nommé par le président de la République : c'est le **chef du gouvernement** (le président de la République est le **chef de l'État**). Le pouvoir exécutif est représenté localement par **deux autorités déconcentrées :** le préfet et le maire (dans son rôle d'agent de l'État).

La France dispose d'un pouvoir exécutif bicéphale (qui a deux têtes) : le président de la République « veille au respect de la Constitution [...], assure, par son arbitrage, le fonctionnement régulier des pouvoirs publics ainsi que la continuité de l'État [...], est le garant de l'indépendance nationale, de l'intégrité du territoire et du respect des traités » (Constitution, art. 5), tandis que le gouvernement « détermine et conduit la politique de la Nation » (Constitution, art. 20). Une fois nommé, le Premier ministre prononce devant les députés son « **discours de politique générale** », les députés peuvent ensuite déposer, et éventuellement adopter, une **motion de censure** qui oblige le Premier ministre et son gouvernement à démissionner.

Le Premier ministre a forcément la même « couleur politique » que l'Assemblée nationale : si le président de la République n'est pas de la même « couleur politique » que l'Assemblée nationale, il nomme un Premier ministre qui n'a pas la même « couleur politique » que lui, et il y a cohabitation. Ceci est déjà arrivé à trois reprises depuis le début de la Ve République : François Mitterrand a nommé Premier ministre Jacques Chirac en 1986 et Édouard Balladur en 1993, et, en 1997, Jacques Chirac a nommé Lionel Jospin Premier ministre, après l'élection législative qui a suivi la dissolution de l'Assemblée nationale. La réforme constitutionnelle de l'année 2000 réduit à 5 ans la durée du mandat présidentiel, coincidant désormais avec la durée du mandat des députés élus lors d'élections législatives fixées après l'élection présidentielle, cela rend peu probable de nouvelles périodes de cohabitation, sauf dissolution de l'Assemblée nationale par le président de la République.

4. Le pouvoir judiciaire

Le pouvoir judiciaire appartient à la justice, qui fait appliquer et respecter les lois votées par le pouvoir législatif, qui fait aussi appliquer et respecter les règlements imposés par le pouvoir exécutif. Le pouvoir judiciaire n'est pas réellement un pouvoir autonome, il est plutôt une autorité, qui jouit d'une certaine indépendance.

5. Le pouvoir réglementaire

Le **pouvoir exécutif** dispose, pour exécuter les lois votées par le Parlement, du **pouvoir réglementaire** : il a le pouvoir de prendre des décisions impératives en signant des ordonnances, des décrets ou des arrêtés.

Une **ordonnance** (Constitution, art. 38) a la valeur d'une loi, mais c'est un texte réglementaire : le gouvernement a besoin de l'autorisation de l'Assemblée nationale pour promulguer une ordonnance.

Un **décret** peut être signé par le Premier ministre ou par le président de la République, il est contresigné par le ou les ministres concernés, il peut avoir une portée générale (il concerne tout le monde) ou une portée individuelle (il concerne une seule personne, comme un décret de nomination, de naturalisation, de changement de nom, etc.).

Un **arrêté** peut être ministériel (signé par un seul ministre), interministériel (signé par plusieurs ministres), préfectoral (signé par un préfet) ou municipal (signé par un maire), il peut avoir une portée générale (il concerne tout le monde) ou une portée individuelle (il concerne une seule personne, un arrêté de nomination, par exemple).

Le pouvoir exécutif peut aussi élaborer des **circulaires**, pour expliquer comment mettre en place les lois et les règlements : elles émanent d'un ou plusieurs ministères, elles n'ont **pas de pouvoir normatif** (elles ne peuvent rien imposer, aucune norme) : elles ne font qu'expliquer, préconiser, suggérer ou proposer.

3. La Constitution et la décentralisation

La Constitution est la loi fondamentale de la République, le texte sur lequel repose le fonctionnement de l'État, de ses institutions et de ses administrations.

La Constitution définit précisément le rôle et la mission de chacun.

Elle rappelle les valeurs autour desquelles s'est construit la France.

Elle règle les rapports entre les trois pouvoirs, législatif, exécutif et judiciaire.

La révision constitutionnelle du 28 mars 2003 a modifié l'article 1 de la Constitution, qui précise désormais que « la France est une République indivisible, laïque, démocratique et sociale [...] Son organisation est décentralisée ».

La France est une **République laïque** : elle autorise et respecte toutes les religions.

La France est une **République démocratique** : la démocratie est le régime politique dans lequel le peuple gouverne (en grec ancien, *demos* signifie « peuple »), dans une **démocratie représentative** comme celle de la France, le peuple gouverne par l'intermédiaire du vote, qui lui permet d'élire ses représentants.

1. La Constitution de la Ve République

La France est actuellement « sous la Ve République », parce qu'elle respecte la cinquième Constitution républicaine de son histoire, adoptée par référendum le 22 septembre 1958, promulguée le 4 octobre 1958.

Le 22 septembre 1958, la Constitution de la Ve République a été adoptée par référendum : elle a été promulguée le 4 octobre 1958.

Elle a été rédigée au château de La Celle-Saint-Cloud, dans les Yvelines, sous la direction de Michel Debré.

Charles de Gaulle a ensuite été élu président de la République le 21 décembre 1958 par un collège de grands électeurs : à l'origine, la Constitution de 1958 prévoyait l'élection du président de la République au suffrage indirect, mais le référendum du 28 octobre 1962 a prévu son élection au suffrage universel direct.

Il le sera pour la première fois le 19 décembre 1965.

La Constitution de la Ve République impose la **séparation des pouvoirs** et augmente, par rapport à la Constitution de la IVe République, les pouvoirs du président de la République, en limitant ceux du Parlement.

Elle crée le **Conseil constitutionnel**, qui veille à la constitutionnalité des lois.

Elle permet au gouvernement d'intervenir dans l'élaboration des lois : il a depuis **l'initiative des lois**, qu'il partage avec le Parlement.

REMARQUE DU FORMATEUR

Le droit constitutionnel est le droit objectif qui découle de la Constitution pour réglementer le fonctionnement de l'État, de ses institutions et des administrations.

2. Le Conseil constitutionnel

Le Conseil constitutionnel est conçu comme un conseil de sages : il est composé de neuf membres nommés pour neuf ans et dont le mandat n'est pas renouvelable.

Trois des neuf membres sont nommés par le président de l'Assemblée nationale, trois par le président du Sénat et trois par le président de la République.

Les anciens présidents de la République sont à vie membres de droit du Conseil constitutionnel.

Le président du Conseil constitutionnel est l'un des neuf membres, nommé à ce poste par le président de la République : il s'agit actuellement de Laurent Fabius (depuis 2016).

Il dispose d'une voix prépondérante : sa voix a plus de valeur que celle des autres.

Le Conseil constitutionnel vérifie, avant leur **promulgation**, que les lois votées par le Parlement sont conformes à la Constitution : si le Conseil déclare qu'une loi est anticonstitutionnelle, elle ne peut pas être promulguée.

REMARQUE DU FORMATEUR

La promulgation de la loi est sa signature par le président de la République. Elle est ensuite contresignée par le Premier ministre (on appelle ce principe le contreseing ministériel) et publiée au *Journal officiel*.

Le Conseil constitutionnel peut être saisi par le président de la République, par le Premier ministre, par les présidents des deux assemblées, et, depuis une loi du 21 octobre 1974, par soixante députés ou soixante sénateurs. Il a un mois pour statuer et répondre à la question qui lui est posée.

La révision constitutionnelle du 23 juillet 2008 a créé la saisine du Conseil constitutionnel par voie de « **question prioritaire de constitutionnalité** » (Constitution, art. 61-1), qui lui permet, à la demande d'un citoyen, d'examiner la constitutionnalité d'une loi déjà votée.

Le Conseil constitutionnel établit également la liste des candidats aux élections présidentielles. Il vérifie les cinq cents signatures que les candidats à l'élection présidentielle doivent recueillir pour se présenter. Il proclame les résultats, et vérifie les comptes de campagne des candidats.

3. La décentralisation

La France, avant la Révolution, était un État entièrement centralisé : toutes les décisions se prenaient à Paris, puis à Versailles, à la cour du roi. Le gouvernement central n'avait aucun représentant local : il n'était donc pas déconcentré.

Un **État centralisé** est un État où toutes les décisions se prennent au même endroit, là où se trouve le pouvoir.

Le pouvoir central se trouve en général dans la capitale du pays, la capitale se retrouve donc à la tête de l'État. En latin, *capita* signifie « tête » : on retrouve par exemple cette racine dans « décapiter ».

La France, après la Révolution, s'est petit à petit déconcentrée : les gouvernements successifs ont installé localement des fonctionnaires d'État, pour les représenter et faire appliquer leurs décisions, le territoire a été maillé de préfectures et de sous-préfectures.

Les **préfets** et les **sous-préfets** sont des **autorités déconcentrées** : ils représentent le gouvernement et dirigent en son nom les services déconcentrés qui interviennent dans les arrondissements, les départements et les régions où ils sont installés, ils ne sont pas autonomes. Ils dépendent du pouvoir central : ils ne sont donc pas décentralisés, mais déconcentrés.

Un **État déconcentré** est un État centralisé qui est localement représenté par une autorité qui dépend de lui ; qui fait appliquer ses décisions ; qui lui obéit ; qui lui rend des comptes.

La décentralisation a été engagée par Gaston Defferre, ministre de l'Intérieur du premier gouvernement de François Mitterrand, dirigé par Pierre Mauroy.

La loi d'orientation du 2 mars 1982 « relative aux droits et libertés des communes, des départements et des régions » (la loi Defferre) a défini le processus et la logique de la décentralisation, elle a prévu le transfert progressif aux collectivités territoriales d'un certain nombre de pouvoirs et de compétences exercés par l'État.

La décentralisation s'est échelonnée sur plusieurs années.

Un **État décentralisé** est un État dans lequel une partie des décisions n'est plus prise où siège le pouvoir central, mais à l'échelon local par des assemblées délibérantes élues pour administrer des collectivités territoriales, qui jouissent d'une très grande indépendance.

Il ne faut pas confondre la déconcentration, la décentralisation et la délocalisation : la délocalisation, c'est simplement le fait de changer d'endroit.

Le principe de la décentralisation est de rapprocher les élus et les centres de décision du peuple, des électeurs : les collectivités territoriales sont dirigées par des élus que le peuple choisit et qu'il doit surveiller, pour que fonctionne la démocratie.

4. Les compétences des collectivités territoriales

L'État central a confié, et transféré, un certain nombre de ses pouvoirs et de ses compétences aux collectivités territoriales : la décentralisation a donc petit à petit attribué aux conseils régionaux, aux conseils départementaux (qui s'appelaient alors généraux) et aux communes des pouvoirs supplémentaires.

L'État n'a, par exemple, plus aucune compétence en matière de **protection de l'enfance : l'aide sociale à l'enfance** (ASE) et la **protection maternelle et infantile** (PMI) assument, depuis le 6 janvier 1986, la mission de protection de l'enfance qui appartenait auparavant à la DDASS. L'ASE et la PMI sont des services du conseil départemental : la protection de l'enfance a donc été décentralisée. La DDASS était une administration déconcentrée placée sous l'autorité du préfet : elle n'avait plus de compétences en matière de protection de l'enfance depuis le 6 janvier 1986. La DDASS (direction départementale de l'action sanitaire et sociale) et la DRASS (direction régionale) ont été remplacées le 1er avril 2010 (loi n° 2009-879 du 21 juillet 2009 dite HPST, Hôpital, patients, santé et territoire) par l'ARS (Agence régionale de santé). La même loi a créé la Direction régionale et interdépartementale de l'hébergement et du logement (DRIHL) et la Direction départementale de la cohésion sociale et de la protection des populations (DDCSPP), qui vient d'être fusionnée avec la direction des entreprises, de la concurrence, de la consommation, du travail et de l'emploi (DIRECCTE) pour créer la nouvelle direction de l'emploi, du travail, des solidarités et de la protection des populations (DDETSPP), qui relève de la direction régionale de l'économie, de l'emploi, du travail et des solidarités (DREETS).

L'État a conservé certaines de ses missions dites « régaliennes » : l'armée, la collecte des impôts, les affaires étrangères, la police, la justice, l'Éducation nationale, l'aménagement du territoire, etc.

Les blocs compétences des régions, des départements et des communes sont complémentaires.

- Le **conseil régional** a en charge la formation professionnelle des adultes, l'entretien et la construction des lycées, des résidences universitaires et des parcs naturels régionaux. Il finance et développe des transports en commun (trains régionaux, bus, métros, transports scolaires), une partie des routes, rocades et autoroutes. Il est un acteur incontournable du développement économique.
- Le **conseil départemental** a en charge l'entretien et de la construction des collèges, l'aide sociale, la protection de l'enfance (ASE) et la protection maternelle et infantile (PMI), les services d'incendie et de secours (SDIS), la construction et l'entretien des routes départementales et nationales d'intérêt local.
- La **commune** a en charge l'entretien et la construction des écoles élémentaires (maternelles et primaires), l'état civil et l'organisation des élections (tenue des listes électorales, tenue des bureaux de vote, etc.). Elle a des compétences en action sociale à travers son CCAS, en action économique et en urbanisme, en action culturelle et sportive. Elle intervient sur l'environnement (gestion de l'eau potable, ramassage des ordures ménagères, traitement des déchets et des eaux usées) et la maîtrise des sols : certaines de ces missions ont été mutualisées, et relèvent désormais de l'**intercommunalité**.

REMARQUE DU FORMATEUR

La loi du 6 janvier 1986, qui a confié aux départements la protection de l'enfance, a aussi décentralisé l'aide sociale : **l'aide sociale obligatoire** (RSA, APA, PCH, etc.) est de la compétence du département, **l'action sociale facultative** est de la compétence du CCAS de la commune (ou du CIAS intercommunal).

4. La commune

Les communes ont été créées par la loi du 14 décembre 1789. La loi précise que « les corps municipaux auront deux espèces de fonctions à remplir ; les unes propres au pouvoir municipal ; les autres propres à l'administration générale de l'État, et déléguées par elles aux municipalités » : c'est l'origine de la double compétence du maire, à la fois **élu décentralisé** et **représentant déconcentré de l'État**.

La loi du 18 juillet 1837 attribue aux communes la personnalité juridique : elles deviennent des **personnes morales de droit public**.

La loi du 5 avril 1884 attribue aux communes « la clause générale de compétence » qui les autorise à intervenir dans tous les domaines nécessaires pour satisfaire un intérêt public (ce qui autorise certaines communes à gérer une auberge, une boulangerie, à ouvrir un cabinet médical, etc.).

La commune est administrée par un conseil municipal élu pour **six ans** par les électeurs lors des **élections municipales**, au **suffrage universel direct**, lors d'un scrutin de liste majoritaire ou proportionnel **à deux tours**. Le conseil municipal élit ensuite le maire et ses adjoints en son sein.

1. Les élections municipales

Les **élections municipales** sont organisées le même jour dans toute la France : un conseil municipal, élu lors d'élections municipales partielles, est élu jusqu'aux prochaines élections (son mandat peut donc être très inférieur à six ans).

Le **conseil municipal** est composé du maire, de ses adjoints et des autres conseillers municipaux : il y a au minimum sept conseillers dans les communes de moins de 100 habitants, et au maximum soixante-neuf dans les communes de 300 000 habitants ou plus.

Il y a 536 519 conseillers municipaux en France (au 1er janvier 2018).

Les villes de Paris, Lyon et Marseille ont un statut particulier.

> Le **Code général des collectivités territoriales (CGCT)** qui détaille le fonctionnement des collectivités territoriales, a remplacé, le 21 février 1996, le code des communes. Celui-ci, appelé « code de l'administration communale » de 1957 à 1977, va donc disparaître progressivement.

CONSEIL DU FORMATEUR

Informez-vous sur la commune dans laquelle vous habitez : combien a-t-elle d'habitants, combien y a-t-il de conseillers municipaux, d'adjoints au maire ?

Depuis la loi du 17 mai 2013, le scrutin de liste, réservé jusqu'ici aux communes de 3 500 habitants et plus, s'applique à celles de 1 000 habitants et plus.

A. Les communes de 1 000 habitants et plus

Dans les communes de 1 000 habitants et plus, les conseillers municipaux sont élus au **scrutin proportionnel, de liste, à deux tours avec prime majoritaire** accordée à la liste arrivée en tête. Les listes doivent être complètes (autant de candidats que de sièges disponibles), sans modification de l'ordre de présentation. Les listes doivent être composées d'**autant de femmes que d'hommes**, avec l'alternance obligatoire : c'est le principe de la **parité**. La liste qui obtient au premier tour la majorité des suffrages exprimés (50 % des voix plus une) reçoit un nombre de sièges égal à la moitié des sièges à pourvoir. Les sièges disponibles sont ensuite répartis à la représentation proportionnelle à la plus forte moyenne entre toutes les listes ayant obtenu plus de 5 % des suffrages exprimés.

Les listes qui ont obtenu au premier tour au moins 10 % des suffrages exprimés peuvent se présenter au second tour (si au premier tour personne n'a eu la majorité absolue). Elles peuvent être modifiées, les listes peuvent fusionner (les listes qui ont obtenu au moins 5 % des suffrages exprimés peuvent fusionner avec une liste ayant obtenu plus de 10 %).

B. Les communes de moins de 1 000 habitants

Dans les communes de moins de 1 000 habitants (le seuil était auparavant fixé à 3 500), le conseil municipal est élu au **scrutin majoritaire plurinominal, à deux tours**. Les candidats se présentent sur une liste, mais les électeurs peuvent modifier les listes, panacher, ajouter ou supprimer des candidats sans que le vote soit nul. Les listes incomplètes et les candidatures individuelles sont autorisées, et il n'y a **pas d'obligation de parité femmes-hommes**.

Les candidats qui ont obtenu la majorité absolue des suffrages exprimés et recueilli au moins un quart des suffrages des électeurs inscrits obtiennent un siège (les suffrages sont décomptés individuellement par candidat et non par liste). Un second tour est organisé pour pourvoir le reste des sièges : l'élection a alors lieu à la majorité relative, quel que soit le nombre de votants. Les candidats obtenant le plus grand nombre de voix sont élus. Si plusieurs candidats obtiennent le même nombre de suffrages, l'élection est acquise pour le plus âgé.

2. L'élection du maire et de ses adjoints

Le conseil municipal est élu au **suffrage universel direct** par les électeurs lors des élections municipales.

Le maire et ses adjoints sont élus à leurs postes au **suffrage universel indirect**.

REMARQUE DU FORMATEUR

Le maire peut être comparé à un président et ses adjoints à des vice-présidents : le principe est à peu près le même pour toutes les assemblées, conseil départemental, conseil régional, Assemblée nationale et Sénat.

Il faut avoir 18 ans pour se présenter aux élections municipales, être de nationalité française, ou citoyen de l'un des vingt-sept autres pays de l'Union européenne, être domicilié dans la commune, ou y habiter depuis au moins six mois ou encore y payer ses impôts directs.

Le candidat ne peut être inscrit dans plus d'une circonscription électorale, ni sur plus d'une liste, ni dans plusieurs arrondissements des communes de Paris, Lyon et Marseille.

CONSEIL DU FORMATEUR

Le conseil municipal n'est pas « élu par les citoyens », ou « élu par le peuple », mais par les électeurs ! L'article 3 de la Constitution précise que « sont électeurs, [...], tous les nationaux français majeurs des deux sexes, jouissant de leurs droits civils et politiques » : il faut en plus être domicilié dans la commune dans laquelle on s'inscrit (ou y résider depuis six mois au moins) ou y payer des impôts (depuis cinq ans au moins).

L'élection du maire a lieu au plus tard le dimanche qui suit le jour de scrutin. Elle a lieu, au plus tôt le mercredi qui suit l'élection du conseil municipal (dans les communes de moins de 3 500 habitants) ou au plus tôt le vendredi (dans les communes de 3 500 habitants et plus). Le conseil municipal, convoqué par le maire sortant, procède à l'élection du maire, à scrutin secret et à la majorité absolue. Les candidats à l'élection de maire et d'adjoints doivent être membres du conseil municipal. La séance est présidée par le doyen de l'assemblée, c'est-à-dire le conseiller municipal le plus âgé (puisqu'il n'y a pas encore de maire élu). Si, après deux tours de scrutin, aucun candidat n'a obtenu la majorité absolue, il est procédé à un troisième tour : l'élection a alors lieu à la majorité relative. En cas d'égalité de suffrages, le candidat le plus âgé est déclaré élu. Le conseil municipal fixe par délibération le nombre d'adjoints au maire : il ne peut pas être inférieur à un, ni dépasser 30 % de l'effectif légal du conseil municipal. Il procède ensuite à leur élection, sans leur attribuer de délégation.

Les fonctions de maire, d'adjoint et de conseiller municipal sont bénévoles, elles donnent néanmoins lieu au **versement d'indemnités de fonction** destinées à compenser les frais engagés par les élus. Le conseil municipal détermine librement le montant des indemnités versées au maire, aux adjoints et aux conseillers municipaux, dans la limite du montant maximal fixé par la loi.

Une fois élus par le conseil municipal, les adjoints doivent recevoir du maire une **délégation**.

Lorsque le maire retire, par arrêté, la délégation d'un adjoint, le conseil municipal se prononce sur son maintien dans ses fonctions d'adjoint : on peut en effet être adjoint au maire sans exercer de délégation.

3. Le statut spécifique de Paris, Lyon et Marseille

La loi qui règle le statut spécifique de Paris, Lyon et Marseille s'appelle la loi PLM.

Elle a été promulguée le 31 décembre 1982 et s'inscrit dans le processus de décentralisation.

Elle a créé les conseils d'arrondissement, présidés par les maires d'arrondissement, élus au sein du conseil d'arrondissement. Ce dernier élit le conseil municipal qui élit le maire de la ville.

Le département de la **Seine** (75) a été créé en 1790 sous le nom de **département de Paris**, et supprimé le 1er janvier 1968 (en même temps que le département de Seine-et-Oise, qui regroupait les Yvelines, le Val-d'Oise et l'Essonne). Il a donné naissance aux quatre départements de la première couronne : Paris, les Hauts-de-Seine, la Seine-Saint-Denis et le Val-de-Marne. Le 1er janvier 2016, la **Métropole du Grand Paris** a été créée pour regrouper la ville de Paris, les 123 communes des départements des Hauts-de-Seine, de Seine-Saint-Denis et du Val-de-Marne ainsi que quelques communes limitrophes des départements de la Grande Couronne parisienne. Son arrivée a entraîné l'adoption de la loi du 28 février 2017 relative au statut de Paris et à l'aménagement métropolitain. Le 1er janvier 2019, **la ville et le département de Paris ont fusionné** sous le nom de Ville de Paris : Paris est devenue **une collectivité unique à statut particulier qui exerce les compétences de la commune et du département**. La Ville de Paris dispose de sa propre fonction publique (qui compte environ 53 000 agents), elle organise ses propres concours et ses propres recrutements. Les quatre arrondissements centraux de Paris (1er, 2e, 3e et 4e arrondissements) ont été regroupés sous le nom de Centre : lors des dernières élections municipales, les habitants de ces quatre arrondissements n'ont élu qu'un seul conseil d'arrondissement, et ils n'ont plus qu'un seul maire d'arrondissement (les quatre arrondissements ne garderont que leur périmètre géographique).

4. Le fonctionnement du conseil municipal

A. La convocation et l'ordre du jour

Le conseil municipal doit **se réunir obligatoirement au moins une fois par trimestre**, mais le maire peut le réunir à chaque fois qu'il le juge utile : lui seul a le pouvoir de le convoquer.

Il est obligé de le convoquer dans un délai maximal de trente jours :

- si le préfet le lui demande ;
- si le tiers au moins des membres du conseil municipal en exercice le lui demande (dans les communes de 3 500 habitants et plus) ;
- si la majorité des membres du conseil municipal le lui demande (dans les communes de moins de 3 500 habitants).

La convocation, faute de nullité, doit préciser l'ordre du jour : seules les questions prévues à l'ordre du jour pourront être abordées. Les questions de moindre importance peuvent être regroupées sous l'intitulé générique de « questions diverses ».

Le conseil municipal est présidé par le maire ou, à défaut, par celui qui le remplace, sauf dans les séances où **le compte administratif du maire** est débattu : le conseil municipal élit alors son président. Le maire peut assister à la discussion, mais il doit se retirer au moment du vote.

Le compte administratif du maire est le résultat de l'exécution, par le maire, des budgets votés par le conseil municipal, qui le contrôle une fois par an, au plus tard le 1er juin de l'année suivant l'exercice.

B. Les délibérations

Le conseil municipal est une assemblée délibérante élue qui adopte des délibérations : une délibération peut être définie comme la décision collégiale d'une assemblée délibérante après examen et discussion. Il règle par ses délibérations les affaires de la commune : il a donc une compétence générale de principe.

Il ne faut pas confondre la **délibération du conseil municipal**, adoptée à l'issue d'un vote, et l'**arrêté du maire** qu'il prend seul, parfois en tant qu'agent de l'État, qui ne donne lieu à aucun vote.

Le maire nomme, en début de séance, un ou plusieurs de ses membres pour remplir les fonctions de secrétaire. Les délibérations du conseil municipal sont prises à la majorité absolue des suffrages exprimés, mais « lorsqu'il y a partage égal des voix et sauf cas de scrutin secret, la voix du président est prépondérante » (CGCT, art. L. 2121-20).

Le compte rendu de la séance est affiché dans la huitaine : on appelle cela « **la publicité des débats** » (les débats sont publiés).

Tout citoyen peut demander communication des procès-verbaux du conseil municipal, des budgets et des comptes de la commune ainsi que des arrêtés municipaux.

C. Le bureau municipal

Il est composé du maire et de ses principaux adjoints, parfois, de tous ses adjoints : c'est un organe de réflexion, d'orientation, d'étude et de préparation des décisions.

Il assiste le maire, qui le préside, dans ses fonctions d'**exécutif local**. Il définit les orientations politiques et stratégiques de la commune. Il se réunit généralement toutes les semaines, pour régler les affaires courantes de la commune et préparer les décisions du conseil municipal. Il veille ensuite à l'exécution de ses décisions.

5. La démission ou le décès du maire ou de ses adjoints

Le maire et ses adjoints peuvent démissionner :
- de leurs fonctions de maire ou d'adjoint ;
- du conseil municipal.

Le maire qui démissionne de ses fonctions de maire redevient conseiller municipal : une nouvelle élection est alors organisée au sein du conseil municipal pour élire un nouveau maire parmi les conseillers municipaux.

La démission du maire est adressée au préfet, qui peut la refuser une fois, il demande en général au maire d'assumer ses fonctions jusqu'à l'élection de son successeur. Le conseil doit se réunir dans les quinze jours qui suivent la cessation de fonction du maire pour élire son successeur. Le maire peut être provisoirement remplacé par un adjoint, ou par un conseiller municipal désigné par le conseil.

En cas de dissolution du conseil municipal, de démission de tous ses membres, ou d'annulation de l'élection, une **délégation spéciale** est nommée par le préfet. Elle est composée de trois à sept membres, elle gère les affaires courantes jusqu'à l'élection d'un nouveau conseil municipal.

Le maire qui décède pendant son mandat ou qui démissionne du conseil municipal est remplacé à son poste de maire par le conseil municipal : un nouveau maire est élu parmi les conseillers municipaux, après que le conseiller suivant dans l'ordre du tableau a rejoint le conseil municipal dans lequel un siège est vacant.

REMARQUE DU FORMATEUR

Il arrive parfois qu'un maire démissionnaire « désigne » son successeur : il ne donne en fait que son avis, il propose, suggère au conseil d'élire le successeur qu'il s'est choisi, mais cette désignation n'a aucune valeur officielle.

L'adjoint qui démissionne de ses fonctions d'adjoint redevient conseiller municipal : une nouvelle élection est organisée au sein du conseil municipal pour élire un nouvel adjoint parmi les conseillers municipaux. Les adjoints ou les conseillers qui démissionnent du conseil municipal laissent un ou plusieurs sièges vacants, qui sont occupés, dans l'ordre du tableau, par les candidats non élus de la liste.

Il peut arriver que le conseil municipal démissionne, qu'il soit dissous : des élections partielles sont alors organisées. Le conseil municipal peut également être dissous par décret motivé rendu en Conseil des ministres.

6. Les attributions du maire et de ses adjoints

Le maire est **l'organe exécutif** de la commune.

Le conseil municipal en est **l'organe délibérant :** il a un rôle législatif (les délibérations peuvent être comparées à des lois, puisqu'elles sont adoptées par des élus lors d'un vote).

Le maire a une double mission :

– il est une **autorité déconcentrée** quand il représente l'État, il prend alors, seul, des arrêtés ;

– il est une **autorité décentralisée** quand il préside le conseil municipal, qui adopte des délibérations.

Le maire a des pouvoirs propres, qu'il exerce sous le contrôle politique du conseil municipal, et d'autres compétences que le conseil municipal peut lui déléguer.

A. Le maire, agent de l'État

En qualité d'**agent de l'État**, le maire signe des arrêtés, qui relèvent du **pouvoir réglementaire** détenu par le **pouvoir exécutif**. Il est chargé de la publication et de l'application des lois et des règlements. Il légalise les signatures. Il exécute les mesures de sûreté générale et toutes les missions spéciales que la loi lui attribue : il organise les élections, le recensement de la population, et le recensement militaire. Il délivre les documents d'urbanisme (permis de construire, de démolir, de travaux).

Il organise les services municipaux qui sont placés sous son autorité : il nomme et révoque aux emplois communaux, dans la limite du tableau voté par le conseil, et il est le supérieur hiérarchique des agents dont il détermine le déroulement de carrière. Il est **officier de police judiciaire** et **officier d'état civil** (ainsi que ses adjoints).

Le maire a des pouvoirs de **police judiciaire** (code pénal, art. 16), qu'il exerce sous l'autorité du procureur de la République : la police judiciaire est répressive. Il a des pouvoirs de **police administrative**, qu'il exerce sous l'autorité du préfet : la police administrative est préventive. Les pouvoirs de police administrative du maire sont organisés en deux branches distinctes : la police administrative générale et les polices administratives spéciales. La police générale lui permet « d'assurer le bon ordre, la sûreté, la sécurité et la salubrité publiques » (code de la sécurité intérieure, art. L. 511-1), les polices spéciales lui permettent d'intervenir dans des domaines particuliers (circulation, stationnement, baignade, cimetières, etc.).

B. Le maire, agent de la commune

Le maire exerce des attributions au nom de la commune, sous le contrôle du conseil municipal : il exécute ses décisions, il est l'ordonnateur des dépenses et des recettes (dans le respect du budget voté par le conseil municipal), il prépare et propose le budget, il dirige les travaux communaux et représente la commune devant la justice, etc. Il doit rendre compte à chacune des réunions obligatoires du conseil municipal, qui peut toujours mettre fin à la délégation. Il exerce au nom de la commune le **droit de préemption** et le droit de priorité.

REMARQUE DU FORMATEUR

Le droit de préemption est le droit et la prérogative que détient une personne ou une administration d'acquérir un bien en priorité, c'est-à-dire d'obliger le vendeur à le lui vendre à lui, moins cher, plutôt qu'à un acheteur extérieur. Il permet à la commune de disposer, à des prix abordables, des terrains et des bâtiments nécessaires à l'exercice de ses missions de service public.

7. Les compétences et le budget de la commune

A. Les compétences de la commune

- Les communes sont depuis leur création en charge de l'**état civil**, de l'**organisation des élections** et de l'**urbanisme** (délivrance des permis de construire, de démolir ou de travaux, gestion des lotissements communaux) : ce sont des **compétences obligatoires**.
- L'**action sociale** (facultative) est du ressort du centre communal d'action sociale (CCAS), l'aide sociale (légale et obligatoire) dépend du conseil départemental, mais l'instruction des dossiers de l'aide sociale départementale doit être assurée par le CCAS.
- La commune a la **maîtrise des sols** : elle délivre ou refuse les permis de construire, de démolir ou de travaux, elle établit le plan local d'urbanisme (PLU). Elle a des compétences en action sanitaire (désinfection, hygiène, salubrité) et en matière d'environnement (eau potable, ordures ménagères, eaux usées).
- Elle construit et entretient les **écoles élémentaires et maternelles publiques** (les enseignants et les programmes restent de la compétence de l'État) et gère le **personnel ATSEM** (agent territorial spécialisé des écoles maternelles).

  Elle peut également participer au financement du fonctionnement des établissements d'enseignement privé.
- La commune a des compétences facultatives en **action culturelle** (bibliothèques, musées, enseignement artistique, conservatoires) et en action sportive (gymnases, terrains de sport, piscines).
- Elle peut mettre en place des **actions para ou périscolaires** (centre de loisirs, restauration scolaire, accueils du matin et du soir) qui sont également facultatives.
- Elle a des compétences en **action économique**, qui lui permettent de se substituer à l'initiative privée, si elle ne fonctionne pas ou si elle n'existe pas dans la commune (reprise ou création d'un cinéma, ouverture d'une auberge ou d'une épicerie municipale, etc.). Elle peut également aider indirectement des entreprises (construction de bâtiments, etc.).

■ La commune a une compétence plus large, qui lui permet de gérer librement les affaires communales : elle crée et entretient la **voirie communale** (les routes et les trottoirs), le **mobilier urbain**, les **espaces verts**, elle crée, ou participe à la création, des **services publics locaux** (transports urbains, hôpitaux). Elle peut aussi, si elle le souhaite, mettre en place une **police municipale**.

REMARQUE DU FORMATEUR

La loi n° 2014-58 du 27 janvier 2014 de modernisation de l'action publique territoriale et d'affirmation des métropoles (loi **MAPTAM**) crée, dans chaque catégorie de collectivité territoriale, le statut de **chef de file** pour l'exercice de certaines compétences : la commune exerce un **chef de filat** sur la mobilité durable, l'organisation des services publics de proximité, l'aménagement de l'espace et le développement local, la **région**, pour la transition énergétique, le soutien à l'innovation et à l'internationalisation des entreprises, le **département**, pour l'aide sociale, l'autonomie des personnes et la solidarité des territoires.

B. Les ressources de la commune

a. Les ressources fiscales

La commune perçoit, pour financer ses actions et rémunérer son personnel, une partie des **impôts locaux directs** (taxe d'habitation, taxe foncière, redevance des mines d'hydrocarbures) **ou indirects** (taxes d'urbanisme, droits de mutation, etc.) : ce sont les ressources fiscales, que l'on appelle parfois, à tort, des « ressources propres ». La disparition de la taxe professionnelle versée par les entreprises (ou plus exactement la réduction, puisque les entreprises ont désormais à payer une sorte de taxe d'habitation : la contribution économique territoriale) oblige l'État à compenser le manque à gagner des collectivités, à qui la loi confie des missions de plus en plus nombreuses.

b. Les ressources budgétaires

La commune perçoit également des subventions, de fonctionnement ou d'investissement, versées sur le budget de l'État : ce sont les ressources budgétaires.

L'État verse aux communes, aux établissements publics de coopération intercommunale à fiscalité propre, aux départements et aux régions (depuis 2004), une **dotation globale de fonctionnement (DGF)**, instituée par la loi du 3 janvier 1979 et versée pour la première fois en 1979. La DGF est composée de plusieurs dotations et subventions (dotation forfaitaire calculée sur le nombre d'habitants recensés dans la collectivité, dotation d'aménagement, dotation générale de décentralisation, etc.).

REMARQUE DU FORMATEUR

Les dotations et les subventions de fonctionnement versées par l'État représentent environ 30 % des ressources des collectivités territoriales.

c. Les ressources des services et du patrimoine

La commune perçoit également des ressources des services et du patrimoine qui proviennent de la vente et de la location des biens communaux (vente de terrains, location d'emplacements au marché, parkings, etc.) et des prestations de services de la commune (participation des familles à la restauration scolaire, entrées à la piscine, stationnement, etc.).

d. Les emprunts

La commune peut également emprunter de l'argent, par exemple auprès d'une banque, avec ou sans intérêts, pour réaliser des investissements, mais ses dépenses de fonctionnement ne peuvent en aucun cas être financées par l'emprunt.

Elle peut recevoir de l'argent ou des biens (château, maison, collection de tableaux ou d'objets d'art, etc.) de la part d'une personne vivante (ce sont des dons) ou d'une personne décédée, qui l'a exprimé par testament (ce sont des legs).

Elle peut percevoir des subventions financières de partenaires extérieurs, si aucune contrepartie n'est demandée : si une contrepartie est demandée, l'accord du gouvernement est indispensable.

La commune peut, bien sûr, s'autofinancer, au moins en partie, en utilisant et en faisant fructifier l'excédent de ses ressources (dans le privé, on parlerait de bénéfices).

C. Le budget de la commune

Le budget de la commune est l'acte par lequel sont prévues et autorisées les recettes et les dépenses annuelles de la commune.

Il est établi en **deux sections** : le **fonctionnement** et l'**investissement** sont séparés, tant en recettes qu'en dépenses (en deux sections, mais dans un document unique appelé « **budget primitif** », qui est un budget prévisionnel). Il comprend les ressources nécessaires à la couverture des dépenses d'investissement à effectuer au cours de l'exercice.

La commune, comme les autres collectivités territoriales, supporte les dépenses de personnel, de fonctionnement et d'équipement des services placés sous son autorité. Les dépenses obligatoires correspondent à ses missions obligatoires (organisation des élections, entretien des écoles élémentaires, etc.).

Le budget de la commune est proposé par le maire et voté par le conseil municipal : dans les communes d'au moins 3 500 habitants, un « **débat d'orientation budgétaire** » (DOB) a lieu au conseil municipal, deux mois avant l'examen du budget, sur les orientations générales. Cette obligation est identique pour les départements où le DOB a préexisté à celui des communes.

REMARQUE DU FORMATEUR

Le délai entre le DOB et le vote du budget est de dix semaines pour le conseil régional, qui doit au préalable consulter le **conseil économique et social régional**.

Le budget de la commune doit être adopté entre le 1er janvier et le 15 avril de l'année en cours. Les années de renouvellement de tous les conseils municipaux, le budget doit être adopté avant le 30 avril de l'année en cours. Ainsi, le budget de l'exercice 2019 (en comptabilité, on préfère le terme d'exercice à celui d'année) peut être adopté entre le 1er janvier et le 15 avril 2019, et sera valable jusqu'au 31 décembre 2019. Certaines communes font le choix de voter le budget de l'année N à la fin de l'année N-1.

Les recettes et les dépenses doivent être évaluées de façon sincère. L'attribution des subventions donne lieu à une délibération distincte du vote du budget. Le budget primitif de la collectivité, une fois voté, est transmis au préfet « au plus tard quinze jours après le délai limite fixé pour son adoption » (CGCT, art. L. 1612-8).

Les **principes budgétaires** sont les suivants :

- **annualité** : obligation du vote du budget chaque année ;
- **unité** : le budget apparaît dans un document unique et détaillé ;
- **universalité** : l'ensemble des recettes doit couvrir l'ensemble des dépenses ;
- **spécialité** : le montant et la nature des opérations prévues doivent être indiqués ;
- **sincérité** : la présentation doit être complète, cohérente et exacte ;
- **équilibre** : le budget doit être équilibré en dépenses et en recettes.

REMARQUE DU FORMATEUR

Un **budget équilibré** est un budget dont les recettes couvrent les dépenses, sans déficit. Un **budget excédentaire**, qui comprend plus de recettes que de dépenses, est équilibré. Un **budget déficitaire**, qui comprend plus de dépenses que de recettes, n'est pas équilibré.

Une fois adopté, le budget est exécuté : il appartient au maire, exécutif de la commune, de veiller à ce qu'il soit respecté. Le maire en est l'**ordonnateur** car il engage, liquide, mandate et ordonne, mais c'est le comptable public, fonctionnaire du Trésor, qui effectue le paiement et recouvre les recettes (il tient également le compte de gestion et le remet au maire au plus tard le 1er juin de l'exercice suivant).

Tout au long de l'exercice et jusqu'au 31 décembre de l'année en cours, des modifications peuvent être apportées au budget par l'organe délibérant pour ajuster les crédits de la section de fonctionnement pour régler les dépenses engagées avant le 31 décembre.

REMARQUE DU FORMATEUR

La péréquation est un mécanisme de redistribution qui consiste à attribuer aux collectivités territoriales défavorisées une partie des ressources des collectivités les plus favorisées. La Région bénéficie d'un fonds de péréquation de la cotisation sur la valeur ajoutée des entreprises (CVAE), qui remplace la taxe professionnelle.

5. L'intercommunalité

L'intercommunalité permet aux communes de se regrouper au sein d'un **établissement public de coopération intercommunale** (EPCI) pour assurer ensemble certaines prestations (ramassage des ordures ménagères, assainissement, transports urbains, etc.), pour élaborer des projets de développement économique, d'urbanisme ou d'aménagement (construction et gestion d'un équipement sportif, d'un théâtre, etc.) : la mise en commun des moyens permet alors l'investissement, la gestion du service, elle évite l'éparpillement et le gaspillage.

REMARQUE DU FORMATEUR

Toutes les communes appartiennent désormais à l'un des 1 258 EPCI que compte la France au 1er janvier 2019, à l'exception de quatre communes insulaires isolées, qui regroupent 6 373 habitants (îles de Sein, de Bréhat, d'Ouessant et d'Yeu).

La loi n° 2010-1563 du 16 décembre 2010 de réforme des collectivités territoriales a imposé que les communes se regroupent en communautés urbaines, de communes ou d'agglomération ou en métropoles.

Un **établissement public** (EP) est une **personne morale de droit public** qui dispose d'une autonomie administrative et financière pour remplir une **mission d'intérêt général**, précisément définie, sous le **contrôle de la collectivité** dont il dépend (État, région, département ou commune).

On distingue, selon la nature de leur activité, les **établissements publics administratifs** (EPA) et les **établissements publics à caractère industriel ou commercial** (EPIC).

On distingue également les **établissements publics nationaux**, rattachés à l'État, et les établissements publics locaux rattachés à une commune (caisse des écoles, Centres communal d'action sociale, OPHLM), un département (service départemental d'incendie et de secours), ou une région, sans oublier les **établissements publics de coopération intercommunale** (EPCI).

LES CONSEILLERS COMMUNAUTAIRES

La loi n° 2013-403 du 17 mai 2013 relative à l'élection des conseillers départementaux, des conseillers municipaux et des conseillers communautaires, et modifiant le calendrier électoral dispose qu'à compter de 2014, dans les communes de 1 000 habitants et plus, les conseillers communautaires sont élus au suffrage universel direct *via* un système de **fléchage** dans le cadre des élections municipales.

L'électeur désigne le même jour sur le même bulletin de vote les élus de sa commune et ceux de l'intercommunalité.
Ce lien très fort entre les listes municipales et les élus dans les assemblées communautaires est une garantie que ces assemblées comprennent exclusivement des élus municipaux.

La coopération intercommunale existe depuis le 22 mars 1890, lorsque les **syndicats intercommunaux à vocation unique** (SIVU) ont été créés. Ils disparaissent petit à petit, mais permettent toujours à plusieurs communes, même non limitrophes, de s'associer pour gérer une activité d'intérêt intercommunal (traitement, assainissement ou distribution d'eau, activités scolaires ou périscolaires, etc.). Les communes peuvent créer plusieurs SIVU, mais un SIVU, comme son nom l'indique, a une vocation unique : il ne peut gérer qu'**une seule activité**.

REMARQUE DU FORMATEUR

Les conseillers communautaires (dans les communes de moins de 1 000 habitants) sont les membres du conseil municipal désignés « dans l'ordre du tableau » (maire, premier adjoint, deuxième adjoint, etc.).

Les différentes structures intercommunales

- La création des **syndicats intercommunaux à vocation unique** (SIVU) permet à plusieurs communes de s'associer pour gérer plusieurs activités d'intérêt intercommunal (traitement, assainissement ou distribution d'eau, activités scolaires ou périscolaires, etc.).

  Les communes peuvent créer plusieurs SIVU, mais un SIVU a une vocation unique et ne peut gérer qu'**une seule activité**.
- Les **syndicats à vocation multiple** (SIVOM), créés le 5 janvier 1959, permettent aux communes de s'associer pour gérer ensemble **plusieurs activités** (assainissement, collecte et élimination des ordures ménagères, activités scolaires et périscolaires, tourisme, construction et entretien d'équipements publics).
- Les **syndicats mixtes** permettent l'association des communes avec les départements, les régions et les établissements publics : les SIVU et les SIVOM ne peuvent associer que des communes entre elles.

Les SIVU, SIVOM et les syndicats mixtes n'ont **pas de fiscalité propre** : les contribuables ne participent pas directement à leur financement, qui est assuré par les collectivités adhérentes.

Les EPCI peuvent être à **fiscalité propre** (CU, CC, CA, métropoles) ou dépendre financièrement des collectivités qui les constituent : c'est le cas des SIVU, SIVOM et syndicats mixtes, qui sont des **établissements publics de coopération intercommunale**

(EPCI), mais qui n'ont pas de fiscalité propre : les contribuables ne participent pas directement à leur financement, qui est assuré par les collectivités adhérentes.

REMARQUE DU FORMATEUR

On compte, en France, 5 006 SIVU, 2 817 syndicats mixtes et 1 253 SIVOM, 21 métropoles (hors celle de Lyon, à statut particulier), 996 communautés de communes, 222 communautés d'agglomération et 14 communautés urbaines (chiffres DGCL, 2018) et 11 établissements publics territoriaux (EPT) au sein de la métropole du Grand Paris (chiffres DGCL, 2020). On compte aussi 25 pôles métropolitains et 124 pôles d'équilibre territoriaux et ruraux (PETR). Les SIVU, SIVOM et syndicats mixtes ont tendance à disparaître au profit d'EPCI à fiscalité propre.

- Les **communautés urbaines** ont été créées le 31 décembre 1966 : ce sont des EPCI qui regroupent plusieurs communes formant un ensemble de 250 000 habitants et plus (depuis le 1er janvier 2015, 500 000 auparavant), sur un espace d'un seul tenant, qui peut s'étendre sur un ou plusieurs départements. Plusieurs communautés urbaines se sont récemment transformées en métropoles.

- Les **communautés de communes** ont été créées le 6 février 1992 : ce sont des EPCI qui visent à organiser les solidarités nécessaires pour aménager et développer l'espace rural : elles permettent d'élaborer un projet commun. Elles ont été conçues comme l'équivalent rural des communautés urbaines, mais elles séduisent de plus en plus les petites villes. En 2012, il existait 2 -581 communautés de communes en France (contre 2 406 en 2009). Il s'en est créé régulièrement de nouvelles (environ un millier à moins de cinq ans d'existence). Elles regroupent près de 27,5 millions d'habitants.

- Les **communautés d'agglomération** sont des EPCI qui associent, depuis le 12 juillet 1999 (dite loi Chevènement), plusieurs communes urbaines dans un espace d'un seul tenant, sans enclave. Une communauté doit regrouper au moins 50 000 habitants autour d'une ou plusieurs communes de 15 000 habitants et plus, sauf si la communauté d'agglomération comprend le chef-lieu de département, exonéré de cette obligation de nombre d'habitants.

- Les **métropoles**, EPCI à fiscalité propre, ont été créées par la loi nº 2010-1563 du 16 décembre 2010 de réforme des collectivités territoriales. Leur statut a été remanié par la loi de modernisation de l'action publique territoriale et d'affirmation des métropoles (loi MAPAM ou MAPTAM) du 27 janvier 2014.

La métropole regroupe plusieurs communes d'un seul tenant sans enclave, qui s'associent pour élaborer et conduire ensemble un projet d'aménagement et de développement économique, écologique, éducatif, culturel et social de leur territoire afin d'en améliorer la compétitivité et la cohésion. L'ensemble doit compter plus de 500 000 habitants. Une métropole peut aussi résulter de la transformation d'une communauté urbaine.

Il existe en France **vingt-et-une métropoles** : Nice Côte d'Azur (la première, créée par la loi de 2010), Bordeaux, Brest, Grenoble-Alpes, métropole européenne de Lille, Montpellier Méditerranée, Nantes, Rennes, Rouen Normandie, Strasbourg, Toulouse, Aix-Marseille-Provence et Grand Paris. Dijon, Orléans, Saint-Étienne,

Toulon, Clermont-Ferrand, Metz et Tours ont obtenu ce statut le 15 décembre 2016, lors de l'examen à l'Assemblée nationale du projet de loi sur le statut de Paris et l'aménagement métropolitain.

REMARQUE DU FORMATEUR

La **métropole du Grand Paris** a vu le jour le 1er janvier 2016. Elle a été créée par la loi du 27 janvier 2014, et renforcée par la loi du 7 août 2015 de nouvelle organisation territoriale de la république (NOTRe). Elle fédère 131 communes, et fusionnera probablement, à terme, le département de Paris (75) et les trois départements de la Première couronne, comme c'était le cas avant la suppression du département de la Seine, le 1er janvier 1968.

La **métropole de Lyon** pas n'est pas une métropole, mais une collectivité territoriale à statut particulier qui cumule les compétences de la commune, de l'intercommunalité et du département. Elle regroupe (depuis le 1er janvier 2015) les 59 communes du Grand Lyon. Le conseil départemental du Rhône continue à exercer ses compétences en zone rurale, sur 228 autres communes.

Une métropole bénéficie de transferts de compétences de la part des départements et des régions, et l'État peut lui confier la gestion de grands équipements et d'infrastructures, mais la réforme de 2014 a réintroduit la « clause générale de compétence » qui permet à chaque collectivité territoriale d'intervenir sur la totalité des sujets concernant son territoire.

La métropole dispose de transferts de fiscalité locale ou de dotations de l'État. Elle exerce de plein droit un certain nombre de compétences en lieu et place des communes membres. Elle exerce de plein droit (ou pourra exercer par convention) un certain nombre de compétences, à l'intérieur de son périmètre, en lieu et place du département (action sociale, construction, aménagement, entretien et fonctionnement des collèges, tourisme, etc.). Elle exerce de plein droit (ou pourra exercer par convention) un certain nombre de compétences, à l'intérieur de son périmètre, en lieu et place de la région, comme la promotion à l'étranger du territoire et de ses activités économiques, ou la construction, l'aménagement, l'entretien et le fonctionnement des lycées.

6. Le département

La France est composée de 96 départements en métropole et de 5 en outre-mer : ces 101 départements sont désormais découpés en 2 054 cantons dans lesquels sont élus 4 108 conseillers départementaux (il y avait 4 057 cantons avant le redécoupage des cantons prévu par la loi du 17 mai 2013).

Les départements ont été créés le 22 décembre 1789, mais ce n'est alors qu'une division du territoire, pas une collectivité.

La loi du 10 août 1871 organise l'élection au suffrage universel direct du conseil général, elle prévoit déjà son renouvellement par moitié tous les trois ans : **un conseiller général est alors élu pour six ans dans chaque canton, au scrutin uninominal majoritaire à deux tours**.

Le conseil général ne possède pas encore de pouvoir de décision sur les affaires départementales : il ne peut qu'émettre des vœux sur les questions économiques et d'administration générale. Le préfet reste la seule autorité exécutive : le conseil général a surtout un rôle consultatif. Il faudra attendre la décentralisation pour que le conseil général devienne une collectivité territoriale autonome. Le département est alors administré par un **organe délibérant**, le conseil général, et un **organe exécutif**, le président du conseil général.

1. Les compétences du conseil départemental

Les lois de décentralisation ont attribué au **conseil départemental** un certain nombre de compétences : il « règle par ses délibérations les affaires du département », et statue sur « tous les objets sur lesquels il est appelé à délibérer par les lois et règlements et, généralement, sur tous les objets d'intérêt départemental dont il est saisi » (c'est la clause générale de compétence).

Le conseil départemental a ainsi en charge :

- la construction et l'entretien des collèges (les enseignants et les programmes restent de la compétence de l'État), le personnel ATOS (techniciens et ouvriers de services des collèges) ;
- la construction et de l'entretien des routes départementales ;
- l'aide sociale et sanitaire ;
- la protection de l'enfance (ASE) et la protection maternelle et infantile (PMI) pour les mères et les enfants, du début de la grossesse aux six ans de l'enfant ;
- la prévention (campagnes de vaccination et de dépistage).

Le **conseil départemental** gère l'aide sociale (obligatoire), c'est-à-dire le RSA (revenu de solidarité active), mais aussi l'APA (l'allocation personnalisée à l'autonomie, pour aider les personnes âgées dépendantes). Le conseil départemental gère également l'action culturelle et participe à l'amélioration de l'habitat. Il gère le **service départemental d'incendie et de secours** (SDIS) et la **Maison départementale des personnes handicapées** (MDPH).

2. Les conseillers départementaux

Les conseillers départementaux sont élus tous les six ans au **suffrage universel direct binominal à deux tours**, lors des élections départementales : il y a, en France, deux fois plus de conseillers départementaux que de cantons, puisque dans chaque canton est élu un binôme paritaire (une femme et un homme). Le conseil départemental se renouvelle intégralement (le conseil général était renouvelé par moitié tous les trois ans). Il élit ensuite son président.

Les candidats se présentent par binôme mixte, pour poursuivre l'objectif de parité. Un binôme est élu dans chaque canton (complété d'un binôme de suppléants). Pour être élu au premier tour, le binôme doit recueillir à la fois la majorité absolue et les suffrages du quart des électeurs inscrits : si aucun des binômes ne l'emporte au premier tour, un second tour est organisé. Les binômes qui ont obtenu au moins 12,5 % des voix des électeurs inscrits peuvent se présenter au second tour. La condition est sévère, à cause de l'abstention souvent élevée aux élections départementales : le code électoral autorise donc le binôme qui a recueilli le plus de suffrages, après le binôme remplissant les conditions, à se maintenir, ou les deux si aucun ne remplit les conditions (c'était déjà le cas avec le scrutin uninominal). La majorité relative (le plus grand nombre de voix) suffit pour être élu au second tour. Les binômes sont rééligibles.

Il faut avoir 18 ans pour se présenter aux élections départementales (depuis le 5 avril 2000), et il faut être de nationalité française. Il faut être domicilié dans le département, ou y payer ses impôts directs.

A. Le président du conseil départemental

Les conseillers départementaux élisent en leur sein leur président qui :

- préside le bureau, composé de lui-même et des membres de la commission permanente qui ont reçu délégation ;
- est l'organe exécutif du département et peut désormais signer des arrêtés ;
- est l'ordonnateur des dépenses du budget de son département ;
- est le chef du personnel départemental, comme le maire est le chef du personnel municipal ;
- est assisté de vice-présidents élus, et peut leur déléguer l'exercice d'une partie de ses fonctions : ils constituent ensemble le **bureau départemental** ;
- a des pouvoirs de police administrative sur la voirie départementale en dehors des agglomérations, mais qui ne peut pas requérir la force publique car le président du conseil départemental n'est pas officier de police judiciaire ;

– dispose aussi de pouvoirs de police administrative dans les ports maritimes départementaux.

B. Le fonctionnement du conseil départemental

Le conseil départemental se réunit au moins une fois par trimestre, à l'initiative de son président. Les séances sont publiques. Il peut aussi être réuni à la demande de la commission permanente (composée du président, de quatre à dix vice-présidents et d'un, ou plusieurs, autres membres) ou du tiers de ses membres.

La **commission permanente du conseil départemental** est une formation restreinte du conseil départemental, présidée par le président du conseil départemental. Elle est composée à la proportionnelle d'élus de chaque groupe politique. La commission permanente du conseil départemental statue sur les affaires courantes : elle assure la permanence du conseil départemental entre ses séances plénières, et l'assemblée départementale lui délègue une partie de ses attributions. Elle se réunit en général une fois par mois.

3. Les ressources du conseil départemental

Le conseil départemental perçoit, pour financer ses actions et son personnel, une partie des impôts locaux (taxe d'habitation, taxe foncière, redevance des mines d'hydrocarbures, contribution économique territoriale), et, comme la commune, une **dotation de l'État**.

REMARQUE DU FORMATEUR

Les transferts de compétences aux collectivités territoriales s'accompagnent du versement, par l'État, des ressources nécessaires pour que soient assumées ces nouvelles compétences transférées. Ce principe, qui a été mis en œuvre en 1983, a été érigé en principe constitutionnel en mars 2003 (art. 72-2 de la Constitution).

7. La région

Le conseil régional est la collectivité territoriale qui administre la région.

Le conseil régional en est l'**organe délibérant**, et le président du conseil régional en est l'**organe exécutif**.

La France est divisée en 18 régions (dont 13 en métropole).

Une région regroupe plusieurs départements.

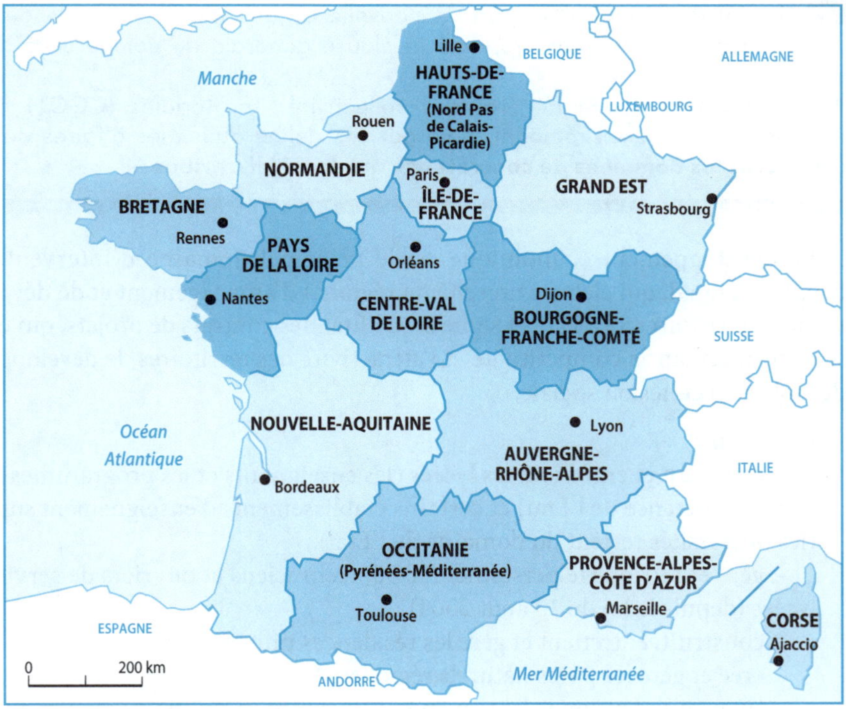

Le **pouvoir central déconcentré** est représenté par un préfet de région, installé dans la **préfecture de région**. Il assure le contrôle de légalité des actes et des délibérations du conseil régional. Il coordonne l'action des préfets.

Il cumule les fonctions de préfet de région et de préfet du département dans lequel est située la préfecture de région.

1. Les compétences du conseil régional

Dans le cadre de la décentralisation, le conseil régional « règle par ses délibérations les affaires de la région ». Il a compétence pour « promouvoir le développement économique, social, sanitaire, culturel et scientifique de la région et l'aménagement de son territoire, et pour assurer la préservation de son identité, dans le respect de l'intégrité, de l'autonomie et des attributions des départements et des communes ». La loi du 7 août 2015 portant Nouvelle organisation territoriale de la République (NOTRe) a supprimé la clause générale de compétence pour les départements et les régions. La loi leur attribue des compétences précises et définies.

REMARQUE DU FORMATEUR

La **loi du 7 août 2015** portant nouvelle organisation territoriale de la République (NOTRe) supprime la clause générale de compétence des régions.
L'article L.4221-1 du Code général des collectivités territoriales (CGCT) fixe désormais que le conseil régional règle par ses délibérations les affaires de la région **« dans les domaines de compétence que la loi lui attribue »**.

Le développement économique est le principal domaine d'intervention du conseil régional, qui élabore un schéma régional d'aménagement et de développement du territoire (SRADT) et signe avec l'État des contrats de projets, qui doivent se concentrer sur la compétitivité et l'attractivité des territoires, le développement durable et la cohésion sociale.

La région :

- construit et entretient les lycées (les enseignants et les programmes restent de la compétence de l'État) et certains établissements d'enseignement supérieur (les universités restent du domaine de l'État) ;
- gère et rétribue le personnel ATOS, techniciens et ouvriers de services des lycées (depuis la loi du 13 août 2004) ;
- construit, entretient et gère les résidences universitaires ;
- crée et gère les parcs naturels régionaux ;
- finance et développe les transports en commun (trains régionaux et parfois interrégionaux, bus, métros, transports scolaires) ;
- participe au financement des routes, rocades et autoroutes ;
- élabore un schéma régional des infrastructures et des transports, qui organise les services de transport routier non urbain des personnes et les transports ferroviaires régionaux (TER) ;
- a en charge les centres d'apprentissage et la formation professionnelle (des adultes) ;
- travaille à la préservation de l'identité régionale (traditions, folklore, gastronomie) et au développement du tourisme.

Le fonctionnement du conseil régional est assez proche de celui du conseil départemental.

Le conseil régional est également doté d'une commission permanente et d'un bureau.

Avec la loi NOTRe, la région acquiert une **compétence exclusive** pour définir les régimes d'aide et décider de l'octroi des **aides aux entreprises** de son ressort géographique.

2. Les conseillers régionaux

La France compte 1 758 conseillers régionaux. Ils sont **élus tous les six ans au suffrage universel direct**, par un **scrutin de liste à deux tours** avec **représentation proportionnelle** à la plus forte moyenne, sans panachage ni vote préférentiel, qui se combine avec une prime majoritaire (Code électoral, art. L336). Ils élisent en leur sein leur président, pour six ans.

REMARQUE DU FORMATEUR

La loi du 6 juin 2000 applique au scrutin régional la **parité** stricte des candidatures : **l'écart entre le nombre de candidats de chaque sexe ne peut être supérieur à un** (Code électoral, art. L. 264).

Les conseillers régionaux sont élus au **suffrage universel direct**, au **scrutin de liste, à deux tours, avec représentation proportionnelle** à la plus forte moyenne, sans panachage ni vote préférentiel, qui se combine avec une prime majoritaire (Code électoral, art. L. 336).

La liste qui recueille la **majorité absolue** des suffrages exprimés au premier tour (50 % des voix plus une) reçoit un quart des sièges à pourvoir, arrondi à l'entier supérieur (art. 338) : les autres sièges sont répartis selon la règle de la plus forte moyenne entre toutes les listes ayant obtenu plus de 5 % des suffrages exprimés.

Si aucune liste n'obtient la majorité absolue, il est procédé à un second tour, auquel se présentent les listes qui ont obtenu au moins 10 % des suffrages exprimés au premier tour (entre les deux tours, les listes peuvent être modifiées, ou fusionner).

La répartition des sièges se fait selon les mêmes règles que pour le premier tour, mais la majorité absolue n'est plus nécessaire, la **majorité relative** suffit.

REMARQUE DU FORMATEUR

La loi du 16 janvier 2015 relative à la délimitation des régions ne change pas le mode de scrutin mais a pour conséquence de redéfinir le nombre des élus de chaque département au sein des conseils régionaux dont les périmètres seront élargis.

Il faut avoir 18 ans pour se présenter aux élections régionales (depuis le 5 avril 2000, 21 ans auparavant). Il faut être de nationalité française, domicilié dans la région, ou y payer ses impôts directs.

3. Le président du conseil régional

Le président du conseil régional est l'organe exécutif de la région, il prépare et exécute les délibérations du conseil régional. Il gère le domaine de la région. Il est l'ordonnateur des dépenses du budget de la région qu'il préside. Il est le chef du personnel régional, comme le maire est le chef du personnel municipal. Il est assisté de vice-présidents élus, à qui il peut déléguer, par arrêté, sous sa surveillance et sa responsabilité, l'exercice d'une partie de ses fonctions.

4. Les ressources du conseil régional

La région, pour financer ses actions et son personnel, perçoit une partie des impôts locaux (taxe d'habitation, taxe foncière, contribution au développement de l'apprentissage, contribution économique territoriale) et des subventions de l'État.

La région Île-de-France perçoit la taxe spéciale d'équipement de la région Île-de-France.

5. Le conseil économique, social et environnemental régional

Le conseil économique, social et environnemental régional (CESER) conseille le conseil régional, il est composé d'acteurs de la vie sociale, économique et culturelle régionale.

Il a un rôle consultatif. Il existe également un Conseil économique, social et environnemental national qui siège, à Paris, au palais d'Iéna.

Le conseil économique, social et environnemental régional comprend de 40 à 110 membres désignés (et non élus) pour six ans renouvelables, répartis en quatre catégories socioprofessionnelles appelées « collèges » :

– le collège des entreprises et activités non salariées (35 % des sièges) ;

– le collège des organisations syndicales de salariés (35 % des sièges) ;

– le collège des organismes participant à la vie collective de la région (25 % des sièges) ;

– le collège des personnalités qualifiées participant au développement régional (5 % des sièges).

6. Les chambres régionales des comptes et les chambres territoriales des comptes

Les chambres régionales des comptes (CRTC) sont des juridictions administratives qui contrôlent la régularité des comptes des collectivités territoriales et des établissements publics locaux (EPCI, hôpitaux, offices HLM, collèges, lycées, etc.).

Les chambres territoriales des comptes sont des juridictions financières qui exercent dans les collectivités d'outre-mer les mêmes missions que les chambres régionales des comptes en France métropolitaine et dans les départements d'outre-mer.

Il y a six chambres territoriales des comptes : Nouvelle-Calédonie, Polynésie française, Mayotte, Saint-Barthélemy, Saint-Martin et Saint-Pierre-et-Miquelon.

Les chambres régionales des comptes participent aux procédures de contrôle budgétaire, en proposant au préfet les solutions à mettre en œuvre lorsque le budget des collectivités n'a pas été voté dans les délais légaux, quand il est voté en déséquilibre ou quant il est fortement déficitaire, par exemple.

REMARQUE DU FORMATEUR

La **Cour des comptes** est une juridiction administrative qui contrôle la régularité des comptes publics (État, établissements publics, entreprises publiques, Sécurité sociale, organismes privés bénéficiant d'une aide de l'État ou « faisant appel à la générosité du public »).

Elle transmet le résultat de ses travaux au Parlement, au gouvernement et à l'opinion publique, à travers un rapport annuel très apprécié des médias, qui pointe les gaspillages et les aberrations dans la gestion des fonds publics.

La Cour des comptes est le supérieur hiérarchique des chambres régionales et territoriales.

Elle est le juge d'appel des chambres régionales et territoriales.

Le Conseil d'État en est le juge de cassation.

8. Le contrôle des collectivités territoriales

Les collectivités territoriales s'administrent librement, mais elles doivent respecter les lois de la République, le préfet « a la charge des intérêts nationaux, du contrôle administratif et du respect des lois » (Constitution, art. 72). L'État exerce, sur les décisions des collectivités territoriales, un **contrôle de légalité** (ou « contrôle administratif ») ainsi qu'un **contrôle budgétaire et financier**.

1. Le contrôle de légalité

Les actes importants pris par les autorités communales (arrêtés et délibérations) sont exécutoires de plein droit dès qu'il a été procédé à leur publication ou affichage ou à leur notification aux intéressés ainsi qu'à leur transmission au représentant de l'État dans le département ou à son délégué dans l'arrondissement. Les autorités communales n'ont pas besoin, comme c'était le cas avant la décentralisation, de l'accord du préfet ou du sous-préfet pour prendre une décision : le **contrôle de légalité a priori** (avant) est devenu un **contrôle de légalité a posteriori** (après).

REMARQUE DU FORMATEUR

Il en va de même pour « les actes pris par les autorités départementales » (CGCT, art. L. 3131-1) et pour « les actes pris par les autorités régionales » (CGCT, art. L. 4141-1).

Le préfet vérifie la légalité de la délibération ou de l'arrêté : la vérification ne porte pas sur l'intelligence ou l'utilité de la décision, mais sur sa légalité ou son illégalité. Le préfet peut déférer cette décision au **juge administratif**. On appelle cette procédure le **déféré préfectoral** : ce sera au **tribunal administratif** de se prononcer sur la légalité de l'acte. Si le préfet prend, seul, l'initiative de saisir le tribunal administratif, on parle de **déféré spontané**. Si « une personne physique ou morale lésée par un acte » le lui demande, on parle alors de **déféré provoqué** : la personne qui s'estime lésée a deux mois pour saisir le préfet.

Le déféré est assimilé par la jurisprudence à un **recours pour excès de pouvoir**, qui peut entraîner l'annulation de l'acte.

Le préfet peut aussi préférer la voie non contentieuse, en adressant un courrier d'observations à la collectivité, pour lui demander de rectifier sa décision. Le préfet peut également se substituer au maire et agir à sa place en cas de carence dans l'exercice de ses pouvoirs de police, ou en cas de difficultés budgétaires. Il peut aussi se substituer au maire pour des problèmes liés à l'urbanisme, à la construction de logements sociaux, etc.

2. Le contrôle budgétaire et financier

Le budget de la collectivité est transmis au préfet qui exerce un **contrôle budgétaire et financier**. Si le budget de la collectivité n'est pas adopté avant le 31 mars, le préfet saisit la **chambre régionale des comptes** et peut ensuite régler lui-même le budget et le rendre exécutoire. Le préfet peut également saisir la chambre régionale des comptes si le budget voté n'est pas équilibré. Il réglera et rendra exécutoire le budget si le conseil municipal ne le corrige pas en tenant compte des recommandations de la chambre. Lorsque le compte administratif fait l'objet d'un rejet par l'assemblée délibérante, il est adressé au préfet, qui saisit sans délai la chambre régionale des comptes : là aussi, il pourra rendre, si nécessaire, le budget exécutoire. Le préfet adresse une mise en demeure à la collectivité qui n'a pas prévu les dépenses obligatoires et règle, si nécessaire, le budget à sa place.

3. Le contrôle des élus et des organes locaux

Le préfet exerce aussi un contrôle des élus et des organes locaux. Les élus locaux peuvent être suspendus, pour un mois maximum, par arrêté du ministre de l'Intérieur, ou révoqués, par un décret motivé pris en Conseil des ministres. Ils peuvent également être frappés d'inéligibilité par une juridiction pénale, car il existe, dans le code électoral, des incompatibilités à la fonction d'élu.

Un conseil municipal, départemental ou régional peut être dissous par un décret motivé pris en Conseil des ministres (CGCT, art. L. 2122,6, art. L. 3121-5, L. 4132-3). Un conseil municipal peut être suspendu, pour un mois au maximum, par arrêté préfectoral (CGCT, art. L. 2121-6).

4. Le préfet

Le préfet représente localement le pouvoir central, c'est-à-dire le gouvernement et chacun de ses ministres : il dirige les administrations déconcentrées et assure le contrôle, au nom de l'État, des collectivités territoriales.

Le préfet est un haut fonctionnaire d'État nommé par décret du président de la République, pris en Conseil des ministres : il n'est donc pas élu.

Il dépend du ministère de l'Intérieur. On dira qu'une femme préfet est préfet ou préfète. Les préfets sont souvent d'anciens élèves de l'ENA (École nationale d'administration).

Le **préfet du département** assure le contrôle des communes et du conseil départemental. Le **préfet de région** assure le contrôle du conseil régional. Il dirige les directions régionales des administrations déconcentrées.

5. La justice administrative

Le **droit administratif** examine les litiges entre les particuliers et les administrations ou entre les administrations.

Il est de la compétence des **juridictions administratives**, dans lesquelles siègent des **magistrats de l'ordre administratif**, inamovibles et indépendants.

La justice administrative est compétente pour examiner les litiges entre un employeur public et le salarié d'une administration des trois fonctions publiques, qu'il soit fonctionnaire ou contractuel ; le conseil des prud'hommes est réservé aux salariés du secteur privé.

La justice administrative est aussi compétente pour juger les litiges entre une personne privée et un établissement public, ou un organisme privé chargé d'une mission de service public. Elle est compétente en **contentieux électoral**, pour arbitrer les litiges nés des élections locales (municipales, départementales, régionales).

Les **juridictions administratives** sont régies par le **code de justice administrative** (CJA) : la justice administrative est aujourd'hui rendue par 43 tribunaux administratifs et 8 cours administratives d'appel.

La juridiction suprême du droit administratif est le **Conseil d'État** qui remplit alors les mêmes missions que la Cour de cassation pour le droit privé : c'est un de ses deux rôles. Il est également le conseiller juridique et administratif du gouvernement : il peut être consulté par le gouvernement sur n'importe quel sujet de sa compétence, il étudie les projets de loi, d'ordonnances et de décrets avant qu'ils ne soient présentés en Conseil des ministres, et rédige les décrets dits « en Conseil d'État ».

Les **magistrats de l'ordre administratif** ne sont pas issus de la même filière que les magistrats de l'ordre judiciaire : ce sont souvent d'anciens élèves de l'ENA.

Le **Tribunal des conflits** est une haute juridiction, domiciliée au Conseil d'État, qui se prononce lorsqu'une juridiction administrative et une juridiction judiciaire veulent juger le même procès (on parle alors de **conflit positif**) ; lorsqu'une juridiction administrative et une juridiction judiciaire se déclarent toutes les deux incompétentes pour juger un procès (on parle alors de **conflit négatif**) ; ou lorsque les tribunaux de l'ordre administratif et judiciaire ont pris sur la même affaire des décisions contradictoires.

QCM d'entraînement

Chaque question comporte, selon le cas, zéro, une ou plusieurs bonnes réponses

Entraînement

Questions

❶ **Le maire doit obtenir l'autorisation du conseil municipal :**

☐ a. pour signer un arrêté.
☐ b. pour célébrer un mariage ou en PACS.
☐ c. pour contracter un emprunt.
☐ d. pour adopter, seul, une délibération.

❷ **Depuis la réforme de novembre 2016, un officier d'état civil :**

☐ a. peut enregistrer un pacte civil de solidarité (pacs).
☐ b. peut enregistrer un divorce par consentement mutuel (« à l'amiable »).
☐ c. peut ajouter, en marge de l'acte de naissance d'un enfant, les noms de ses parrain et marraine si un baptême civil « républicain » a été célébré.
☐ d. peut enregistrer officiellement une déclaration de concubinage.

❸ **L'obligation de discrétion professionnelle :**

☐ a. ne s'impose pas aux agents non titulaires.
☐ b. s'impose à tous les agents de la fonction publique.
☐ c. ne s'impose qu'aux fonctionnaires assermentés.
☐ d. est l'équivalent du secret professionnel (secteur privé) dans le secteur public.

❹ **Les autorités déconcentrées :**

☐ a. sont placées sous l'autorité du préfet.
☐ b. exercent au nom de l'État des compétences au niveau local.
☐ c. sont élues au suffrage universel.
☐ d. administrent librement les affaires locales.

❺ **Le président du Sénat :**

☐ a. assure, quand c'est nécessaire (démission, décès), l'intérim du président de la République.
☐ b. assure, quand c'est nécessaire (démission, décès), l'intérim du Premier ministre.
☐ c. est le « troisième personnage de l'État » dans l'ordre protocolaire dit « de préséance », avant le président de l'Assemblée nationale.
☐ d. est nommé à ce poste par le président de la République (il n'est pas sénateur).

❻ **Les collectivités territoriales de la République sont :**

☐ a. autonomes et indépendantes.
☐ b. subordonnées les unes aux autres.

☐ c. hiérarchiquement dépendantes de la préfecture.
☐ d. soumises aux décisions du pouvoir central.

❼ Le maire est :

☐ a. un conseiller municipal élu maire par le conseil municipal après les élections municipales.
☐ b. élu pour cinq ans.
☐ c. élu pour six ans.
☐ d. le premier magistrat de la commune.

❽ Si je me fais agresser par un fonctionnaire, je porte plainte :

☐ a. au tribunal administratif.
☐ b. au tribunal correctionnel.
☐ c. au conseil de préfecture.
☐ d. au commissariat de police, au poste de gendarmerie ou par courrier au procureur de la République.

❾ En France, la protection de l'enfance est de la compétence :

☐ a. de la DDASS
☐ b. du conseil départemental
☐ c. de l'Assistance publique
☐ d. de l'association qui gère le 119 « Allô enfance maltraitée »

❿ Sont des compétences obligatoires de la commune :

☐ a. l'organisation des restaurants scolaires.
☐ b. l'organisation des centres de loisirs pour les enfants de 6 à 12 ans.
☐ c. l'organisation des élections européennes.
☐ d. l'organisation d'un service de police municipale (dans les villes de plus de 15 000 habitants).

⓫ Il n'y a pas de piscine dans la ville où j'habite :

☐ a. je peux porter plainte contre le maire.
☐ b. je peux saisir le tribunal administratif pour obliger le maire à en construire une.
☐ c. je peux saisir le tribunal administratif pour obliger le maire à en construire une, à condition d'être constitué en association.
☐ d. je vais nager ailleurs.

⓬ Il y a des élus d'opposition qui siègent au conseil municipal.

☐ a. évidemment, dès lors que des candidats d'opposition ont été élus
☐ b. jamais !
☐ c. seulement en cas de cohabitation.
☐ d. seulement si le maire les invite.

⓭ L'organisation des services d'incendie et de secours est de la compétence :

☐ a. de la commune.
☐ b. de l'État.
☐ c. du département.
☐ d. de l'armée ou de la sécurité civile.

⓮ Le maire, dès son élection, est :

☐ a. officier de police judiciaire.
☐ b. officier d'état civil.

☐ c. officier de police municipal.
☐ d. ordonnateur des dépenses de la commune.

⑮ La question prioritaire de constitutionnalité (QPC) est une question posée au Conseil constitutionnel :

☐ a. par un juge. ☐ b. par un justiciable.
☐ c. par le Conseil d'État. ☐ d. par un parlementaire.

⑯ Une assemblée délibérante :

☐ a. est forcément élue.
☐ b. est élue ou nommée selon les cas.
☐ c. n'est jamais élue.
☐ d. est forcément présidée par un haut fonctionnaire.

⑰ L'Assemblée nationale adopte :

☐ a. les lois.
☐ b. les lois et les décrets-lois.
☐ c. les lois et les décrets d'application.
☐ d. les lois et les décrets législatifs.

⑱ Le président de la République :

☐ a. est le chef de l'État et du gouvernement.
☐ b. est le chef de l'État.
☐ c. est le chef du gouvernement.
☐ d. est le chef des armées.

⑲ Le président de la République :

☐ a. propose les lois.
☐ b. adopte les lois.
☐ c. promulgue les lois.
☐ d. abroge les lois.
☐ e. exécute les lois.

⑳ Les conseillers départementaux sont élus

☐ a. par listes qui respectent la parité (scrutin de liste proportionnel).
☐ b. par binômes (scrutin binominal).
☐ c. individuellement (scrutin uninominal).
☐ d. par binômes formés sur le bulletin de vote par les électeurs le jour du scrutin (scrutin binominal aléatoire).

㉑ Parmi les autorités suivantes, sont des autorités élues au suffrage universel direct :

☐ a. le recteur d'académie (élections cantonales).
☐ b. le président du conseil régional (élections régionales).
☐ c. le président du conseil départemental (élections départementales).
☐ d. le préfet (élections préfectorales).

㉒ La communauté d'agglomération est :

☐ a. un EPCI qui dispose d'une fiscalité propre.
☐ b. un EPCI qui ne dispose pas d'une fiscalité propre.
☐ c. une ville nouvelle gérée par un syndicat d'agglomération nouvelle (SAN).
☐ d. une association de communes voisines.

㉓ Le CCAS, centre communal d'action sociale :

☐ a. dispose d'un budget autonome.
☐ b. est financé par le conseil départemental.
☐ c. est un établissement public subventionné par la commune.
☐ d. est une association financée essentiellement par les dons et la générosité publique.

㉔ Les députés sont automatiquement membres :

☐ a. du conseil départemental de leur département.
☐ b. du conseil régional de leur région.
☐ c. du conseil municipal de leur commune.
☐ d. du conseil préfectoral de leur préfecture.

Corrigé

❶ c. Le maire signe seul des arrêtés, mais seul le conseil municipal peut adopter des délibérations.

❷ a. Depuis la réforme de novembre 2016, un officier d'état civil peut enregistrer un pacte civil de solidarité (pacs) ; le divorce par consentement mutuel peut désormais être enregistré par un notaire ; le baptême civil « républicain » n'a aucune valeur légale ; et le concubinage est une « union de fait » (Code civil, art. 515-8) qui ne se déclare pas.

❸ b. L'obligation de discrétion professionnelle s'impose à tous les agents des trois fonctions publiques, elle n'est pas comparable au secret professionnel (dont le non-respect peut entraîner une peine d'amende et/ou de prison) puisqu'elle n'engage que la responsabilité disciplinaire.

❹ a. et b.

❺ a. et c. Le président du Sénat est un sénateur élu président par les autres sénateurs, il est le « troisième personnage de l'État » dans l'ordre protocolaire dit « de préséance », il assure, quand c'est nécessaire (démission, décès), l'intérim du président de la République.

❻ a.

❼ c.

❽ d. Une agression est une infraction, elle relève des juridictions pénales, l'agresseur sera probablement jugé par le tribunal correctionnel, ou le tribunal de police, mais la plainte doit être enregistrée par un Officier de police judiciaire, ou être adressée par courrier au procureur de la République.

❾ b. En France, la protection de l'enfance est de la compétence du conseil départemental (services de l'ASE et de la PMI), le 119 « allô enfance maltraitée » n'est pas géré par une association, mais par un Groupement d'intérêt public (GIP).

❿ c.

⓫ d. Construire et entretenir une piscine (ou un gymnase, un terrain de football, une bibliothèque) ne sont pas des missions obligatoires de la commune (comme l'organisation d'un centre de loisirs et même d'une cantine scolaire, qui sont facultatives).

⓬ a. La répartition des sièges se fait en fonction du nombre de suffrages (de voix) obtenus, l'opposition obtient donc un nombre de sièges proportionnel au nombre de voix obtenues.

⓭ c. L'organisation du service d'incendie et de secours est de la compétence de l'armée à Paris et première couronne (les Pompiers de Paris) ainsi qu'à Marseille (les Marins pompiers).

⓮ a., b. et d. Le maire, dès son élection, est officier de police judiciaire et officier d'état civil (sous l'autorité du procureur de la République), il est aussi l'ordonnateur des dépenses de la commune.

⓯ b. La question est posée par à l'audience par le justiciable ou son avocat ; elle transite par le juge, la Cour de cassation ou le Conseil d'État avant d'être posée au Conseil constitutionnel.

⓰ a.

⓱ a. L'Assemblée nationale adopte les lois ; les décrets-lois n'existent plus, ils sont les ancêtres des ordonnances ; les décrets d'application relèvent de la compétence du pouvoir exécutif ; et les décrets législatifs n'existent pas.

⓲ b. et d. C'est le Premier ministre, qui est le chef du gouvernement.

⓳ c.

⓴ b.

㉑ b. et c. Le président du conseil départemental et le président du conseil régional sont élus par les conseillers, départementaux ou régionaux, eux-mêmes élus par les électeurs lors des élections départementales ou régionales.

㉒ a.

㉓ a. et c.

㉔ Les députés ne sont dès leur élection que membres de l'Assemblée nationale, et le cumul des mandats est encadré par la loi.
À ce jour, un parlementaire ne peut pas être député européen, ministre ou siéger dans une autre chambre du Parlement. Il ne peut pas cumuler plus d'un mandat local parmi les fonctions suivantes : conseiller général, régional, assemblée de Corse, conseiller municipal d'une ville d'au moins 3 500 habitants.
Le Parlement a définitivement adopté, le 22 janvier 2014, deux projets de loi : le premier (loi organique 2014-125 du 14 février 2014 interdisant le cumul des fonctions exécutives locales avec le mandat de député ou de sénateur) interdit le cumul de fonctions exécutives locales - maire, président ou vice-président d'un conseil départemental, président ou vice-président de conseil régional ou d'une intercommunalité - avec un mandat de député ou de sénateur à compter de 2017 (juillet pour les députés et octobre pour les sénateurs). Le deuxième texte concerne les parlementaires européens, qui, à partir de 2019, sont soumis aux mêmes interdictions de cumul.

L'actualité sanitaire et sociale

1. Le handicap et sa prise en charge

En France, l'article 2 de la loi du 11 février 2005 précise que « constitue un handicap, au sens de la présente loi, toute limitation d'activité ou restriction de participation à la vie en société subie dans son environnement par une personne en raison d'une altération substantielle, durable ou définitive d'une ou plusieurs fonctions physiques, sensorielles, mentales, cognitives ou psychiques, d'un polyhandicap ou d'un trouble de santé invalidant ».

REMARQUE DU FORMATEUR

Le mot « handicap » proviendrait de l'expression anglaise *hand in cap*, qui signifie « main dans le chapeau » : dans le milieu des courses hippiques, le handicap permet de donner autant de chances à tous les concurrents en imposant des difficultés supplémentaires au(x) meilleur(s).

1. Les différentes catégories de handicaps

Six types de handicaps, définis ci-dessous, ont été reconnus par la loi du 11 février 2005.

- Le **handicap physique** se traduit par une déficience physique, il recouvre donc l'ensemble des troubles qui entraînent une perte partielle ou totale de la motricité des membres supérieurs et/ou inférieurs (difficultés pour se déplacer, pour prendre ou manipuler un objet, pour effectuer certains gestes). Le **handicap moteur** est un handicap physique qui limite ou entrave la mobilité.
- Le **handicap sensoriel** vient d'une atteinte d'un ou plusieurs sens : déficience visuelle, déficience auditive, déficience de l'odorat (anosmie) et déficience du goût (agueusie).

- Le **handicap mental** est une déficience qui altère le développement intellectuel en limitant la rapidité des fonctions mentales sur le plan de la compréhension, des connaissances et de la cognition.
- Le **handicap psychique** est la conséquence d'une maladie mentale sur une personne (névrose, psychose, schizophrénie, troubles obsessionnels compulsifs, etc.) dont les capacités intellectuelles sont par ailleurs normales (contrairement au handicap mental).
- Le **handicap cognitif** désigne les déficiences affectant les capacités à recevoir et à traiter une information (lire, parler, mémoriser, comprendre) : il regroupe les troubles du langage, de l'apprentissage (dyslexie, dyscalculie, dyspraxie, etc.), de la mémoire, etc.
- Le **polyhandicap** associe des déficiences motrices et intellectuelles sévères, parfois à d'autres déficiences (intellectuelles, sensorielles, physiques, psychiques et somatiques) qui interagissent.

REMARQUE DU FORMATEUR

Le vieillissement, même en l'absence de maladies invalidantes ou de perte des facultés mentales, devient un handicap lorsque la personne ne peut plus assumer seule son quotidien, voit son autonomie et ses capacités motrices se réduire (on peut aussi citer la maladie d'Alzheimer, à l'origine de grandes dépendances chez les personnes âgées).

2. La reconnaissance du handicap

Les personnes handicapées ont droit à la solidarité de l'ensemble de la collectivité nationale, qui lui garantit l'accès aux droits fondamentaux reconnus à tous les citoyens, ainsi que le plein exercice de sa citoyenneté.

A. La CDAPH

La reconnaissance du handicap est indispensable pour bénéficier d'un certain nombre d'aides spécifiques nécessaires : c'est la **Commission des droits et de l'autonomie des personnes handicapées** (CDAPH), qui siège à la **maison départementale des personnes handicapées** (MDPH), attribue le taux d'incapacité, délivre la carte d'invalidité, et permet l'obtention de la **reconnaissance de la qualité de travailleur handicapé** (RQTH).

La CDAPH a remplacé les anciennes COTOREP (Commission technique d'orientation et de reclassement professionnel) et CDES (Commission départementale de l'éducation spéciale).

B. Le statut de travailleur handicapé

La reconnaissance de la qualité de travailleur handicapé (RQTH) est attribuée à la personne dont les possibilités d'obtenir, ou de conserver un emploi, sont réduites à cause d'un handicap, d'une altération d'une ou plusieurs fonctions (physique, sensorielle, mentale ou psychique). Elle peut alors bénéficier d'aides spécifiques à la recherche d'emploi, et d'actions spécifiques de formation, de reconversion, et d'adaptation.

C. La MDPH

La **maison départementale des personnes handicapées** (MDPH) offre un accès unifié aux droits et aux prestations, à toutes les possibilités d'appui dans l'accès à la formation et à l'emploi, à l'orientation vers des établissements et des services, elle permet ainsi de faciliter les démarches administratives des personnes handicapées et de leur famille. Elle leur offre une mission d'accueil, d'information, d'accompagnement et de conseil. .

L'**équipe pluridisciplinaire de la MDPH** réunit des professionnels d'horizons divers (médecins, infirmiers, psychologues, psychomotriciens, assistants de services sociaux, etc.) pour évaluer les déficiences et les incapacités des personnes handicapées, ainsi que leurs besoins, pour élaborer un **plan personnalisé de compensation** (PPC).

Chaque MDPH gère un **fonds départemental de compensation (FDC)** du handicap qui permet de répondre de manière adaptée, par le versement d'une **prestation de compensation du handicap** (PCH), aux besoins de la personne handicapée (accueil de la petite enfance, scolarité, enseignement, éducation, insertion professionnelle, aménagements du domicile, du cadre ou du poste de travail, du véhicule, etc.) afin qu'elle exerce pleinement sa citoyenneté et sa capacité d'autonomie.

D. L'obligation d'emploi en faveur des travailleurs handicapés

Les entreprises de vingt salariés et plus ont l'obligation d'employer des travailleurs handicapés dans une proportion de 6 % de leur effectif total ou sinon de recourir à différents moyens de substitution. Elles versent à défaut une contribution annuelle à l'**Association de gestion du fonds pour l'insertion des personnes handicapées** (AGEFIPH). Les employeurs du secteur public ont, depuis 2005, la même obligation. En cas de non-respect, la contribution est à verser au **Fonds pour l'insertion des personnes handicapées dans la fonction publique** (FIPHFP).

REMARQUE DU FORMATEUR

La France compterait aujourd'hui **12 millions de personnes handicapées** (pour 66 millions d'habitants) : 80 % ont un **handicap invisible**, 1,5 million sont atteints d'une **déficience visuelle** et 850 000 ont une **mobilité réduite** (source : INSEE).

3. Les prestations liées au handicap

La reconnaissance du handicap ouvre l'accès à des aides financières spécifiques.

- Certaines aides sont accordées aux parents d'enfants handicapés, âgés de moins de vingt ans, comme l'**allocation d'éducation de l'enfant handicapé** (AEEH), destinée à compenser, en partie, les frais d'éducation et de soins apportés à un enfant en situation de handicap. Elle peut être majorée selon différents critères : cessation ou réduction d'activité professionnelle du parent ou du conjoint nécessitée par le handicap de l'enfant, embauche d'une tierce personne, parent isolé, etc.
- L'**allocation journalière de présence parentale** (AJPP) est attribuée au parent qui assume la charge d'un enfant âgé de moins de 20 ans, atteint d'une maladie, d'un handicap ou victime d'un accident d'une gravité particulière rendant indispensable une présence soutenue et des soins contraignants.
- **L'allocation aux adultes handicapés** (AAH) garantit un revenu minimum à la personne handicapée (860 euros au 1er janvier 2019), de 16 ans à son départ à la retraite. Elle est soumise aux conditions de ressources de la personne, et peut être complétée par une majoration pour la vie autonome, qui permet aux personnes en situation de handicap vivant dans un logement de faire face aux dépenses que leur handicap implique (104,77 euros au 1er janvier 2019).

La personne qui est dans l'incapacité de reprendre son travail après un accident ou une maladie invalidante d'origine non professionnelle, peut percevoir une **pension d'invalidité**, éventuellement complétée d'une majoration pour tierce personne.

REMARQUE DU FORMATEUR

La **carte mobilité inclusion** (CMI), de la taille d'une carte de crédit, remplace, depuis le 1er octobre 2017, la **carte d'invalidité** : il en existe trois différentes, la **CMI-Invalidité** (CMI-I), la **CMI-Priorité** (CMI-P) et la **CMI-Stationnement** (CMI-S). Les conducteurs en situation de handicap titulaires d'une CMI-S peuvent désormais utiliser gratuitement et sans limitation de durée toutes les places de stationnement ouvertes au public.

2. La mobilité des personnes handicapées

1. Vers une accessibilité pour tous

La loi du 11 février 2005 prévoit le principe d'**accessibilité généralisée et absolue**, quel que soit le handicap (physique, sensoriel, mental, psychique, cognitif, polyhandicap). La personne handicapée doit pouvoir accéder à tous les établissements recevant du public (ERP) et évoluer de manière continue, sans rupture, ce qui implique l'aménagement des voiries, l'accès aux gares, aux transports en commun, etc. L'accessibilité est une condition primordiale pour permettre à tous d'exercer les actes de la vie quotidienne et de participer à la vie sociale.

Le principe d'accessibilité concerne également la **participation pleine, active et entière des personnes handicapées à la vie de la cité** : accès aux services de communication publique de l'État en ligne (difficiles pour les malentendants ou les malvoyants), à la justice, aux bureaux techniques et de vote, aux salles d'examens, aux salles de cours, aux bibliothèques, aux concours et emplois, aux programmes télévisés, etc.

Les personnes porteuses d'un handicap ont le droit d'accéder aux transports publics (aériens, routiers, ferroviaires, taxis).

Refuser la fourniture d'un bien ou d'un service quelconque à une personne physique en raison de son handicap est puni de trois ans d'emprisonnement et de 45 000 euros d'amende, les peines sont portées à cinq ans d'emprisonnement et à 75 000 euros d'amende lorsque « le refus discriminatoire est commis dans un lieu accueillant du public ou aux fins d'en interdire l'accès ».

La personne porteuse d'un handicap a le droit de conduire (éventuellement un véhicule adapté) si son état de santé le lui permet.

2. Les échéances de l'accessibilité

L'accessibilité prévue par la loi du 11 février 2005 devait être effective au 1er janvier 2015, mais de nouvelles modalités de mise en œuvre du volet accessibilité ont été récemment définies, pour tenir compte des difficultés de nombreux acteurs publics et privés à respecter l'échéance de mise en accessibilité aux personnes handicapées des établissements recevant du public (ERP) ainsi que des transports collectifs.

Le **non-respect des obligations d'accessibilité** est puni d'une amende de 45 000 euros, qui pourra, en cas de récidive, être portée à six mois d'emprisonnement et 75 000 euros d'amende. La structure fautive peut être fermée, et un remboursement des éventuelles subventions publiques perçues pourra être exigé.

3. L'intégration de l'enfant porteur d'un handicap ou d'une maladie chronique

1. Le projet d'accueil individualisé (PAI)

Selon la circulaire n° 2003-135 du 8 septembre 2003 :

– le PAI a pour mission de faciliter l'accueil d'un enfant présentant des troubles de santé sur de longues périodes (allergies, intolérance alimentaire) ;

– le PAI doit être l'objet de concertation entre tous les professionnels qui sont impliqués dans la vie de l'enfant et les parents ;

– ce PAI est mis à jour en fonction de l'évolution de la maladie ;

– une concertation étroite doit exister entre le médecin qui accompagne l'enfant dans son PAI et le médecin de la collectivité d'accueil.

2. Exemples de structures spécialisées pour les enfants porteurs de handicap

Selon le handicap et le souhait de l'enfant et des parents, des structures spécialisées leur seront proposées.

■ **Centre d'action médico-sociale précoce (CAMSP)**

Il accueille les enfants de 0 à 6 ans et leur famille.

Il est destiné au dépistage, au diagnostic, au traitement, à la rééducation et au suivi des enfants présentant un handicap avant leur scolarisation.

■ **Institut médico-éducatif (IME)**

Il accueille, en internat ou demi-pension, des enfants et adolescents handicapés âgés de 3 à 18 ans atteints de déficience intellectuelle. Il propose des soins éducatifs et pédagogiques adaptés à la problématique de l'enfant et dispense une éducation et un enseignement spécialisés prenant en compte les aspects psychologiques et psychopathologiques.

■ **Institut thérapeutique, éducatif et pédagogique (ITEP)**

Il accueille, en internat ou demi-pension, des enfants présentant des troubles du comportement importants sans déficience intellectuelle.

■ **Centre médico-psychologique (CMP)**
Il accueille des enfants de 3 à 18 ans et est destiné au dépistage, diagnostic et prise en charge médico-psychologique de problèmes tels que l'énurésie, les troubles du sommeil, les problèmes de socialisation, etc.

■ **Centre médico-psycho-pédagogique (CMPP)**
Il s'agit d'un établissement aux frontières du médico-social et de la psychiatrie destiné à accueillir des enfants et des adolescents de 0 à 20 ans présentant des troubles psychomoteurs, psychoaffectifs, du comportement, du développement, etc.

4. L'autorité parentale

L'autorité parentale est le lien juridique qui relie l'enfant à ses parents, qui leur permettent de l'élever, de l'éduquer (ils disposent du **droit coutumier de correction**) et de le protéger.

La majorité et l'émancipation de l'enfant mettent un terme à l'autorité parentale.

L'autorité parentale et son exercice s'acquièrent par l'établissement de la filiation.

1. Un bref historique

L'autorité parentale est née le 4 juin 1970, pour remplacer la **puissance paternelle** héritée du droit romain.

Le 8 janvier 1993, le juge aux affaires matrimoniales (JAM) est remplacé par le **juge aux affaires familiales** (JAF), l'autorité parentale et l'exercice de l'autorité parentale sont séparés (on peut avoir l'un sans avoir l'autre) et le JAF se voit attribuer la compétence exclusive de l'exercice de l'autorité parentale. La « garde de l'enfant » est remplacée par la « résidence principale de l'enfant » pour respecter l'égalité entre les parents : aucune disposition légale ne précise que l'exercice de l'autorité parentale est limité par le droit de visite et d'hébergement établi lors d'un divorce, d'une séparation, il devient donc purement indicatif.

Le 4 mars 2002, l'égalité entre le père et la mère est définitivement consacrée : la « résidence principale » de l'enfant est remplacée par la « résidence habituelle de l'enfant », et l'autorité parentale s'exerce désormais dans « l'intérêt de l'enfant ».

2. L'autorité parentale et son exercice

L'autorité parentale appartient seulement aux parents : personne d'autre ne peut en être titulaire, même provisoirement, même si les parents sont décédés ou privés de leur autorité parentale (hors le cas d'une adoption).

L'exercice de l'autorité parentale permet d'exercer l'autorité parentale.

Les deux parents sont en général titulaires de l'autorité parentale et de son exercice : ils sont donc « à égalité » quelle que soit leur situation de couple (mariés, séparés, divorcés, concubins, etc.), et la double signature n'est jamais obligatoire.

Chaque parent peut faire seul « un acte usuel de l'autorité parentale », c'est-à-dire un acte « qui ne rompt pas avec le passé de l'enfant quand il engage son avenir » : l'accord de l'autre est présumé (Code civil, art. 372-2).

Celui qui n'a pas l'exercice, mais qui s'occupe de l'enfant (tiers, tuteur, beau-père, foyer dans lequel l'enfant est placé, famille d'accueil), ne peut accomplir que « les actes usuels relatifs à sa surveillance et à son éducation » (Code civil, art. 373-4).

L'exercice de l'autorité parentale peut être suspendu par le JAF, avec ou sans l'accord des parents, de manière provisoire. Il peut également être délégué par le JAF, de manière provisoire, avec ou sans l'accord des parents, à un tiers (personne physique) ou à l'aide sociale à l'enfance.

REMARQUE DU FORMATEUR

Le juge des enfants n'a aucune compétence en suspension ou délégation de l'exercice : le JAF en a la compétence exclusive. En cas de placement décidé par le juge des enfants, l'autorité parentale continue donc à être exercée par les parents.

3. Des droits, des devoirs et des obligations

Les parents ont des droits et des devoirs (subjectifs), mais aussi des obligations et des interdictions (objectives) : exercer ses droits et ses devoirs n'est jamais obligatoire, mais celui qui ne respecte pas ses obligations s'expose à une sanction pénale :

– l'**obligation d'instruction** (entre trois et seize ans), le non-respect de l'obligation d'instruction est un délit qui peut être sanctionné de « six mois d'emprisonnement et de 7 500 euros d'amende » (Code pénal, art. 227-17-1 CP) ;

– l'**obligation alimentaire** (qui ne cesse pas lorsque l'enfant est majeur) et l'**obligation de soins** dont fait partie l'**obligation vaccinale** ;

– l'**interdiction de se soustraire à ses obligations** légales : l'autorité doit s'exercer (et l'interdiction de l'inceste).

4. La protection de l'enfant

L'autorité parentale permet aux parents de protéger leur enfant « dans sa sécurité, sa santé et sa moralité », d'assurer son éducation et de « permettre son développement, dans le respect dû à sa personne » (Code civil, art. 371-1 C).

Lorsque l'autorité parentale est défaillante, l'enfant est considéré « en danger ou en risque de l'être » : il a vocation à être protégé.

La situation d'un enfant « en danger ou en risque de l'être » doit être portée à la connaissance de la cellule départementale de recueil des informations préoccupantes.

La situation d'un enfant victime de maltraitance doit être portée à la connaissance du procureur de la République : cela devient alors un signalement.

Informer les autorités compétentes est une obligation « pour quiconque » (Code pénal, art. 434-3), s'abstenir est un délit.

Informer directement le procureur de la République lorsqu'un enfant est victime de maltraitance est aussi un devoir pour les fonctionnaires (Code de procédure pénale, art. 40), qui peuvent s'affranchir de la voie hiérarchique.

5. Du PACS au mariage « pour tous »

1. Le PACS

En France, l'homosexualité a longtemps été considérée comme un délit, puis le **pacte civil de solidarité** (PACS) a été créé le 13 octobre 1999 pour attribuer un statut légal aux couples non mariés – hétérosexuels ou homosexuels – sans bouleverser les valeurs traditionnelles.

DE LENTES ÉVOLUTIONS

Le 4 août 1982, sur une proposition de ministre de la Justice, Robert Badinter, l'Assemblée nationale a voté l'abaissement de la majorité sexuelle à 15 ans (Code pénal, art. 227-27) pour les relations homosexuelles, elle était fixée à 15 ans pour les relations hétérosexuelles depuis 1945 (elle était auparavant fixée à 13 ans par la loi du 13 mai 1863, à 11 ans par la loi du 28 avril 1832). L'homosexualité reste pénalisée dans près de la moitié des pays du monde.
L'homosexualité n'a été retirée de la liste des maladies mentales de l'OMS (Organisation mondiale de la santé) qu'en 1991.

Le PACS est **conclu entre deux personnes physiques majeures, de sexe différent ou non, vivant en couple** : il est enregistré en mairie ou devant notaire dont dépend la ville de résidence commune (deux pacsés peuvent avoir des domiciles distincts). Le PACS n'est pas réellement un contrat, mais bien un pacte : il peut se résilier unilatéralement. Le PACS est également rompu par le mariage ou le décès (le partenaire a alors le droit de mettre à son nom le bail du logement commun ou a la jouissance gratuite, pendant un an, du logement et du mobilier compris dans la succession.). La PACS ne permet pas d'utiliser comme nom d'usage le nom de son partenaire, mais une personne pacsée peut être ayant droit de son partenaire (pour la Sécurité sociale) et bénéficie d'un abattement sur les successions et les donations. Les revenus sont soumis à une imposition commune (impôt sur le revenu, impôt sur la fortune). Les personnes pacsées s'apportent « une aide mutuelle et matérielle » et sont tenues solidairement par les dettes contractées pour la vie courante, et pour les dépenses relatives au logement commun. La signature d'un PACS entraîne la perte de certains droits (allocation de parent isolé, de veuvage, pension de réversion, etc.).

En 2018, près de 209 000 PACS ont été conclus, dont un peu plus de 8 600 entre des personnes de même sexe : contrairement aux années précédentes, les couples de même sexe qui choisissent de conclure un PACS sont plus nombreux que ceux qui se marient (alors que le PACS a été conçu pour lutter contre les discriminations que rencontraient les homosexuels vivant en couple).

2. Le mariage pour tous

Le mariage homosexuel, ou mariage entre personnes de même sexe, surnommé également « mariage pour tous », a été autorisé en France par la **loi du 17 mai 2013.** Le premier mariage homosexuel a été célébré le 29 mai 2013 à Montpellier.

Avant et après la promulgation de la loi, l'opposition à celle-ci a été très forte, emmenée par des mouvements associatifs, politiques et religieux rassemblés dans le collectif « la Manif pour tous », qui refuse l'ouverture du mariage civil aux couples du même sexe, et surtout l'adoption.

Les groupes opposés au mariage homosexuel contestent principalement la suppression dans le code civil des termes « père » et « mère », qui n'a jamais été réellement envisagée (ponctuellement, la formule « père et mère » a été remplacée par celle de « parents ») et lui opposent le droit pour un enfant d'avoir un père et une mère, qui n'existe pourtant ni en droit français, ni en droit international.

UNE ÉVOLUTION MONDIALE

Une trentaine d'États, dont quinze en Europe (au 1er janvier 2019), ont légalisé le mariage pour les couples homosexuels (dont les Pays-Bas, la Belgique, l'Espagne, le Canada, la Norvège, la Suède et le Luxembourg) : cette évolution trouve son fondement dans la quête de toute société démocratique de l'égalité des conditions.

3. PMA et GPA

Le « mariage pour tous » pose deux questions connexes, sur la procréation médicalement assistée (PMA) pour les couples de femmes et sur la gestation pour autrui (GPA).

La **procréation médicalement assistée** est ouverte en France aux couples hétérosexuels stériles depuis 1994 : il est envisagé d'annuler la condition médicale de stérilité pour ouvrir la PMA aux couples de femmes, ce que le gouvernement n'a pas prévu pour le moment.

La **gestation pour autrui** est fortement critiquée, quand elle est comparée à une « location de ventre » par une « mère porteuse ». Elle est interdite en France pour tous les couples, mais est autorisée dans d'autres pays, ce qui a poussé le ministère de la Justice, au nom de « l'intérêt supérieur de l'enfant », à publier le 25 janvier 2013 une circulaire qui demande aux greffiers des tribunaux d'instance de « ne plus refuser la délivrance de certificats de nationalité française au seul motif qu'ils concernent des enfants nés de mère porteuse à l'étranger ».

6. Les violences au sein du couple

Le Code civil a longtemps prévu que « la femme est obligée d'habiter » avec son mari « et de le suivre partout où il juge à propos de résider » (ancien Code civil, art. 215).

On évoque alors « la puissance maritale » (ancien Code civil, art. 1388) de ce « chef de famille » (il le restera jusqu'au 11 juillet 1970), héritier du *pater familias* romain : s'il « doit protection à sa femme », elle lui doit obéissance (ancien Code civil, art. 213).

REMARQUE DU FORMATEUR

Les violences conjugales ont lieu au sein d'un couple marié : c'est ce que signifie l'usage du mot « conjugales » (les concubins et les pacsés ne sont pas des conjoints).

1. L'abandon du domicile conjugal

Cette notion n'existe pas en droit français.

Elle n'apparaît pas dans le Code pénal, ce n'est donc pas une infraction. L'abandon du domicile conjugal ne peut pas être sanctionné d'une amende ou d'une peine de prison. De fait, la police n'a aucun rôle à jouer dans cet « abandon », qui ne peut avoir que des conséquences civiles (inutile donc de déposer une main courante). Il n'apparaît pas non plus dans le Code civil, qui prévoit même que « le mari et la femme peuvent avoir un domicile distinct sans qu'il soit pour autant porté atteinte aux règles relatives à la communauté de vie » (Code civil, art. 108). Ce même article affirmait jadis – jusqu'à l'adoption de la loi du 11 juillet 1975 qui a réformé le divorce – que « la femme mariée n'a point d'autre domicile que celui de son mari ».

L'abandon du domicile conjugal peut être utilisé comme argument, par l'époux abandonné (cela ne concerne ni les concubins, ni les partenaires pacsés) dans une procédure de séparation, ou de divorce. Cependant, le juge aux affaires familiales ne sanctionnera jamais l'époux violenté au profit de l'époux abandonné, à condition que l'époux qui dit avoir été violenté puisse le prouver : il est donc indispensable que la victime dépose une plainte et se constitue partie civile. La plainte sera aussi indispensable pour obtenir la suspension de l'exercice de l'autorité parentale du parent violent.

LA VIOLENCE CONJUGALE EN CHIFFRES

Près de 2 % des femmes subissent ou ont subi des violences au sein de leur couple : la proportion de femmes (1,84 %) est près de trois fois supérieure à celle des hommes (0,64 %). Les violences au sein du couple ont fait 146 morts en 2013 en France (121 femmes et 25 hommes).

La proportion est de 80 % pour les femmes handicapées, selon le Conseil français des personnes handicapées pour les questions européennes.

Effectifs et taux de femmes victimes de violences physiques et/ou sexuelles de la part de leur conjoint ou ex-conjoint au cours d'une année

	Nb moyen de femmes victimes sur un an	% de la population totale
Victimes de violences physiques et/ou sexuelles de la part du conjoint	219 000	1,0
dont victimes de violences uniquement physiques	154 000	0,7
dont victimes de violences uniquement sexuelles	32 000	0,1
dont victimes de violences physiques et sexuelles	33 000	0,3

Champ : Femmes âgées de 18 à 75 ans, vivant en ménage ordinaire en métropole. Source : enquête « Cadre de vie et sécurité » 2012-2018, INSEE-ONDRP. Ces chiffres sont des moyennes obtenues à partir des résultats des enquêtes de 2012 à 2018.

2. Le viol entre époux, concubins ou partenaires pacsés

Le viol entre époux durant le mariage a été reconnu pour la première fois le 5 septembre 1990 par la chambre criminelle de la Cour de cassation (qui l'avait admis le 17 juillet 1984 pour des époux en instance de divorce). La loi du 4 avril 2006 précise que « la présomption de consentement des époux à l'acte sexuel ne vaut que jusqu'à preuve du contraire » (Code pénal, art. 222-22). Cependant, cette mention disparaît le 9 juillet 2010, et l'article 222-22 est depuis ainsi rédigé : « le viol et les autres agressions sexuelles sont constitués lorsqu'ils ont été imposés à la victime [...], quelle que soit la nature des relations existant entre l'agresseur et sa victime, y compris s'ils sont unis par les liens du mariage ».

Lorsque l'infraction est commise par le conjoint, le concubin ou le partenaire lié à la victime par un pacte civil de solidarité, les peines encourues pour un crime, un délit ou une contravention sont aggravées (Code pénal, art. 132-80).

3. Le vol des papiers d'identité et des moyens de paiement

La loi du 4 avril 2006 précise enfin que l'impossibilité de poursuivre l'auteur d'un vol commis au préjudice d'un ascendant, d'un descendant ou du conjoint (Code pénal, art. 311-12) ne s'applique pas « lorsque le vol porte sur des objets ou documents indispensables à la vie quotidienne de la victime, tels que des documents d'identité, relatifs au titre de séjour ou de résidence d'un étranger, ou des moyens de paiement ».

4. Le harcèlement moral

Il imposait jusqu'en août 2014 un lien de subordination (Code pénal, art. 222-33-2) : on ne pouvait porter plainte pour harcèlement moral que contre son employeur, et si ce harcèlement avait « pour objet ou pour effet une dégradation des conditions de travail susceptible de porter atteinte à ses droits et à sa dignité, d'altérer sa santé physique ou mentale [...] ». Le principe a été étendu au conjoint, au partenaire lié par un pacte civil de solidarité (PACS) et au concubin (Code pénal, art. 222-33-2-1) par la loi 2014-873 du 4 août 2014 pour l'égalité réelle entre les femmes et les hommes. Le harcèlement est désormais considéré comme une violence au sein du couple s'il est constitué de « propos ou comportements répétés ayant pour objet ou pour effet une dégradation des conditions de vie se traduisant par une altération de la santé physique ou mentale ». Le principe a également été étendu aux anciens conjoints, anciens concubins et anciens pacsés.

5. Les mesures de protection des victimes de violences au sein du couple

Elles peuvent être appliquées **avant toute condamnation pénale** de l'auteur des faits, mais elles peuvent aussi constituer une des obligations/interdictions d'un contrôle judiciaire, d'un placement sous surveillance électronique ou d'un sursis avec mise à l'épreuve (SME). Lorsqu'elles sont ordonnées par un juge civil (le juge aux affaires familiales), elles n'ont malheureusement pas le caractère impératif d'une décision pénale.

Les **violences intrafamiliales** se déroulent à l'intérieur de la famille : elles concernent également les violences subies par les enfants, qui doivent être signalées à la cellule de recueil des informations préoccupantes de l'aide sociale à l'enfance du conseil départemental (pour les enfants « en danger ou en risque de l'être »), ou au procureur de la République (en cas de maltraitances avérées, c'est-à-dire constatées ou révélées par l'enfant qui en est victime).

Dans le cas de violences légères et isolées, le procureur peut décider de ne pas poursuivre l'auteur devant un tribunal et préférer avoir recours à une solution alternative, comme une composition pénale, un rappel à la loi ou une médiation pénale (uniquement si la victime est d'accord).

6. L'ordonnance de protection

Le juge aux affaires familiales (JAF) peut délivrer une ordonnance de protection. Il doit être saisi par la personne en danger ou, avec l'accord de la personne en danger, par le procureur de la République : l'accord peut être matérialisé par un dépôt de plainte, ou lors d'une déposition sans dépôt de plainte.

L'ordonnance de protection permet que soient mises en place des **mesures d'éloignement du conjoint violent** (interdiction à l'auteur des violences de s'approcher de la victime et de porter une arme). Elle statue sur la résidence séparée des époux, attribue la jouissance du logement à la victime, et se prononce sur l'exercice de l'autorité parentale.

L'ordonnance de protection est mise en place pour une durée de six mois.

Le juge convoque, dès la réception de la demande d'ordonnance de protection, la partie demanderesse (victime) et la partie défenderesse (auteur), assistées, le cas échéant, d'un avocat, ainsi que le ministère public : les auditions peuvent avoir lieu séparément (pour éviter que les deux parties ne se croisent ou se rencontrent), elles peuvent se tenir en chambre du conseil.

REMARQUE DU FORMATEUR

Une ordonnance de protection peut également être délivrée en urgence par le juge à une personne majeure menacée de mariage forcé. Il peut également ordonner, à sa demande, l'interdiction temporaire de sortie du territoire de la personne menacée. Cette interdiction de sortie du territoire est inscrite au fichier des personnes recherchées par le procureur de la République (Code civil, art. 515-13).

« L'ordonnance de protection est délivrée [...] par le juge aux affaires familiales s'il estime, au vu des éléments produits devant lui et contradictoirement débattus, qu'il existe des raisons sérieuses de considérer comme vraisemblables la commission des faits de violence allégués et le danger auquel la victime ou un ou plusieurs enfants sont exposés » (Code civil, art. 515-11). Lorsqu'il délivre une ordonnance de protection en raison de violences susceptibles de mettre en danger un ou plusieurs enfants, il en informe sans délai le procureur de la République, afin que soit saisi le juge des enfants, ou le service départemental de l'aide sociale à l'enfance.

REMARQUE DU FORMATEUR

L'éloignement du conjoint ou du compagnon violent peut aussi, suite à un dépôt de plainte, être décidé dans le cadre d'un contrôle judiciaire (avant le procès) et dans le cadre d'un sursis avec mise à l'épreuve (après le procès) : c'est beaucoup plus efficace !

7. Le téléphone « très grand danger »

Il s'agit d'un téléphone portable d'alerte qui permet à une victime de violences, au sein d'un couple, de contacter directement, en cas de danger, une plate-forme spécialisée, qui alertera la police ou la gendarmerie si nécessaire. La victime pourra être géolocalisée si elle l'accepte. Ce téléphone est attribué par le procureur pour une durée de six mois renouvelable si un éloignement du conjoint violent a été décidé (Code de procédure pénale, art. 41-3-1). Le dispositif est destiné aux cas les plus graves de violences conjugales. La victime sera également suivie par une association désignée par le procureur.

Au 31 décembre 2018, 837 « téléphones grave danger »ont été déployés (756 en métropole, 71 en outre-mer) soit une progression de 54,14 % par rapport à 2017, 304 victimes en ont bénéficié.

8. Le bracelet anti-rapprochement

La décision du port d'un bracelet anti-rapprochement est prise dans le cadre d'un placement sous contrôle judiciaire assorti d'une interdiction de se rapprocher de la victime (CPP, art. 138-3). L'ordonnance motivée peut être rendue par le juge d'instruction ou le juge des libertés et de la détention (CPP, art. R. 24-14). Le dispositif assure la géolocalisation de la personne porteuse du bracelet et de la personne protégée, à laquelle a été attribué un dispositif de téléprotection (CPP, art. R. 24-16). La distance d'alerte séparant la victime de la personne placée sous contrôle judiciaire ne peut être inférieure à un kilomètre, ni supérieure à dix (CPP, art. R. 24-17), la distance de pré-alerte est égale au double de la distance d'alerte. La mesure est ordonnée pour une durée qui ne peut excéder six mois. Elle peut être prolongée pour une même durée, sans que sa durée totale dépasse deux ans (CPP, art. R. 24-19). La pose du bracelet comportant un émetteur ne peut être effectuée sans le consentement de celui qui doit le porter, mais un refus de sa part constitue une violation de ses obligations, qui peut donner lieu à la révocation de son contrôle judiciaire et à son placement en détention provisoire (CPP, art. R. 24-20). Se rapprocher volontairement de la victime, ou provoquer son rapprochement, peut également donner lieu à la révocation du contrôle judiciaire et au placement en détention provisoire. Un millier de bracelets seront progressivement mis en place.

9. Un dispositif de protection pour lutter contre les enlèvements et les soustractions d'enfants

Une opposition à la sortie du territoire (OST) peut être demandée en préfecture par l'un des parents, et une interdiction de sortie du territoire (IST) peut être ordonnée par un juge.

En cas d'urgence, face à un risque avéré, l'un des parents peut s'opposer à la sortie du territoire de son enfant mineur : il présente au **préfet**, sur papier libre, une demande d'**opposition à la sortie du territoire** (OST), qui doit être motivée.

Si la demande doit être déposée à un moment où la préfecture est fermée, la police et la brigade de gendarmerie sont compétentes pour recevoir l'OST.

L'OST est provisoire (15 jours) : si le parent n'a pas saisi la justice pour obtenir une **interdiction de sortie du territoire** (IST), le préfet saisit le procureur de la République.

L'interdiction de sortie du territoire (IST) est prononcée par le **juge aux affaires familiales** (code civil, art. 373-2-6) ou, dans le cadre d'une assistance éducative, par le **juge des enfants** (code civil, art. 375-7). L'IST ordonnée par le JAF a un caractère relatif, elle peut être facilement levée, mais la mesure d'interdiction de sortie du territoire prononcée par le juge des enfants a un caractère absolu car l'enfant ne peut pas quitter le territoire, même avec l'accord de ses deux parents.

L'IST ordonnée par le JAF peut être levée temporairement par les parents (pour un voyage scolaire, par exemple) : si l'enfant voyage sans l'un de ses parents, l'autre parent doit avoir donné son autorisation ; si l'enfant voyage sans ses parents, chacun des parents doit avoir donné cette autorisation. Dans ces cas, la décision parentale de levée temporaire de l'IST est recueillie, sur présentation personnelle, par un officier de police judiciaire de la Police ou de la Gendarmerie nationale, au plus tard cinq jours avant le départ.

7. Du RMI au RSA

1. Le RMI

Devant la paupérisation d'une population de plus en plus nombreuse, il a été imaginé de garantir un revenu minimum aux personnes privées d'emploi et de revenus, pour éviter, ou limiter, la marginalisation et l'exclusion. Ce revenu permettait en outre l'accès à des droits sociaux (couverture sociale, allocations, etc.). Le RMI, **revenu minimum d'insertion,** a ainsi été créé par la loi du 1er décembre 1988.

Le dispositif du RMI était ouvert à toute personne de plus de 25 ans, dont les revenus ne dépassaient pas un certain plafond. Son montant, en janvier 2007, pour une personne seule, était de 440 euros (dont on devait déduire d'éventuels revenus). En échange de ce revenu, le bénéficiaire devait s'engager à participer à des activités d'insertion (stages, chantiers, formation, etc.), mais l'échec de ce volet « insertion » a incité le gouvernement Raffarin à créer le RMA (revenu minimum d'activité).

De fait, le RMI est peu à peu devenu une nouvelle forme d'indemnisation du chômage – pour les demandeurs d'emploi de longue durée qui avaient épuisé leurs droits –, mais son montant était beaucoup trop faible, car nettement inférieur au **seuil de pauvreté**). Le RMI était paradoxalement considéré comme une « désincitation » au travail, puisqu'il permettait de faire vivre une population sans qu'elle éprouve le besoin de travailler. Travailler était même parfois pénalisant car le montant du salaire était défalqué du RMI, et de nombreuses aides disparaissaient quand les revenus augmentaient.

2. Le RMA

Le dispositif du **revenu minimum d'activité** est venu en 2004 renforcer le RMI : il a été proposé aux allocataires du RMI depuis au moins douze mois pour « rendre incitatifs les revenus du travail ».

Depuis 2005, dans le cadre du **plan de cohésion sociale,** dit plan Borloo, le RMA est devenu le **contrat d'insertion-revenu minimum d'activité** (CI-RMA).

Deux nouveaux **contrats aidés**, en partie financés par l'État, ont été créés dans le secteur non marchand (associations, collectivités territoriales, etc.) par le plan de cohésion sociale. Il s'agit du **contrat d'avenir** destiné aux bénéficiaires de minima sociaux et du **contrat d'accompagnement dans l'emploi** (CAE) pour les personnes sans emploi rencontrant des difficultés sociales et professionnelles.

La création du RMA répondait à une critique libérale récurrente du RMI qui était que les bénéficiaires du RMI ne trouvaient pas d'emploi, parce que le coût du travail était trop élevé, il fallait donc favoriser l'insertion par l'emploi en créant des emplois dont le coût correspondait à l'équilibre du marché du travail. Le risque était d'enfermer les bénéficiaires d'un CI-RMA dans la condition de « travailleurs pauvres », avec la faible probabilité de les voir occuper un véritable emploi.

3. Le RSA

Le **revenu de solidarité active** est entré, en vigueur, en France métropolitaine, le 1er juin 2009. Il a remplacé le revenu minimum d'insertion et l'allocation parent isolé (API), il « a pour objet d'assurer à ses bénéficiaires des moyens convenables d'existence, d'inciter à l'exercice d'une activité professionnelle et de lutter contre la pauvreté de certains travailleurs, qu'ils soient salariés ou non salariés ».

Le RSA est ouvert aux personnes âgées d'au moins 25 ans et aux personnes âgées de 18 à 24 ans si elles sont parents isolés ou si elles justifient d'une certaine durée d'activité professionnelle. Il est géré par les conseils généraux (appelés maintenant « conseils départementaux ») et toujours versé par la CAF ou la MSA. Le bénéficiaire du RSA a droit à un accompagnement social et professionnel adapté à ses besoins : il peut bénéficier d'une **aide personnalisée de retour à l'emploi** (APRE), pour prendre en charge tout ou partie des coûts auxquels il doit faire face lorsqu'il débute ou reprend une activité, il peut aussi signer un **contrat unique d'insertion** (CUI), qui associe formation et aide financière.

Le RSA peut être réduit ou suspendu en cas d'hospitalisation ou d'incarcération du bénéficiaire. Il peut également être suspendu, en tout ou partie, lorsque le bénéficiaire ne respecte pas ses engagements, lorsqu'il est radié par Pôle emploi de la liste des demandeurs d'emploi, ou lorsqu'il refuse de se soumettre aux contrôles prévus.

> Le montant du RSA pour une personne seule (il augmente en fonction du nombre d'enfants à charge) est de 565,34 euros (sans enfant), de 848,01 euros (avec un enfant), de 1 017,61 euros (avec deux enfants), puis 225,95 euros par enfant supplémentaire. Il est de 848,01 euros pour un couple sans enfant (au 1er avril 2021).

8. La promotion et la protection sanitaire et sociale

1. La protection maternelle et infantile (PMI)

C'est un service public qui s'adresse aux futurs parents, aux parents et aux enfants de moins de 6 ans. Il est gratuit et ouvert à tous.

Les missions principales de la PMI sont les suivantes :

– l'éducation des parents à la santé ;
– la prévention et la protection des jeunes enfants ;
– le contrôle des structures de la petite enfance ;
– l'agrément et le suivi des assistants maternels et familiaux.

A. Éducation des parents à la santé

a. Actions de planification et d'éducation familiales

Le service départemental de protection maternelle et infantile doit organiser des activités de planification et d'éducation familiale (art. L. 2112-2 du Code de la santé publique) :

– informations sur la sexualité, la contraception, l'interruption volontaire de grossesse (IVG) ;
– conseil, prescription et délivrance des moyens contraceptifs ;
– suivi de la contraception ;
– écoute dans le cas de difficulté de couple ou familiale ainsi qu'avant une IVG ;
– entretien obligatoire avant une IVG pour les mineures non émancipées (art. L. 2212-4 du Code de la santé publique).

b. Actions de prévention pour la femme enceinte

– Prise en charge pour la femme enceinte et le nourrisson.
– Consultations prénatales : 7 examens prénataux pour un suivi de la grossesse.
– Consultation postnatale dans les 8 semaines après l'accouchement.
– Visite à domicile si besoin.

B. Prévention et protection des jeunes enfants

La mission du conseil départemental est d'organiser des consultations et des actions de prévention médico-sociale en faveur des enfants de moins de 6 ans. Un bilan de santé est mis en place pour les enfants âgés de 3 à 4 ans, notamment dans les écoles maternelles.

a. Consultations de nourrissons et actions à domicile

Les examens

20 visites médicales sont obligatoires avant 16 ans.

13 visites sont prévues dans les 2 premières années puis 7 autres jusqu'à l'adolescence.

Ces examens permettent :

- d'évaluer le développement physique, intellectuel, psychoaffectif, le langage, le comportement… ;
- de dépister des déficiences et anomalies ;
- de pratiquer les vaccinations.

Les visites à domicile

Pour les femmes enceintes, des sages-femmes proposent des visites prénatales.

Dans le cadre de la petite enfance, des puéricultrices proposent des visites à domicile.

Enfin, aux familles nécessitant une aide à la vie quotidienne et à l'éducation des enfants, il peut être proposé des techniciennes de l'intervention sociale et familiale (TISF). Elles sont financées par la caisse d'allocations familiales (CAF) ou par le conseil départemental, s'il y a une prise en charge par l'aide sociale à l'enfance (ASE).

b. Bilan de santé

Pour les enfants entre 3 et 4 ans, le bilan de santé s'effectue à la PMI.

Le bilan de santé de la 6e année est effectué par la médecine scolaire.

Ces bilans sont effectués en présence des parents.

Ils permettent de dépister des anomalies éventuelles autour de la vision, audition, langage, adaptation, état vaccinal…

Les parents peuvent être guidés vers des unités spécialisées, si besoin.

c. Le carnet de santé

C'est un document établi au nom de l'enfant et remis aux parents par l'officier de l'état civil lors de la déclaration de naissance. Ce document joue un rôle très important dans les suivis de l'enfant et comporte toutes les informations nécessaires pour le médecin ainsi que les vaccinations pratiquées (*cf.* le chapitre sur le système immunitaire et le processus infectieux).

Il a été actualisé le 1er avril 2018.

Ce qui a changé :

- la vaccination passée à 11 vaccins obligatoires depuis janvier 2018 ;
- de nouvelles courbes de croissance différentes pour les filles et les garçons de 0 à 3 ans ;
- le surpoids et l'obésité infantile seront repérés sur le suivi de la courbe IMC ;
- des messages de prévention à destination des parents sur différents sujets.

REMARQUE DU FORMATEUR

Ce carnet de santé est confidentiel et ne doit être présenté qu'aux personnes qui, par leur fonction, sont tenues au secret professionnel. Il est la propriété de son titulaire ou de ses parents (CSP, art. L. 2132-1).

d. Le certificat de santé

Le certificat a pour objectif :

- le recueil d'informations en épidémiologie et en santé publique ;
- le traitement de ces informations et en particulier de celles qui figurent sur les certificats de santé (art. L. 2112-2 du Code de la santé publique).

Trois certificats de santé sont insérés dans le carnet de santé.

Ils sont remplis par le médecin lors des examens du 8e jour, du 9e mois et du 24e mois de l'enfant.

Ces certificats de santé permettent :

- de dépister et identifier des déficiences physiques ou mentales ;
- d'établir des statistiques de santé ;
- d'obtenir les prestations familiales.

C. Contrôle des structures de la petite enfance

Les conditions sanitaires et sociales des établissements d'accueil collectif d'enfants de moins de 6 ans sont dictées par des textes officiels et contrôlées par le médecin responsable du service départemental de PMI.

Voici les textes réglementaires :

- décret du 1er août 2000 relatif aux établissements d'accueil des enfants de moins de 6 ans, réformé par le décret du 22 février 2007 ;
- arrêté du 26 décembre 2000 relatif au personnel des établissements et services d'accueil des enfants de moins de 6 ans.

D. Agrément et suivi des assistants maternels et familiaux

Sur le plan législatif, il existe :

- le décret n° 2012-364 du 15 mars 2012 relatif au référentiel fixant les modalités d'agrément des assistants maternels ;
- le décret n° 2014-918 du 18 août 2014 relatif au référentiel fixant les modalités d'agrément des assistants familiaux.

L'assistant maternel est un professionnel qui assure, à son domicile ou en maison d'assistants maternels (MAM), l'accueil des enfants de 0 à 6 ans confiés pour la journée par leurs parents.

L'assistant familial est un professionnel qui assure l'accueil d'enfants de 0 à 21 ans à son domicile 7 j/7.

Le service de PMI est chargé d'évaluer les demandes d'agrément pour devenir assistant maternel ou assistant familial. Des entretiens individuels ainsi qu'une évaluation matérielle sont effectués (sécurité et surface des locaux, capacités à recevoir des enfants, etc.).

Des actions d'information et de formation obligatoires sont proposées par le service de PMI et financées par le département.

La PMI contrôle également les assistants maternels et assistants familiaux déjà agréés et vérifie que les conditions d'accueil respectent toujours les conditions d'agrément.

L'agrément des assistants maternels doit être renouvelé tous les cinq ans après évaluation du service de PMI.

Au même titre que les assistants maternels, l'agrément des assistants familiaux doit être renouvelé tous les cinq ans sauf s'ils justifient d'un document attestant qu'ils ont suivi la formation obligatoire et obtenu le diplôme d'État d'assistant familial (DEAF). Dans ce cas, le renouvellement est accordé automatiquement et sans limitation de délai.

Enfin, la PMI met en place un accompagnement et un soutien pour les assistants maternels et familiaux dans leurs problématiques professionnelles face à l'accueil des enfants.

2. La cellule de recueil d'informations préoccupantes (CRIP)

Suite à **la loi n° 2007-293 du 5 mars 2007 (art. 12),** une cellule de recueil d'informations préoccupantes a été mise en œuvre dans les départements.

Le conseil départemental recueille et assure le traitement des informations préoccupantes quelle qu'en soit l'origine.

Protéger les enfants, c'est :

- **repérer les facteurs de risque :** grosses difficultés financières, carences éducatives, dépendances à l'alcool ou aux drogues des parents, etc.
- **repérer les signes évocateurs :** traces de coups, retard de croissance, comportement de tristesse, d'agressivité, repli sur soi, cauchemars fréquents, etc.
- **signaler les situations de maltraitance :** tout citoyen, devant une situation de mineur en danger ou risquant de l'être, se doit d'alerter les services sociaux, la police, la gendarmerie, la justice, ou joindre le 119 (Allô enfance maltraitée, numéro anonyme et gratuit).

REMARQUE DU FORMATEUR

Le signalement d'enfant en danger est une obligation légale. Toute personne peut être poursuivie pour non-signalement d'une personne vulnérable mise en danger par autrui (art. 434-3 du Code pénal).

POSITIONNEMENT PROFESSIONNEL

L'auxiliaire de puériculture doit être vigilant(e) tout en mesurant ses inquiétudes. En effet, un enfant peut être porteur d'ecchymoses parce qu'il s'est cogné, ce qui ne veut pas dire qu'il soit victime de maltraitance.
Si, malgré tout, vous avez un doute sur la situation de l'enfant, vous devez signaler le risque de danger pour l'enfant. Il vous faudra donner quelques éléments physiques concrets lors de votre déposition.
Dans toute situation ressentie inquiétante, vous devez en avertir votre hiérarchie qui se chargera de faire le signalement, si nécessaire.

En France, chaque année, 20 000 enfants sont victimes de maltraitance physique, psychologique, sexuelle. La pandémie risque fort de voir les chiffres augmenter depuis début 2020.
Le **119 Allô enfance en danger** est un numéro que chaque citoyen devrait connaître.
La **Convention internationale des droits de l'enfant** adoptée par l'Onu célèbrera son 30e anniversaire le 20 novembre 2019. Elle représente un repère moral dans l'application des lois sur la protection de l'enfant.

3. L'aide sociale à l'enfance (ASE)

C'est la prévention de la maltraitance des mineurs et la protection de l'enfant en danger.

L'aide sociale à l'enfance (ASE) est un service du conseil départemental. Il met en place plusieurs mesures pouvant aider les familles.

Une stratégie nationale de prévention et de protection de l'enfance 2019-2022 a été lancée en octobre 2019 faisant naître un pacte pour l'enfance qui repose sur 3 piliers :

- la prévention et l'accompagnement des parents du 4e mois de grossesse aux 2 ans de l'enfant (voir « les 1 000 premiers jours de la vie ») ;
- la lutte contre toutes les formes de violences faites aux enfants ;
- une réforme de l'ASE destinée à garantir le respect des droits des enfants protégés et à mieux répondre à leurs besoins.

Pour approfondir ce sujet : site du ministère de la Solidarité et de la Santé, stratégie nationale de prévention et de protection de l'enfance 2019-2022.

A. Mesures d'aide à la famille

L'aide sociale à l'enfance est un service public qui a pour mission d'aider les parents à élever leurs enfants.

Les mesures d'aide proposées sont :

- des aides financières sous forme d'allocations mensuelles et de secours d'urgence ;
- le soutien d'une travailleuse d'intervention sociale et familiale ;
- un soutien éducatif, grâce à l'action éducative à domicile (AED), ou en milieu ouvert (AEMO) ;
- des structures d'accueil de jour pluriprofessionnelles de soutien à la parentalité ;
- des familles d'accueil, internats en établissements spécialisés, maisons éducatives à caractère social (MECS) pour les accueils temporaires de mineurs ;
- des hôtels et maisons maternels pour l'accueil temporaire de jeunes parents avec leur enfant.

a. Protection administrative

L'ASE assume la responsabilité de la mise en œuvre d'une protection de l'enfant « en danger ou en risque de l'être »par une action éducative à domicile (AED) ou un accueil administratif (placement en famille d'accueil ou en institution). Cette protection a pour mission de soutenir et d'assister le mineur et sa famille. **Les familles qui en bénéficient doivent donner leur accord.**

b. Protection judiciaire ou assistance éducative

L'objectif d'une décision de placement est de venir en aide à l'enfant ou à l'adolescent ainsi qu'à sa famille lorsqu'une séparation parents/enfant est nécessaire.

C'est la justice qui prend une décision à l'égard du mineur victime de maltraitances avérées.

B. Missions de l'ASE

Les missions de l'ASE sont assurées par une équipe composée de différents professionnels du secteur social.

L'ASE répond aux mesures administratives ou judiciaires d'un mineur en danger.

Les quatre objectifs principaux sont :

- l'aide matérielle et financière afin de prévenir la séparation parents/enfant ;
- l'aide éducative des familles dans l'éducation et l'entretien du mineur ;
- l'épanouissement du mineur dans sa famille ou dans la famille d'accueil si une séparation n'a pu être évitée ;
- l'intérêt de l'enfant quand l'enfant est déclaré adoptable.

C. Différentes interventions

a. Action éducative en milieu ouvert (AEMO)

L'AEMO est une mesure judiciaire au bénéfice d'un ou de plusieurs enfants d'une même famille. Elle consiste en l'intervention à domicile d'un travailleur social pour une durée variable.

b. Situation de placement nécessitant la séparation parents/enfant

Plusieurs moyens de placements existent dans chaque département :

- **le foyer départemental de l'enfance** ayant pour mission l'accueil, l'observation et l'orientation des enfants en situation d'urgence ;
- **les assistants familiaux** accueillant les enfants à leur domicile en situation d'urgence ou pour accompagner le projet de vie de l'enfant ;
- **les établissements agréés** pour accueillir des enfants pour le développement desquels la vie en collectivité semble plus adaptée.

REMARQUE DU FORMATEUR

La protection de l'enfance peut être administrative ou judiciaire.

L'assistance éducative est un ensemble de mesures prises lors d'une situation de danger physique et/ou moral d'un mineur émancipé ou non.

Le placement d'un enfant ne remet pas en question l'autorité parentale.

4. Principales prestations en faveur des familles

A. Examens et congés autour de la naissance

a. Pendant la grossesse

Remboursement intégral :

- des 7 examens médicaux ;
- des 8 séances de préparation à l'accouchement.

b. Le congé de maternité

La femme enceinte a droit à un repos de six semaines avant la date présumée de l'accouchement et de dix semaines après.

À partir du 3e enfant, elle a droit à dix semaines avant l'accouchement et dix-huit semaines après.

Si la grossesse est multiple, la durée du congé prénatal est de 12 semaines et la durée du congé postnatal est de 22 semaines.

REMARQUE DU FORMATEUR

L'allongement du congé maternité pour les travailleuses indépendantes, les cheffes d'entreprise et les agricultrices en 2019 : elles pourront bénéficier d'un congé maternité aussi long que celui des salariées et devront prendre au minimum 8 semaines de congé maternité et 16 au maximum.

c. Le congé de paternité

Il est ouvert à toute personne vivant maritalement avec la mère même lorsqu'elle n'est pas le père de l'enfant.

La loi de financement de la Sécurité sociale (LFSS) pour 2021 apporte des modifications au congé de paternité.

À compter du 1er juillet 2021, la durée du congé paternité passe de « 11 jours consécutifs ou 18 jours consécutifs (naissances multiples) » à « 25 jours calendaires ou 32 jours pour naissances multiples ».

Article L. 1225-35-1 du Code du travail, Legifrance.

B. Les prestations familiales

a. La prestation d'accueil du jeune enfant (PAJE)

L'allocation de base de la prestation d'accueil du jeune enfant a pour objet d'aider à assurer les dépenses liées à l'entretien et l'éducation d'un enfant. Elle est destinée aux parents d'un enfant de moins de 3 ans sous conditions de ressources.

Dans le cas d'un enfant adopté ou recueilli en vue d'une adoption, l'allocation est versée quel que soit l'âge de l'enfant dans la limite toutefois de ses 20 ans.

Elle comprend :

- **une prime à la naissance** versée dès le 7e mois de grossesse ou à l'adoption sous condition de ressources, pour faire face aux premières dépenses liées à la naissance ou à l'adoption d'un enfant et à son entretien ;
- **une allocation de base** sous conditions de ressources versée mensuellement pour toute personne qui a un enfant à charge de moins de 3 ans et jusqu'à ses 3 ans ;
- **un complément de libre choix du mode de garde** destiné à aider les parents d'un enfant de moins de 6 ans qui continuent d'exercer une activité professionnelle et qui embauchent une assistante maternelle ou une garde à domicile ;
- **une prestation partagée de l'éducation de l'enfant (PreParE)** permet à l'un des deux parents de réduire ou de cesser leur activité professionnelle pour s'occuper de leur enfant de moins de 3 ans.

b. Les allocations familiales

Elles sont versées aux personnes ayant au moins deux enfants de moins de 20 ans à charge et dépendent des ressources.

c. Le complément familial

Versé sous conditions de ressources pour les familles ayant au moins trois enfants à charge âgés de plus de 3 ans et de moins de 21 ans.

Les conditions de ressources de l'allocataire ne doivent pas dépasser un certain plafond.

d. L'allocation de soutien familial (ASF)

L'allocation de soutien familial est versée par la caisse d'allocations familiales (CAF) si le parent est isolé et a un enfant à sa charge, ou s'il a recueilli un enfant et qu'il vit seul ou en couple.

e. L'allocation de rentrée scolaire (ARS)

L'allocation de rentrée scolaire est versée, sous conditions de ressources, aux familles ayant au moins un enfant scolarisé et âgé de 6 à 18 ans.

Elle permet d'aider les familles à financer les dépenses de la rentrée scolaire.

Son montant dépend de l'âge de l'enfant.

f. L'allocation journalière de présence parentale (AJPP)

L'AJPP est attribuée aux parents, ou à toute personne, étant dans l'obligation d'interrompre une activité professionnelle, pour rester auprès d'un enfant âgé de moins de 20 ans, du fait de sa maladie, de son handicap ou victime d'un accident d'une particulière gravité.

g. L'allocation d'éducation de l'enfant handicapé (AEEH)

L'AEEH est destinée à soutenir les personnes qui assurent la charge d'un enfant âgé de moins de 20 ans, en situation de handicap, présentant un taux d'incapacité d'au moins 80 %.

5. Modes d'accueil de la petite enfance

Deux textes de référence sont à noter :

– le **décret du 1er août 2000** relatif aux établissements d'accueil des enfants de moins de 6 ans, réformé par le décret du 22 février 2007 ;

– l'**arrêté du 26 décembre 2000** relatif au personnel des établissements et services d'accueil des enfants de moins de 6 ans.

Les services d'accueil des jeunes enfants ont pour mission :

– d'accueillir l'enfant dans de bonnes conditions ;

– d'accompagner les parents dans leur fonction d'éducation et de les aider à concilier la vie familiale et la vie professionnelle.

Ils favorisent le développement, l'éveil et la socialisation de l'enfant.

Ils permettent d'aller vers une meilleure prise en considération des besoins, afin d'éviter certaines carences éducatives et affectives. Toutes les structures d'accueil présentées ci-dessous doivent recevoir un agrément du conseil départemental et sont réglementées et contrôlées régulièrement par la PMI.

Plusieurs possibilités d'accueil du petit enfant sont proposées aujourd'hui.

A. La crèche collective ou multi-accueil

C'est une structure départementale, municipale ou associative d'accueil collectif régulier pour les enfants de 10 semaines à 3 ans.

Les plus : locaux adaptés et sécurisés ; équipe constituée de professionnels petite enfance ; accompagnement parental ; socialisation des enfants plus grands ; tarif calculé en fonction des revenus des parents.

B. La halte-garderie

Il s'agit d'une structure municipale ou associative d'accueil collectif d'enfants de moins de 6 ans, pendant la journée de façon occasionnelle.

Les plus : permet de répondre aux besoins d'accueil ponctuels des familles en offrant aux parents la possibilité d'avoir du temps pour eux ; participation à la socialisation pour l'enfant.

C. La crèche parentale

C'est un accueil collectif organisé par une association de parents (loi 1901).

Les plus : petits effectifs ; participation active des parents ; mutualisation des idées entre professionnels et parents.

D. Le jardin d'enfants

On y accueille des enfants de 2 à 6 ans non scolarisés ou scolarisés à temps partiel.

Le plus : petits effectifs, permet à l'enfant d'appréhender en douceur la collectivité.

E. La crèche familiale

Elle regroupe les assistants maternels (AM) agréés par le conseil départemental et employés par la collectivité territoriale.

Les AM accueillent les enfants à leur domicile.

Ils sont encadrés par des professionnels petite enfance qui ont pour mission d'assurer ensemble la qualité de l'accueil des enfants à leur domicile et de proposer des activités à destination des enfants (jardins d'éveil, ateliers livres, etc.).

Des formations et échanges sont proposés très régulièrement aux assistants maternels par les professionnels de cette structure.

Les plus : accueil de qualité, suivi et contrôlé par des professionnels ; travail en équipe ; tarif calculé en fonction des revenus des parents ; pas de relation d'argent entre l'AM et les parents.

F. Les assistants maternels employés par un particulier

Il s'agit d'un accueil familial au domicile pour des enfants de 0 à 6 ans. C'est le mode d'accueil le plus répandu en France.

Les plus : accompagnement des AM et des parents par la PMI ou les relais assistants maternels (RAM) ; horaires d'accueil pouvant être plus étendus qu'en crèche.

LE RELAIS ASSISTANTS MATERNELS (RAM)

- Il propose des activités aux enfants accompagnés de leur AM.
- Il informe les parents sur leurs droits et leurs devoirs en tant qu'employeurs d'un AM.
- Il informe les AM sur toutes les questions relatives à l'exercice de leur profession.

G. La maison d'assistants maternels (MAM)

Dans le cadre de la politique d'accueil de la petite enfance, un assistant maternel peut dorénavant accueillir des mineurs dans un local en dehors de son domicile d'après la **loi n° 2010-625 du 9 juin 2010** et **décret du 15 mars 2012 relatif au référentiel fixant les critères d'agrément des assistants maternels.**

Les démarches sont validées par le conseil départemental et la caisse d'allocations familiales. La MAM est un lieu où se regroupent trois ou quatre assistants maternels employés par des particuliers pour exercer leur profession. Les enfants sont alors accueillis dans cette maison commune.

Les plus : amplitude des horaires d'accueil plus importante ; partage de la logistique entre les AM (repas, ménage, etc.) ; réflexion des AM autour d'un projet commun ; possibilité d'accompagnement des AM par un RAM.

H. La micro-crèche

Il s'agit d'une structure d'accueil collectif de petite taille, pouvant accueillir jusqu'à 10 enfants, elle est privée ou conventionnée par la CAF avec un tarif crèche. C'est une structure d'accueil soumise aux mêmes règles que les établissements d'accueil collectif.

Décret n° 2007-230 du 20 février 2007 relatif aux établissements et services d'accueil des enfants de moins de 6 ans et modifiant le Code de la santé publique

Décret n° 2010-613 du 7 juin 2010 relatif aux établissements et services d'accueil des enfants de moins de 6 ans

Les plus : amplitude horaire élargie ; coût de micro-crèche privée souvent plus élevé pouvant donner droit à un complément de libre choix du mode de garde plus important.

I. L'accueil au domicile de l'enfant

Une (un) **garde d'enfant à domicile** est une employée (un employé), de maison qui garde le ou les bébés au domicile des parents. Il peut s'agir d'une seule famille faisant garder un ou plusieurs enfants, ou de plusieurs familles se regroupant pour partager les frais. Dans ce dernier cas, la garde peut se faire alternativement dans chaque famille ou une seule. Elle est appelée « garde partagée ».

9. Les besoins

L'OMS définit la santé comme « un état de complet bien-être physique, mental et social et ne consiste pas seulement en une absence de maladie ou d'infirmité ».

On pourrait dire que pour être en bonne santé les besoins fondamentaux doivent être satisfaits.

Il peut s'agir par exemple des besoins :

- nutritionnels : alimentation et boissons en quantité suffisante ;
- sanitaires : hygiène de vie, hygiène du corps ;
- éducatifs : instruction et éducation en lien avec notre culture ;
- sociaux : être en phase dans la société dans laquelle on vit ;
- affectifs : être dans un lien d'attachement, en relation avec autrui.

Des classements des besoins fondamentaux ont été proposés par :

Abraham Maslow

Ce psychologue américain (1916-1972) considère que l'individu ne peut passer à un besoin d'ordre supérieur que quand le niveau immédiatement inférieur est satisfait. Il a donc proposé une pyramide des besoins en les hiérarchisant comme suit :

La pyramide des besoins humains selon Maslow

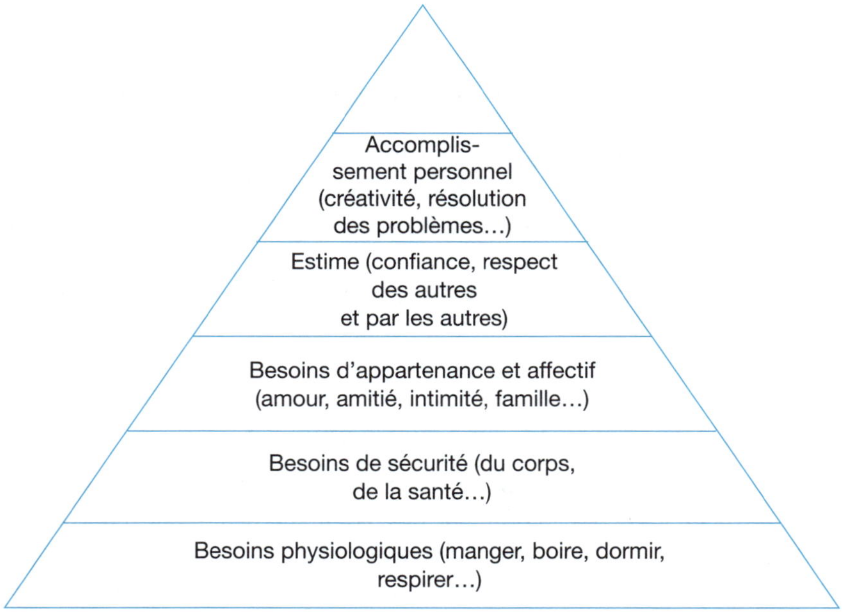

Virginia Henderson

Cette infirmière (1897-1996) a défini quatorze besoins fondamentaux de tout être humain :

- respirer, boire, manger, éliminer, se mouvoir, dormir ;
- se vêtir, maintenir sa température, être propre ;
- éviter les dangers, communiquer ;
- s'occuper en vue de se réaliser, se recréer, apprendre.

Ses besoins entrent dans les cinq catégories définies par Maslow.

T.B. Brazelton (1918-2018) et S. Greenspan (1926)

Ces professeurs de pédiatrie ont défini les 7 besoins fondamentaux de l'enfant, indispensables à son développement psychologique.

1. Le besoin de relations chaleureuses et stables met en évidence les relations émotionnelles interactives (regard, mimiques, etc.) avec les adultes qui prennent soin de lui.

2. Le besoin de protection physique, de sécurité et de régulation concerne la sécurité affective de l'enfant à travers les figures d'attachement principales

3. Le besoin d'expériences adaptées aux différences individuelles

Notion de l'enfant unique dans son comportement émotionnel, relationnel et dans ses apprentissages demandant une approche spécifique de la relation de l'adulte avec l'enfant

4. Le besoin d'expériences adaptées au développement dès 3 à 4 mois, sécurité vis-à-vis des éléments extérieurs ; de 4 à 6 mois, la sécurité intérieure, permettant des relations confiantes avec les personnes ; de 6 à 18 mois, le développement de la communication non verbale puis de la conscience de soi ; enfin la maîtrise des mots et de la pensée

5. Le besoin de limites, de structures, et d'attentes

Il s'agit des apprentissages qui sont rendus possibles par le climat de confiance et de sécurité établi entre l'enfant et les personnes qui l'entourent. Le but pour l'enfant est de faire plaisir aux personnes proches et de contrôler ses impulsions tout en étant respecté et aimé, et plus tard d'acquérir à son rythme une véritable autodiscipline de vie.

6. Le besoin d'une communauté stable et de son soutien, de sa culture

C'est pour l'enfant le besoin de vivre dans un milieu où il est intégré, accepté, aidé dans ses démarches relationnelles. La langue, le type de civilisation, la culture, la religion... y participent. De même, la famille, les personnes assurant la garde, l'école, les activités personnelles...

7. La protection de notre avenir

La fréquence grandissante des séparations parentales, l'évolution des conditions de vie, la moindre disponibilité des parents sont de plus en plus pour l'enfant des causes de carence affective et de privation de ses besoins essentiels. Cette évolution n'est pas sans influence sur les relations interhumaines. À côté des problèmes de démographie, d'alimentation, de santé physique, assurer les besoins psychologiques et affectifs des bébés et des jeunes enfants est une nécessité pour l'avenir de notre société et des générations à venir qu'ils représentent.

10. La santé publique

La santé publique est une discipline autonome qui s'intéresse à l'état sanitaire d'une collectivité, à la santé globale de la population sous tous ses aspects – curatif, préventif, social et éducatif. Elle est régie par un programme : **le programme de santé publique.**

Ce programme est un ensemble d'actions visant à atteindre des objectifs précis.

Il utilise des indicateurs de santé permettant d'étudier l'état de santé de la population, les facteurs influents.

Il définit les besoins de santé des collectivités.

Exemple d'indicateur : le taux de fécondité en France, en 2020 est de 1,84 enfant par femme (donnée Insee provisoire).

Trois problèmes de santé publique actuels et spécifiques à la petite enfance vous sont présentés ci-dessous : la Covid-19, la rougeole et l'obésité.

La Covid étant un problème aigu de pandémie actuellement, des éléments de compréhension de cette pathologie ainsi que des sites de référence vous seront communiqués.

1. La rougeole

La rougeole touche actuellement plusieurs régions françaises, il avait été constaté une augmentation du nombre de cas depuis 2017, revue à la baisse depuis l'arrivée du coronavirus. Les gestes barrières ont protégé la population du virus de la rougeole.

La rougeole est une infection parmi les plus contagieuses, aux complications respiratoires et neurologiques pouvant être graves, et potentiellement éradicable grâce à une couverture vaccinale élevée.

L'AP est particulièrement concerné(e) par ce problème de santé publique, quel que soit le lieu ou il/elle travaille.

POSITIONNEMENT PROFESSIONNEL

Information auprès des parents :

- la rougeole est une infection virale très contagieuse ;
- une personne contaminée par la rougeole peut infecter entre 15 et 20 personnes ;
- les formes les plus graves touchent les nourrissons de moins d'un an, les femmes enceintes et les adultes jeunes.

Proposer aux adultes nés depuis 1980 de faire le point sur leur vaccination avec leur médecin.

2. L'obésité et le surpoids

Depuis une vingtaine d'années, on constate une forte augmentation de la fréquence de l'obésité et du surpoids chez les enfants, y compris très jeunes, un phénomène rare auparavant qui présente un facteur prédictif d'augmentation du risque cardio-vasculaire et du risque de décès prématuré chez l'adulte.

Ce que nous savons aujourd'hui : en dernière section de maternelle, 12 % des enfants sont en surcharge pondérale et 3,5 % sont obèses.

L'obésité dans l'enfance est un élément prédictif de l'obésité à l'âge adulte : la probabilité qu'un enfant obèse le reste à l'âge adulte varie selon les études de 20 % à 50 % avant la puberté, et de 50 % à 70 % après la puberté.

Le surpoids et l'obésité sont définis comme « une accumulation anormale ou excessive de graisse ».

Au-delà des risques pour la santé physique, l'obésité peut être mal vécue par l'enfant et être responsable de difficultés psychologiques et sociales.

Une évaluation régulière en France permet d'adapter des programmes de prévention et d'information.

L'obésité aurait plusieurs origines : génétique, alimentaire, comportemental, psychologique.

L'auxiliaire de puériculture est particulièrement concerné(e) par ce problème de santé publique, qu'il ou elle soit en structure d'accueil ou en PMI.

À titre indicatif, la mesure de référence internationale, chez l'adulte, est l'indice de masse corporelle (IMC) obtenu par le rapport du poids sur la taille au carré : IMC = poids en kg/(taille en m)^2

Chez l'enfant, des courbes d'IMC sont présentes dans le carnet de santé de l'enfant permettant de suivre l'évolution de sa corpulence.

> Lancé en 2001, le Programme national nutrition santé (PNNS) est un plan de santé publique visant à améliorer l'état de santé de la population en agissant sur l'un de ses déterminants majeurs : la nutrition. Pour le PNNS, la nutrition s'entend comme l'équilibre entre les apports liés à l'alimentation et les dépenses occasionnées par l'activité physique.
> Le Haut conseil de santé publique (HCSP) a publié en septembre 2019 les axes et objectifs quantifiés de la politique nutritionnelle pour le prochain cycle du PNNS 2019-2023. Ces objectifs sont destinés exclusivement aux autorités de santé publique et non pas au grand public. Pour le grand public ont été fixés les repères nutritionnels.

POSITIONNEMENT PROFESSIONNEL : PISTES DE PRÉVENTION DE L'OBÉSITÉ

- Valoriser l'allaitement maternel qui, selon des études, serait une protection contre l'obésité.
- Adapter au mieux les laits « premier âge » afin qu'ils soient les plus proches possible du lait maternel au niveau des acides gras.
- Suivre la courbe de croissance de l'enfant.
- Attirer l'attention des parents sur les messages publicitaires pouvant être néfastes sur l'alimentation trop grasse ou trop sucrée des enfants.
- Éviter les distributeurs de boissons ou confiseries.
- Inciter à faire de l'exercice.
- Informer les parents des besoins nutritionnels dont a besoin leur enfant au fur et à mesure de son évolution.

3. La COVID-19 : une pandémie qui bouleverse notre planète

Il s'agit d'une maladie virale qui touche tous les continents. Le virus identifié en Chine en janvier 2020 est de la famille des coronavirus et s'appelle SARS-CoV-2.
Le SARS-CoV-2 provoque la maladie nommée « COVID-19 » par l'OMS.
La situation mondiale de la COVID-19 a été déclarée pandémie par l'OMS depuis le 11 mars 2020.
Les coronavirus font partie des virus saisonniers et peuvent présenter des signes allant d'un rhume à la détresse respiratoire.
Ce coronavirus est très contagieux et peut infecter plusieurs personnes en l'absence de mesures de protection.
Les symptômes les plus observés lors d'une infection sont : fièvre, maux de tête, toux, courbatures, forte fatigue, anosmie, agueusie et difficultés respiratoires nécessitant parfois l'hospitalisation en services spécialisés ou décès pour les cas les plus graves.

a. La transmission

Elle se fait principalement par :

– les sécrétions projetées lors d'une conversation, d'une toux ou d'un éternuement avec une ou plusieurs personnes physiquement proches ;

– un contact des mains non lavées ou des surfaces souillées, d'où l'intérêt majeur des gestes barrières.

b. Le dépistage : pilier de la stratégie TAP (tester, alerter, protéger) :

– les tests virologiques, RT-PCR par voie nasale ou salivaire, ils répondent à la présence ou non du virus avec des résultats en 24 heures ;

– les tests et les autotests antigéniques répondent à la présence ou non du virus mais ont une sensibilité plus faible.

c. Le test de diagnostic rétrospectif

Il est sérologique, par prélèvement sanguin. Il répond à la présence ou non d'anticorps dirigés contre le virus et confirme ou infirme que le sujet a contracté le virus.

Il ne permet en aucun cas de détecter le virus.

d. Traitement

Pour le moment, les patients infectés bénéficient de traitements visant à soulager les symptômes.

e. La prévention

Les gestes sanitaires, voir la Fiche « Gestes barrières ».

f. La vaccination

Il existe aujourd'hui plusieurs sortes de vaccins proposés à la population en France.

– ceux fabriqués à partir d'ARN messager qui, après injection, va produire dans l'organisme une protéine virale qui va déclencher une réaction immunologique protectrice. Ils protègent contre la maladie mais n'empêchent pas la transmission de l'infection ;

– ceux fabriqués à partir de virus atténué qui oblige l'organisme à développer des anticorps.

g. Les variants en France en mai 2021

Un variant est le nom donné à une nouvelle souche de virus suite à la mutation du virus initial.

Les variants du SARS-CoV 19 dits d'intérêt qui font l'objet d'une surveillance spécifique en France à ce jour sont :

– le variant 201/501.Y.V1 dit « anglais », atteignant une proportion majoritaire en France ;

– le variant 20H/501.V2 apparu en Afrique du Sud, repéré dans certaines régions de France ;

– le variant 20C/H655Y, détecté en Bretagne.

En règle générale, les variants de la COVID-19 semblent plus contagieux que la souche initiale, entraînant ainsi une forte transmissibilité.

h. Impact de la crise sur la santé des enfants

Nous savons aujourd'hui que les enfants sont peu touchés par la COVID-19 et représentent moins de 1 % des hospitalisations. Les enfants positifs sont peu symptomatiques (signes de la grippe) ou asymptomatiques.

En contrepartie, des signes de mal-être ont été repérés chez les enfants et vont donner lieu à une enquête nationale sur la santé des enfants de 3 à 11 ans qui sera lancée au printemps 2022 pour apporter rapidement des données sur la santé des enfants en post-crise immédiate.

Voir site : *santepubliquefrance/etudes-et-enquete-nationale*

i. Qu'en est-il des tout-petits ?

Les jeunes enfants sont aussi pleinement exposés aux enjeux de cette épidémie.

Les confinements, les inquiétudes de leurs parents et l'ambiance particulière (le masque porté par les modes d'accueil, le lavage strict des mains, la distance physique lors des besoins de câlins de l'enfant) font que l'enfant a du mal à guider ses émotions.

Ce petit être devine, ressent cette agitation autour de lui et ne sait quoi faire de toutes ces émotions qui s'entrechoquent et viennent bousculer son développement psychosocial et affectif.

Les tout-petits ne comprennent pas bien ce qui se passe car leur cerveau n'est pas suffisamment mature.

j. Positionnement professionnel

Nous connaissons les effets délétères observés suite aux confinements : troubles de la santé mentale, maltraitance, accidents domestiques, exposition accrue aux écrans, troubles du sommeil.

Le petit enfant imite le comportement des personnes vivant autour de lui, il absorbe ce qu'il observe et répète les situations afin de les intégrer.

Il est heureux quand son entourage est heureux, il est stressé si l'entourage est stressé, c'est ce qu'on appelle « les neurones miroirs ».

REMARQUE DU FORMATEUR

En conclusion, il est impératif d'être attentif aux signes évocateurs de troubles psychologiques et somatiques de l'enfant afin d'alerter les adultes pour une prise en charge rapide de l'enfant et/ou de la famille par les services spécialisés.

Voir *le site www.cnape.fr*

Texte officiel de référence : *guide ministériel, « Covid-19 - Modes d'accueil du jeune enfant »*

MINISTÈRE
DES SOLIDARITÉS
ET DE LA SANTÉ
Liberté
Égalité
Fraternité

Santé publique France

11. L'hygiène et la sécurité

L'hygiène et la sécurité doivent faire partie des préoccupations de chaque professionnel.

Des textes législatifs destinés à la fonction publique territoriale ont permis de mettre en place une politique de santé et de sécurité des agents.

1. La réglementation en vigueur

On relève trois textes importants à connaître :

– le **décret n° 85-603 du 10 juin 1985** relatif à l'hygiène et à la sécurité au travail ainsi qu'à la médecine professionnelle et préventive dans la fonction publique territoriale ;

– le **décret n° 2012-170 du 3 février 2012** modifiant le décret n° 85-603 du 10 juin 1985 relatif à l'hygiène et à la sécurité du travail ainsi qu'à la médecine professionnelle et préventive dans la fonction territoriale ;

– la **circulaire NOR : INTB1209800C** vise à commenter les dispositions du décret n° 85-603 du 10 juin 1985 modifié par le décret n° 2012-170 du 3 février 2012 relatif à l'hygiène et à la sécurité du travail ainsi qu'à la médecine professionnelle et préventive dans la fonction publique territoriale.

Afin d'améliorer le dispositif d'hygiène et de sécurité au travail, le décret modificatif prévoit la mise en place de comités d'hygiène de sécurité et des conditions de travail (CHSCT) dès le seuil de 50 agents. Les règles relatives à la composition et au fonctionnement ainsi que les missions des CHSCT ont été adaptées conformément aux mesures de l'accord sur l'hygiène et la sécurité au travail dans la fonction publique signé le 20 novembre 2009. Aux missions traditionnelles, des missions nouvelles sont ajoutées.

Ce décret :

– réforme la protection de la santé des agents et fonctionnaires territoriaux au travail ;

– introduit de nouvelles dispositions qui concernent les assistants et conseillers de prévention chargés d'une fonction d'inspection dans le domaine de l'hygiène, de la sécurité et de la médecine préventive ;

– apporte des compléments d'information quant au dossier médical et au registre de santé et de sécurité au travail ;

– renforce la légitimité et l'assise du médecin de prévention.

2. Le comité d'hygiène, de sécurité et des conditions de travail (CHSCT)

A. Sa composition

On y trouve :

- des représentants de la collectivité désignés par l'autorité territoriale ;
- des représentants du personnel élus au suffrage universel sur les listes présentées par les organisations syndicales.

Les membres du comité du CHSCT sont désignés pour une période de quatre ans par l'organe délibérant de la collectivité ou avec l'établissement avec lequel il doit fonctionner.

B. Ses missions

a. Missions de prévention

Il contribue à la protection de la santé physique et mentale et de la sécurité des agents et du personnel mis à la disposition de l'autorité territoriale.

Il contribue à l'amélioration des conditions de travail notamment en vue de faciliter l'accès des femmes à tous les emplois et de répondre aux problèmes liés à la maternité.

Il veille à l'observation des prescriptions légales.

Il procède à l'analyse des risques professionnels et des conditions de travail.

Il contribue à la promotion de la prévention des risques professionnels et suscite toute initiative utile.

Il suggère toutes mesures pouvant améliorer l'hygiène et la sécurité au travail.

b. Missions consultatives

Il est consulté en amont pour tout projet d'aménagement important modifiant les conditions de santé et de sécurité des personnels par un changement de lieu d'organisation ou de charge de travail.

Il est consulté pour les mesures générales prises pour faciliter la mise ou le maintien au travail des agents accidentés, invalides ou handicapés, notamment par l'aménagement des postes de travail ainsi que sur les mesures liées aux reclassements des agents reconnus inaptes à l'exercice de leurs fonctions.

Il est consulté pour les consignes et règlements envisagés par l'employeur en matière d'hygiène, de sécurité et de conditions de travail.

C. Moyens du CHSCT dans l'exercice de ses missions

a. Visites

Les membres du CHSCT procèdent régulièrement à la visite des services relevant de leur champ de compétence.

Ces visites doivent faire l'objet d'un rapport écrit qui sera présenté au comité.

b. Enquêtes

Les membres du CHSCT procèdent à des enquêtes sur les accidents du travail, les accidents de service graves ou les maladies professionnelles présentant un caractère répétitif sur un même poste de travail.

Ces enquêtes doivent faire l'objet d'un rapport écrit qui sera présenté au comité.

D. La signalisation

Sur les lieux de travail, un pictogramme appliqué sur un panneau participe à la signalisation de santé et de sécurité, qui peut revêtir d'autres formes, lumineuses ou sonores.

La signification du panneau dépend de sa forme, de sa couleur et du pictogramme utilisé.

Les panneaux de signalisation de santé et de sécurité au travail sont issus de l'arrêté du 4 novembre 1993, modifié par l'arrêté du 8 juillet 2003. Ils concernent la prévention des incendies, les premiers secours, la circulation dans l'entreprise, les risques chimiques ou biologiques, etc.

a. La circulation

Sortie et issue de secours

Sortie et issue de secours

Sortie et issue de secours

Sortie et issue de secours

Sortie et issue de secours

Direction à suivre

Direction à suivre

Direction à suivre

Téléphone pour le sauvetage et premiers secours

Premiers secours

Civière

Douche de sécurité

b. La lutte contre l'incendie

Lance à incendie

Échelle

Extincteur

Téléphone pour la lutte contre l'incendie

Direction à suivre (signal d'indication additionnel aux panneaux ci-dessus)

Direction à suivre (signal d'indication additionnel aux panneaux ci-dessus)

Direction à suivre (signal d'indication additionnel aux panneaux ci-dessus)

Direction à suivre (signal d'indication additionnel aux panneaux ci-dessus)

c. Les produits chimiques

Corrosion	Produit corrosif comme les acides et les bases qui rongent les métaux mais aussi la peau et/ou les yeux	
Inflammabilité	Produit pouvant s'enflammer	
	Produit comburant pouvant provoquer ou aggraver un incendie	
	Produit explosif sous l'effet d'une flamme, d'une étincelle	

Toxicité	Produit qui empoisonne à forte dose, qui est irritant, qui peut provoquer des allergies cutanées ou de la somnolence	
	Produit qui empoisonne rapidement même à faible dose	
	Produit cancérogène, reprotoxique, mutagène, provoquant des effets graves sur les poumons ou le système nerveux	
Autres effets	Gaz sous pression dans une bouteille (risque d'explosion ou de brûlure par le froid)	
	Produit qui provoque des effets néfastes sur les organismes aquatiques	

d. Les interdictions

Défense de fumer

Flamme nue interdite et défense de fumer

Interdit aux piétons

Défense d'éteindre avec de l'eau

Eau non potable

Entrée interdite aux personnes non autorisées

Interdit aux véhicules de manutention

Ne pas toucher

3. Le service de médecine professionnelle et préventive

Le décret du 27 décembre 2016 modernise la médecine du travail et les services de santé au travail en apportant d'importants changements dans le suivi de l'état de santé des salariés.

A. Ses missions

Il s'agit de :

- prévenir l'apparition de toute altération de la santé du fait du travail ;
- améliorer les conditions de travail ;
- participer à l'hygiène générale des locaux, de la restauration ;
- adapter les postes, les techniques et rythmes de travail à la physiologie humaine ;
- protéger les agents contre les nuisances et les risques d'accidents ou de maladie professionnelle ;
- diffuser une information sanitaire.

B. La surveillance médicale des agents

Les agents de la fonction publique territoriale sont soumis à une visite d'embauche, puis à une visite médicale tous les deux ans.

Le médecin du service de médecine préventive et professionnelle surveille particulièrement les personnes reconnues travailleurs handicapés, les femmes enceintes, les agents travaillant dans les services comportant des risques spéciaux, les agents qui ont eu un congé de longue maladie ou de longue durée ou qui souffrent de pathologies particulières.

C. Les vaccins obligatoires des agents travaillant auprès des enfants

Pour une prévention efficace, certaines vaccinations sont rendues obligatoires. Il s'agit du vaccin antitétanique, antidiphtérique et antipoliomyélitique, la vaccination contre l'hépatite B et le BCG dans les zones à risque.

La vaccination contre la coqueluche, bien que non obligatoire, est fortement conseillée chez les professionnels de la petite enfance.

Ces vaccinations ne peuvent être contrôlées que par le médecin du travail (pas par l'employeur).

4. Les risques spécifiques à la profession d'AP

A. Les risques liés aux contraintes

a. Contraintes physiques

Avec des risques de lésions dorsolombaires liés au travail debout prolongé, le port d'enfants ou de matériel.

b. Contraintes chimiques

En particulier par l'utilisation de produits ménagers pouvant provoquer des incidents cutanés ou muqueux ou des risques allergiques.

c. Contraintes infectieuses

La promiscuité des AP avec les enfants autour du soin augmente le risque de contamination par virus de la sphère ORL ou digestive.

d. Contraintes mentales

Le bruit (pleurs, cris, etc.), la tension entraînée par la disponibilité permanente auprès de l'enfant ainsi que les horaires décalés peuvent être des éléments de fragilité mentale chez les agents en contact continu avec les enfants.

B. Risques d'accidents d'exposition au sang (AES)

a. Protocole de prévention

- Utiliser la précaution standard (gants, décontamination des matériels souillés, lavage des mains, etc.).
- Être vacciné contre l'hépatite B.

b. Procédure à suivre en cas d'AES

- Nettoyer la peau lésée à l'eau courante et au savon. Bien rincer.
- Utiliser un antiseptique chloré (ex. : eau de Javel, etc.).
- Si projection dans les yeux, rincer sous l'eau pendant au moins 10 minutes.
- Consulter dans l'heure un médecin qui évaluera l'accident et indiquera la marche à suivre. Il établira un certificat descriptif de l'accident pour la reconnaissance de l'origine professionnelle.
- Déclarer l'accident dans les 24 heures avec date, heure et circonstances précises de l'accident.

5. Les règles de sécurité des moyens de transport de l'enfant

A. La poussette

Le modèle doit être conforme aux normes de sécurité.

Penser que les poussettes sont basses et le nez de l'enfant se trouve au niveau des pots d'échappement. Il est donc préférable de faire des sorties dans des lieux aérés tels que parcs et jardins et d'éviter les rues passantes.

B. Le transport en voiture

D'après les études faites par l'association Prévention routière, les enfants constituent 3 % des tués et 7,6 % des blessés de la route.

Le siège auto est obligatoire pour les enfants pendant le transport en voiture jusqu'à l'âge de 10 ans.

– siège bébé (moins de 10 kg) ;
– siège vers l'arrière (de 10 à 18 kg) ;
– siège vers l'avant ou rehausseur (de 18 à 30 kg) ;
– ceinture seule à partir de 10 ans (ou à partir de 1 m 35), si l'enfant est assez grand pour que la ceinture ne touche plus son cou.

C. Réglementation

La **loi du 1er janvier 1992** dit que « l'utilisation de systèmes de retenue adaptés et homologués pour les enfants est obligatoire ».

Il existe deux types de norme pour siège auto :

– la norme Isofix réservée au système de fixation fait partie de la norme européenne ECE R44/04 ;

– la norme européenne distingue cinq groupes pour les systèmes de retenue d'enfants. Ils correspondent au poids de l'enfant :

- **groupe 0** : de la naissance jusqu'à 10 kg, c'est-à-dire jusqu'à 9 mois environ ;
- **groupe 0+** : de la naissance à 13 kg, c'est-à-dire jusqu'à 18 mois environ ;
- **groupe 01 :** de 9 kg à 18 kg, c'est-à-dire de 8 mois à 3/4 ans environ ;
- **groupe 02** : de 15 à 25 kg, c'est-à-dire de 3 à 7 ans environ ;
- **groupe 03** : de 22 à 36 kg, c'est-à-dire de 6 à 12 ans environ.

QCM d'entraînement

Entraînement

Questions

1 La vaccination entraîne, dans l'organisme, la formation :

☐ a. d'antigènes
☐ b. d'anticorps
☐ c. de toxines
☐ d. de leucocytes.

2 Les missions principales de la PMI sont :

☐ a. accueillir les enfants de moins de 3 ans pendant la journée.
☐ b. aider financièrement les parents.
☐ c. éduquer les parents à la santé.
☐ d. contrôler les structures de la petite enfance.

3 Que signifie l'acronyme MDPH ?

☐ a. Mission départementale des personnes handicapées
☐ b. Maison départementale des personnes handicapées
☐ c. Médicalisation départementale des personnes handicapées
☐ d. Mobilisation départementale des personnes handicapées

4 La rougeole est une maladie :

☐ a. contagieuse.
☐ b. qui a presque disparu.
☐ c. qui ne concerne pas les adultes.
☐ d. qui peut être grave.

5 Lorsqu'une famille ne peut plus faire face à l'éducation de ses enfants, elle peut demander de l'aide :

☐ a. au juge des enfants (placement, aide à domicile, etc.).
☐ b. à l'Éducation nationale (internat, pensionnat, etc.).
☐ c. à l'Aide sociale à l'enfance (placement, aide à domicile, etc.).
☐ d. à la DDASS (placement, aide à domicile, etc.).

6 Le carnet de santé est délivré par :

☐ a. l'officier d'état civil de la mairie.
☐ b. l'officier d'état civil d'un hôpital public.
☐ c. le service de PMI.
☐ d. le conseil régional.

7 Les examens prévus entre la naissance et 6 ans sont au nombre de :

☐ a. 10 ☐ b. 9 ☐ c. 20 ☐ d. 12

8 L'Aide sociale à l'enfance est placée sous l'autorité :

☐ a. du préfet.
☐ b. du président du conseil régional.
☐ c. du président du conseil départemental.
☐ d. du responsable de PMI.

9 M. Dupont vient d'être le père d'un premier enfant, de quels congés peut-il bénéficier, quelles en sont les conditions ?

10 Que signifie l'acronyme CAMSP ?

☐ a. Centre d'action maternel social et psychologique
☐ b. Centre d'aide médico-social pédagogique
☐ c. Centre d'action médico-social précoce
☐ d. Centre d'aide médico-social précoce

11 À qui et comment peut-on signaler un cas de maltraitance à enfant ?

12 Quelles sont les origines de l'obésité ?

13 Parmi les prestations suivantes sont spécifiques au handicap :

☐ a. le complément familial.
☐ b. l'allocation de soutien familial (ASF).
☐ c. la prestation d'accueil du jeune enfant (PAJE).
☐ d. l'allocation d'éducation de l'enfant handicapé (AEEH).

Corrigé

1 b. La vaccination, c'est l'introduction dans le corps de microtoxines qui vont permettre à l'organisme de fabriquer des anticorps contre la maladie.

2 c. et d. La PMI met en place un ensemble de mesures sanitaires et sociales visant à protéger la future mère, la mère et l'enfant de moins de 6 ans.

3 b. La MDPH est le lieu unique mis en place par chaque département pour accueillir et instruire les demandes des personnes handicapées mineures et majeures (demande de reconnaissance d'invalidité, du statut de travailleur handicapé, d'allocations, etc.).

4 a. et d. La rougeole est très contagieuse et peut avoir de lourdes conséquences sur la santé de l'enfant non vacciné. C'est un enjeu de santé publique.

5 c. L'Aide sociale à l'enfance (ASE) est le service départemental chargé de la protection de l'enfance et de l'assistance éducative (pour assister les parents dans leur mission éducative). Elle pourra, en accord avec les parents, mettre en place un placement administratif ou un accompagnement éducatif à domicile (AED).

6 a., b. et c. le carnet de santé est conservé par les titulaires de l'exercice de l'autorité parentale. La consultation du carnet de santé de l'enfant est réservée aux professionnels de santé soumis au secret professionnel et « nul ne peut en exiger la communication » (CSP, art. L. 2132-1).

7 c. Ces examens ont pour objet de surveiller la croissance staturo-pondérale, le développement physique, psychomoteur et affectif de l'enfant, de dépister d'éventuelles anomalies et aussi de pratiquer les vaccinations.

❽ c. L'ASE est sous l'autorité du conseil départemental. Elle apporte une aide aux familles en difficultés matérielles ou éducatives afin d'éviter le placement de l'enfant. Lorsque l'enfant est déclaré adoptable, elle participe à la recherche d'une famille d'adoption (Code de l'action sociale et des familles, art. L. 221-1).

❾ M. Dupont a droit à un **congé de naissance** de 3 jours ouvrables pour chaque naissance qu'il doit prendre rapidement après l'événement. Il a aussi droit à un **congé paternité** de 11 jours calendaires consécutifs. Le congé peut succéder au congé de naissance de 3 jours ou être pris séparément dans un délai de 4 mois suivant la naissance.

❿ c. Le CAMSP dépiste un retard ou handicap, la prévention des accidents, la prise en charge et la rééducation des enfants.

⓫ Un enfant victime de maltraitances doit faire l'objet d'un signalement au procureur de la République : ne pas le faire est un délit. Un doute suffit, à condition qu'il soit « raisonnable et réfléchi », et qu'il repose sur des éléments factuels précisément datés et situés (paroles de l'enfant ou d'un adulte citées entre guillemets, constatations, etc.). Un enfant « en danger ou en risque de l'être » doit faire l'objet d'une « information préoccupante » adressée à la cellule départementale de recueil des informations préoccupantes mise en place par l'ASE. Certains départements ont mis en place une ligne téléphonique. Le « numéro Vert » 119 n'est pas adapté au recueil des informations préoccupantes : il écoute, guide, conseille, explique, accompagne...

⓬ Les origines de l'obésité peuvent être diverses : génétiques, alimentaires, comportementales et psychologiques.

⓭ c. et d. L'AEEH est une prestation financière destinée à compenser les frais d'éducation et des soins apportés à un enfant en situation de handicap.

Rappels d'anatomie, physiologie et pathologie

1. L'organisation générale du corps humain

Pour répondre au mieux aux besoins spécifiques de l'enfant, l'auxiliaire de puériculture devra connaître l'organisation du corps humain afin de comprendre le fonctionnement de l'organisme.

1. Les cellules composent les tissus

Toutes les cellules sont formées d'une membrane plasmique, d'un cytoplasme et d'un noyau qui contient l'information génétique portée par les chromosomes constitués d'ADN (acide désoxyribonucléique). Elles contiennent également :

– **de l'eau :** l'eau représente 60 à 90 % de la masse cellulaire, elle est éliminée par les reins (urine), la peau (sueur) et la respiration (vapeur d'eau) ;

– **des éléments organiques :**

- **protides ou protéines :** constituants essentiels de l'architecture cellulaire, des hormones et des enzymes ;
- **lipides ou corps gras :** constituant des membranes cellulaires, ils libèrent après dégradation une grande quantité d'énergie ;
- **glucides :** éléments énergétiques de la cellule ;

– **des éléments minéraux : sels minéraux**, tels que le calcium, le sodium, le magnésium, etc.

Il existe **deux types de cellules :**

– les **cellules somatiques** : répondent à toutes les fonctions de l'organisme sauf la fonction de reproduction. Elles possèdent 23 paires de chromosomes dans leur noyau ;

– les **cellules sexuelles** : cellules que l'on appelle « ovule » chez la femme et « spermatozoïde » chez l'homme. Elles possèdent 23 chromosomes chacune dans leur noyau. Leur union produit un œuf, cellule contenant 23 chromosomes provenant de l'ovule et 23 chromosomes provenant du spermatozoïde. L'œuf contient donc 46 chromosomes.

2. Les tissus composent les organes

Les tissus sont des groupements de cellules différenciées qui vont accomplir une même fonction.

Les tissus peuvent être : épithélial, conjonctif, musculaire, glandulaire, osseux, etc.

A. Le tissu épithélial ou épithélium

Il est formé de cellules jointes les unes aux autres.

L'épithélium de revêtement recouvre le corps (épiderme) et tapisse les cavités internes. Il a une fonction de sécrétion, d'excrétion, d'absorption et de protection.

B. Le tissu conjonctif

Il est formé de cellules non jointives et remplit une fonction de soutien. Il nourrit et protège les différents organes ou les tissus d'un même **organe** (**exemple :** le derme).

3. Les organes constituent les appareils

Les organes sont des éléments du corps constitués de plusieurs tissus et qui ont chacun une fonction particulière.

Exemples : le rein, les uretères, l'urètre, la vessie.

Tous ces organes participent à la fonction d'élimination de l'urine.

L'ensemble des organes d'une même fonction forme un **appareil**.

4. Les appareils accomplissent une fonction

Un appareil est un groupement d'organes qui exercent la même fonction.

Exemple : l'appareil digestif est composé des organes suivants : bouche, œsophage, estomac, intestin, côlon.

5. Grandes fonctions du corps humain

Quatre fonctions sont essentielles à la survie de l'être humain, elles sont assurées par les différents appareils :

- la **fonction de relation** qui saisit l'environnement et réagit aux stimuli extérieurs ;
- la **fonction de nutrition** qui assure l'entretien et la croissance de l'organisme ;
- la **fonction de reproduction** qui permet de transmettre la vie.
- la **fonction d'excrétion** qui élimine les déchets de l'organisme.

Dans le tableau ci-après, toutes les fonctions sont reliées à leur appareil et aux organes correspondants :

Fonctions	Appareils ou systèmes	Organes
Relation	Nerveux Locomoteur	Les cinq sens : vue, ouïe, odorat, toucher, goût Encéphale, moelle épinière, nerfs Muscles et squelette
Nutrition	Circulatoire Respiratoire Digestif Urinaire	Cœur et vaisseaux Nez, pharynx, larynx, trachée, etc. Bouche, œsophage, estomac, etc. Reins, uretères, vessie, etc.
Reproduction	Reproducteur	Organes génitaux mâles et femelles
Excrétion	Excréteur	Appareils digestif, respiratoire, urinaire et cardio-vasculaire, cutané

2. Le système nerveux

1. Anatomie

Le système nerveux se compose : du tissu nerveux ; de l'encéphale ; de la moelle épinière ; des nerfs.

A. Le tissu nerveux

Il est constitué de cellules appelées **neurones**.

Les corps des neurones forment la substance grise et les axones la substance blanche.

Un neurone myélinisé

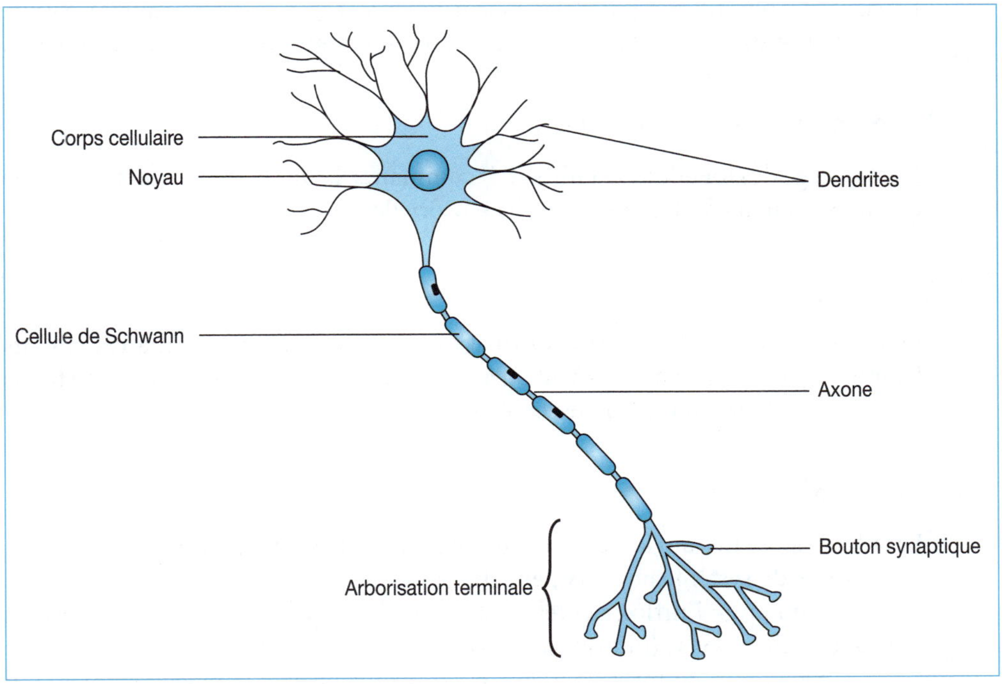

B. L'encéphale

Il se situe dans la boîte crânienne et se compose : du cerveau ; du cervelet ; du bulbe rachidien.

C. La moelle épinière

Elle se situe dans la colonne vertébrale.

C'est un cordon de tissu nerveux situé dans le canal vertébral et s'étendant de la première vertèbre cervicale à la deuxième vertèbre lombaire.

D. Les nerfs

Il y a deux types de nerfs :

– les nerfs rachidiens qui se situent de part et d'autre de la moelle épinière et renferment les fibres sensitives (neurones sensitifs) et les fibres motrices (neurones moteurs) ;

– les nerfs crâniens qui émergent directement de l'encéphale.

2. Fonctions

A. Le tissu nerveux

Les neurones sensitifs conduisent les informations des organes vers les centres nerveux.

Les neurones moteurs conduisent les ordres des centres nerveux vers les organes.

B. L'encéphale ou cerveau

Il est le siège des fonctions cognitives. Il commande la motricité volontaire. Il est le centre de traitement des informations sensorielles.

C. Le cervelet

Le cervelet intervient dans la coordination des mouvements volontaires et dans l'équilibre du corps en mouvement ou au repos. Il participe à la régulation du tonus musculaire. Il met en relation le cerveau et la moelle épinière.

D. La moelle épinière

Les fibres nerveuses qui la traversent permettent le lien entre le cerveau et les nerfs.

L'activité du système nerveux peut être :

– volontaire : l'influx nerveux est transmis jusqu'au cerveau qui analyse et produit une réponse (informe les muscles de se saisir d'un objet) ;

– involontaire : l'influx nerveux est transmis jusqu'à la moelle épinière qui produit une réponse appelée réflexe (retrait de la main au contact d'une source de chaleur).

E. Le bulbe rachidien

Il joue un rôle essentiel dans la transmission des impulsions nerveuses entre la moelle épinière et le cerveau supérieur. Beaucoup de fibres se croisent dans le bulbe rachidien. C'est pourquoi de nombreuses impulsions provenant du côté droit du cerveau contrôlent les fonctions du côté gauche du corps et inversement.

Quand l'enfant naît, il est doté de toutes les parties de son système nerveux. Il peut dorénavant organiser et mémoriser toutes les informations qui lui arrivent. C'est grâce aux stimuli et à la présence des réflexes archaïques que les fibres nerveuses vont se développer et donner naissance à un réseau de communication entre les différentes parties du système nerveux.
Les réflexes archaïques : mouvements automatiques déclenchés par des stimuli internes ou externes spécifiques. Ils sont la preuve d'un bon développement neurologique et d'un tonus musculaire satisfaisant. La majorité de ces réflexes disparaît dans les six premiers mois de vie pour laisser place à des mouvements volontaires.

3. Pathologie

L'affection neuromusculaire courante chez le petit enfant est la **convulsion hyperthermique**.

C'est une crise paroxystique d'origine cérébrale se caractérisant par des contractions musculaires involontaires. La crise convulsive hyperthermique peut survenir lors de poussée de fièvre élevée (au-dessus de 38 °C).

Les signes cliniques sont :

- une **crise généralisée** divisée en trois phases :
  - phase tonique : perte de connaissance et raideur des membres,
  - phase clonique : secousses localisées à un membre ou généralisées et révulsion des yeux,
  - phase hypotonique : relâchement des sphincters ;
- une **hypotonie généralisée.**

Il s'ensuit une reprise de connaissance. L'évolution de la crise est généralement favorable, sans séquelle, mais un risque de récidive peut subsister.

ATTENTION

Ne pas confondre les clonies avec les trémulations.
Les trémulations : tremblements involontaires du petit enfant conscient qui stoppent au toucher.
Les clonies : secousses avec perte de connaissance qui persistent au toucher.

3. Le système locomoteur

L'appareil locomoteur est constitué du squelette et des muscles auxquels il est rattaché.

1. Squelette et articulations

A. Anatomie

Le squelette est divisé en trois parties principales : la tête, le tronc et les membres.

a. La tête

Elle comprend les os du crâne et de la face.

La boîte crânienne renferme et protège l'encéphale

Le crâne est composé de 8 os plats : l'os frontal, l'os occipital, les 2 os pariétaux, les 2 os temporaux, l'ethmoïde et le sphénoïde.

La face est composée de 14 os dont certains os plats sont creusés de cavités : les sinus.

Le crâne du nouveau-né présente deux espaces membraneux appelés :
- la fontanelle antérieure qui va s'ossifier entre 18 et 24 mois ;
- la fontanelle postérieure qui va s'ossifier en trois mois.

b. Le tronc

Le tronc est constitué de la colonne vertébrale (ou rachis) et de la cage thoracique.

La colonne vertébrale

Elle protège la moelle épinière logée dans le canal rachidien.

Elle est constituée de 33 vertèbres (os courts) disposées de la manière suivante : 7 vertèbres cervicales, 12 vertèbres dorsales, 5 vertèbres lombaires, 5 vertèbres sacrées soudées qui forment le sacrum et 4 vertèbres coccygiennes soudées qui forment le coccyx.

Toutes ces vertèbres sont reliées entre elles par les disques intervertébraux.

La cage thoracique

Elle est constituée :
- de 12 paires de côtes qui sont reliées aux 12 vertèbres dorsales ;
- du sternum.

Le squelette

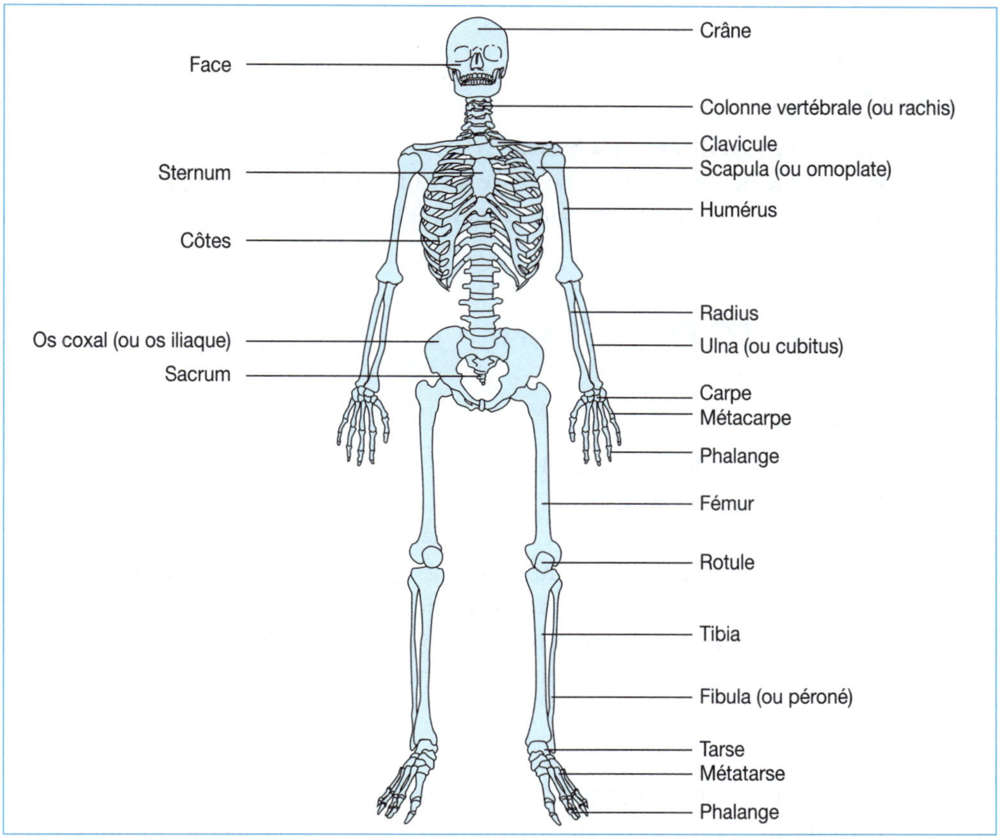

c. Les membres

Ils sont constitués d'os longs et d'os courts.

Chaque membre supérieur est relié au tronc par la ceinture scapulaire (scapula et clavicule).

Il comprend l'humérus (bras), le radius et l'ulna (avant-bras), les os carpiens, métacarpiens et les phalanges (poignet et main).

Chaque membre inférieur est relié au tronc par la ceinture pelvienne (os du bassin). Il comprend le fémur (cuisse), le tibia et la fibula (jambe), les tarsiens, métatarsiens et les phalanges (pied).

Les os sont assemblés entre eux par les articulations. On en distingue trois sortes :

- les articulations mobiles : genou, hanche, coude, mâchoire inférieure, etc. ;
- les articulations semi-mobiles : vertèbres ;
- les articulations fixes : os du crâne.

B. Fonctions

Le squelette assure la charpente du corps. Il soutient les parties molles, protège les organes vitaux et stocke les sels minéraux. La cage thoracique protège le cœur et les poumons et permet l'inspiration et l'expiration. Le membre supérieur permet la préhension, le membre inférieur permet la marche. Les articulations permettent aux os de se mouvoir.

C. Pathologie

La luxation congénitale de la hanche : c'est la sortie de la tête fémorale de la cavité cotyloïde. Elle peut être due à une cause mécanique (présentation par le siège, malposition dans l'utérus) ou une cause génétique.

2. Le système musculaire

A. Anatomie

Il existe plusieurs sortes de muscles :

- les **muscles lisses** : muscles des parois creuses de l'organisme comme l'estomac, la vessie, etc. Leur contraction est indépendante de la volonté ;
- les **muscles striés** : muscles du squelette comme le biceps, le pectoral, le quadriceps. Ils s'insèrent sur les os grâce aux tendons. Leur contraction est volontaire ;
- le **muscle cardiaque** : fibres musculaires particulières qui permettent la contraction du cœur. Les contractions sont autonomes et involontaires.

B. Propriétés

Les muscles possèdent les propriétés suivantes :

- **excitabilité** : l'influx nerveux arrivant par les nerfs moteurs excite le muscle qui va se contracter ;
- **contractilité** : après stimulation, contraction du muscle qui se raccourcit et gonfle ;
- **élasticité** : après contraction, le muscle retrouve sa forme d'origine ;
- **tonicité** : contraction légère toujours présente, même au repos.

Les muscles de l'enfant se développent au fur et à mesure qu'il grandit. Les jambes de l'enfant qui sont arquées les premiers mois de marche vont se redresser ensuite.

POSITIONNEMENT PROFESSIONNEL :
Un enfant présente une luxation de la hanche

- Écouter les parents et tenter de les rassurer.
- Les aider à réaliser le change en abduction.
- S'assurer du confort de l'enfant et lui parler.
- Procéder aux transmissions orales et écrites.

4. Le système cardio-circulatoire

1. Anatomie

Le système cardio-circulatoire comprend le cœur, la circulation sanguine et le sang.

A. Le cœur

C'est un muscle creux qui, par ses contractions, permet la circulation du sang dans l'organisme.

Il est composé de deux parties indépendantes :

– le cœur gauche qui, en se contractant, envoie le sang oxygéné vers les organes ;

– le cœur droit qui propulse le sang appauvri en oxygène arrivant des organes vers les poumons.

Chez l'adulte, le rythme cardiaque moyen est de 70 battements par minute. Chez le nourrisson, le rythme cardiaque est de 140 battements par minute.

B. La circulation sanguine

Elle se fait à travers les vaisseaux sanguins.

Il existe deux circulations : la circulation pulmonaire ou petite circulation et la circulation systémique ou grande circulation.

a. La petite circulation

Le parcours du sang se fait ainsi :

Cœur ⟶ Poumons ⟶ Cœur

Le sang dépourvu d'oxygène quitte le cœur droit par les artères pulmonaires pour aller aux poumons. Il se charge d'oxygène et revient au cœur gauche par les veines pulmonaires.

b. La grande circulation

Le parcours du sang se fait ainsi :

Cœur ⟶ Organes ⟶ Cœur

Le sang, gorgé d'oxygène, quitte le cœur gauche par l'artère aorte et va irriguer l'ensemble des organes. Il revient au cœur droit par les veines caves, chargé de CO_2.

C. Le sang

Le sang est composé d'un liquide, le plasma, de globules rouges, de globules blancs et de plaquettes.

2. Fonctions

Le sang est véhiculé par l'appareil circulatoire jusqu'aux tissus où il remplit des fonctions essentielles. En mouvement permanent, il représente l'élément de liaison entre tous les tissus.

A. Le plasma

Il transporte un certain nombre d'éléments :

- l'eau ;
- les substances nutritives ;
- les déchets ;
- les substances actives telles que vitamines, sels minéraux, hormones et une substance nécessaire à la coagulation sanguine : le fibrinogène.

B. Les globules rouges ou hématies

Ils assurent le transport de l'oxygène (O_2) et du gaz carbonique (CO_2).

C. Les globules blancs ou leucocytes

Ils interviennent dans la défense de l'organisme.

D. Les plaquettes ou thrombocytes

Elles jouent un rôle dans la coagulation (hémostase).

5. Le système respiratoire et la respiration

1. Anatomie

Le système respiratoire est divisé en deux parties distinctes.

A. Les voies respiratoires

Ce sont les voies aériennes qui permettent le passage de l'air du nez vers les poumons. Lors de ce passage, l'air est filtré par les cils vibratiles, humidifié par le mucus et réchauffé par la présence de nombreux vaisseaux sanguins.

Elles se composent des organes suivants :

- la partie supérieure : le nez et la bouche ;
- la partie intermédiaire : le pharynx et le larynx ;
- la partie inférieure : trachée, bronches, bronchioles et alvéoles.

B. Les poumons

Ce sont deux organes enveloppés dans une membrane séreuse, la plèvre, et logés dans la cage thoracique.

Ils sont composés de trois lobes à droite et deux lobes à gauche pour laisser la place au cœur.

2. Fonctions

L'appareil respiratoire remplit une fonction d'échanges gazeux.

A. Fonctionnement de la respiration

La respiration se fait en deux mouvements : l'inspiration et l'expiration. Elle permet le renouvellement de l'air. Au repos, on compte entre 12 et 16 mouvements respiratoires par minute chez l'adulte et 20 à 30 chez le nourrisson.

B. Les échanges gazeux

Au cours des mouvements respiratoires, les échanges gazeux se font entre les poumons et la circulation sanguine :

- transport de l'oxygène (O_2) de l'extérieur vers les cellules de l'organisme par les globules rouges, via la membrane pulmonaire ;

L'appareil respiratoire

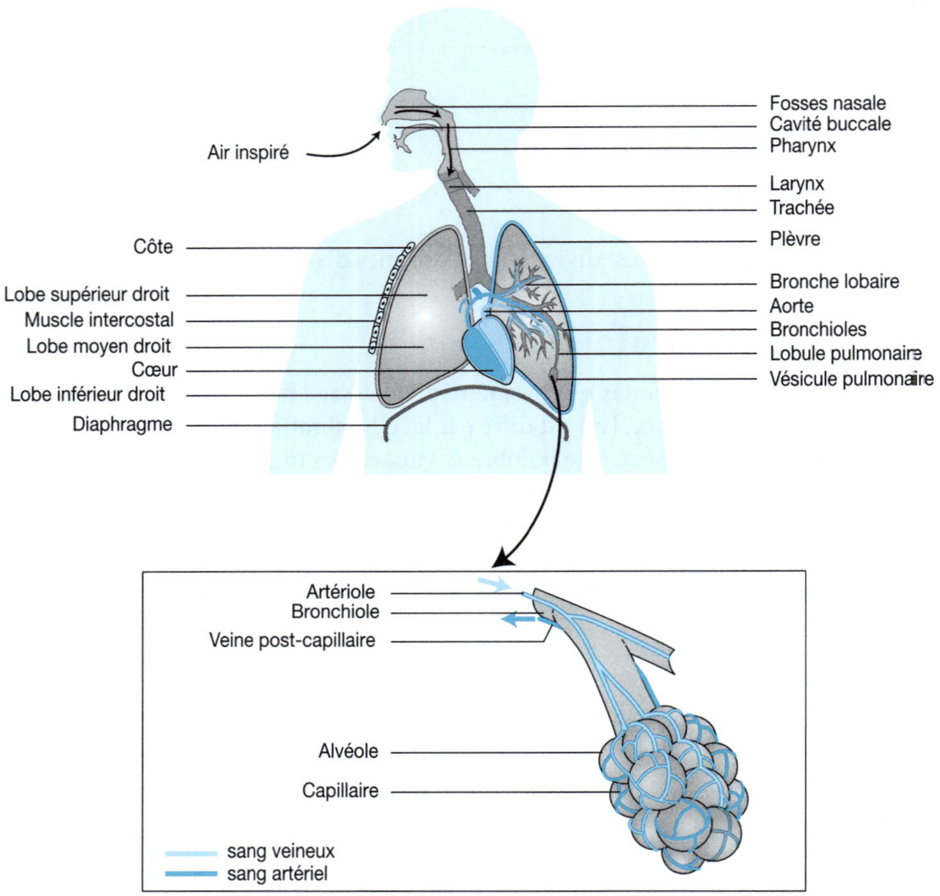

Une vésicule pulmonaire

– évacuation du gaz carbonique (CO_2) des cellules de l'organisme vers l'extérieur par les globules rouges, via la membrane pulmonaire.

C'est l'hémoglobine (pigment des globules rouges) qui véhicule l'O_2 et le CO_2 entre les poumons, le cœur et les organes.

3. Pathologie

Les affections ORL et respiratoires les plus fréquentes chez le petit enfant sont la rhinopharyngite et la bronchiolite.

A. Rhinopharyngite

C'est une inflammation du nez et de la gorge très souvent d'origine virale.

B. Bronchiolite

C'est une inflammation des bronchioles. Elle est le plus souvent d'origine virale et touche plus particulièrement les nourrissons. Elle est liée à un mauvais transport de l'oxygène vers les cellules.

L'enfant présente une gêne respiratoire. C'est souvent la complication de la rhinopharyngite.

POSITIONNEMENT PROFESSIONNEL : Éviter que les parents et l'enfant développent une affection ORL ou respiratoire

Conseils préventifs à donner aux parents :

- Se laver les mains avant et après chaque soin.
- Atmosphère saine du lieu de vie : aération, température tempérée et humidification des pièces où vit l'enfant.
- Nettoyer le nez du nourrisson à chaque change avec du sérum physiologique.
- Apprendre à l'enfant à se moucher.
- Ne pas fumer en présence de l'enfant.

En hiver pour lutter contre le risque de bronchiolite :

- Limiter les liens physiques avec d'autres enfants.
- Éviter d'embrasser les tout-petits sur le visage lorsque les frères et sœurs ont le nez qui coule.
- Éviter de sortir les nourrissons dans des lieux à forte population (centres commerciaux, transports en commun, etc.).

6. Le système digestif

1. Anatomie

L'appareil digestif commence à la bouche et se termine à l'anus, il comprend :

- la bouche, les dents, la langue ;
- le pharynx, carrefour où se croisent les voies aériennes et digestives ;
- l'œsophage, situé entre le pharynx et l'estomac ;
- l'estomac situé entre l'œsophage et l'intestin grêle ;

L'appareil digestif

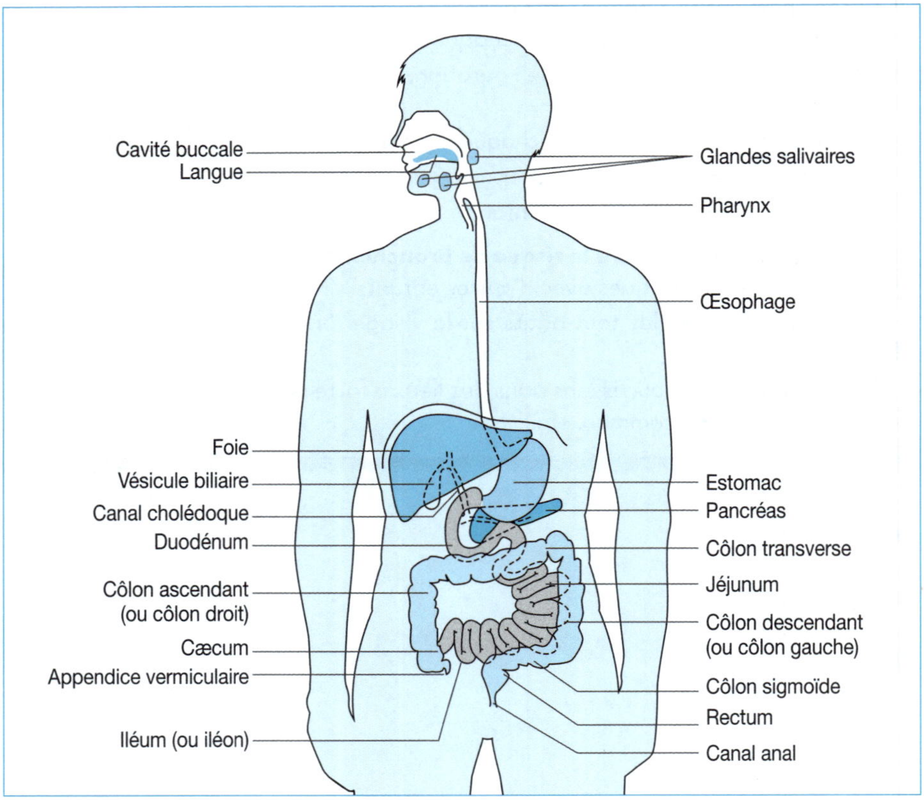

- l'intestin grêle composé du duodénum, du jéjunum et de l'iléon. Il relie l'estomac au côlon ;
- le côlon qui relie l'intestin grêle à l'anus.

Les organes annexes sont :
- les glandes salivaires ;
- le foie et la vésicule biliaire situés dans la partie droite de l'abdomen ;
- le pancréas situé au niveau de l'anse duodénale.

2. Fonctions

Les aliments que nous ingérons chaque jour doivent subir des transformations afin que l'organisme puisse les utiliser. Des phénomènes mécaniques et chimiques vont s'opérer tout le long du tube digestif pour permettre aux aliments d'être assimilables par l'organisme, sous forme de nutriments.

A. Phénomènes mécaniques

La transformation mécanique des aliments se fait par :
- mastication : les aliments sont broyés par les dents et, en présence de la salive, forment le bol alimentaire ;
- déglutition : la présence de contractions musculaires tout le long du tube digestif permet la progression du bol alimentaire qui s'achemine vers l'estomac ;
- brassage : le bol alimentaire est brassé et mélangé aux sucs digestifs.

B. Phénomènes chimiques

La transformation chimique des aliments se fait grâce aux sécrétions digestives suivantes :

a. La salive

Elle est sécrétée par les glandes parotides, les glandes sous-maxillaires et sublinguales. Elle produit l'amylase qui agit sur la digestion de l'amidon.

b. Le suc gastrique

Il produit la pepsine qui agit sur la digestion des protides.

c. Le suc pancréatique

Il produit l'amylase, la lipase et la trypsine qui agissent sur la digestion de l'amidon, des lipides et des polypeptides.

d. Le suc intestinal

Il produit de nombreuses enzymes telles que l'amylase, la lipase, la lactase, la maltase qui agissent sur la digestion des glucides, lipides et protides.

e. La bile

Elle est produite par le foie et stockée dans la vésicule biliaire. La bile participe à la transformation des lipides en graisses émulsionnées.

En résumé, les aliments ingérés sont imprégnés par les sucs digestifs. Ils vont être transformés en substances assimilables par l'organisme sous forme d'acides aminés, glucose, acides gras et glycérol.

Selon leur composition, ces substances, appelées nutriments, passent dans la voie sanguine (acides aminés et glucose) ou lymphatique (lipides).

Le nouveau-né est doté d'un appareil digestif capable d'absorber les nutriments mais certaines étapes de la digestion sont encore très fragiles et parfois impossibles. Pendant les cinq premiers mois de la vie, les amylases salivaire et pancréatique ne répondent pas à leur fonction de transformation des aliments. L'amidon contenu dans les farines et les céréales ne pourra pas être assimilé.
L'immaturité de l'œsophage, du cardia et de l'estomac amène à fragmenter les repas en petites quantités pour diminuer le risque de régurgitations.
Une introduction trop précoce d'aliments non digérables peut faire apparaître des réactions allergiques par intolérance à une molécule.

3. Pathologie

Les affections digestives fréquentes chez le petit enfant sont les vomissements, le reflux gastro-œsophagien, la diarrhée aiguë et la constipation.

A. Vomissements

C'est le rejet par la bouche d'une partie du contenu de l'estomac par des contractions des muscles abdominaux. Ils sont de causes multiples : infectieuses, anatomiques, diététiques, métaboliques, psychologiques.

Ils peuvent être accompagnés de symptômes tels que de la fièvre, une diarrhée, une perte de poids, des douleurs abdominales, etc.

Les risques majeurs à prendre en compte dans la prise en charge de l'enfant sont la déshydratation (perte d'eau et de sel) et la dénutrition (perte de poids).

POSITIONNEMENT PROFESSIONNEL :
Un petit enfant présente un vomissement

- Alerter le responsable si vous êtes en collectivité.
- Rassurer et apaiser l'enfant et l'installer confortablement en position semi-assise.
- Après chaque vomissement, observer et apprécier l'état de santé de l'enfant.
- Évaluer son poids.
- Lui donner à boire (sauf contre-indication).
- Surveiller la température.
- Repérer si l'enfant est douloureux.
- Surveiller les selles.
- Faire les transmissions orales et écrites.

B. Reflux gastro-œsophagien

Il est dû à l'immaturité du cardia, entraînant le passage du contenu gastrique dans l'œsophage.

Les régurgitations sont fréquentes, favorisées par la position allongée, et surviennent après le repas. Les risques liés sont la fausse route et l'œsophagite.

Un avis médical est nécessaire.

POSITIONNEMENT PROFESSIONNEL : Un petit enfant présente un reflux gastro-œsophagien

- Assurer le bien-être de l'enfant.
- Changer la couche avant le repas.
- Maintenir l'enfant en position semi-assise.
- Participer à la mise en place de mesures diététiques.
- Vérifier que la tétine ne soit pas trop percée.
- Faire faire le rot à l'enfant en lui maintenant le dos droit.
- Suivre l'évolution des rejets.
- Faire les transmissions orales et écrites.

C. Diarrhée aiguë

Il s'agit d'émissions de selles anormalement liquides et anormalement fréquentes.

Les causes sont multiples :

- infectieuses, virales ou bactériennes ;
- diététiques, médicamenteuses ou symptomatiques.

Le risque majeur à prendre en compte dans la prise en charge d'un enfant présentant une diarrhée est la déshydratation.

POSITIONNEMENT PROFESSIONNEL : Un petit enfant présente une diarrhée aiguë

- Hygiène rigoureuse pendant les soins à l'enfant : lavage des mains, nettoyage et désinfection du matériel.
- Rassurer et apaiser l'enfant.
- Participer à la prise de solution de réhydratation orale sur prescription médicale.
- Appliquer les mesures diététiques.
- Observer et noter l'aspect, la couleur, l'odeur des selles de l'enfant.
- Rechercher des signes associés tels que fièvre, vomissements, douleurs.
- Surveiller le poids de l'enfant.
- Changer souvent la couche de l'enfant pour prévenir un érythème fessier.
- Faire les transmissions orales et écrites.

D. Constipation

C'est un ralentissement du transit intestinal avec des selles rares, sèches et pouvant entraîner une évacuation difficile.

Les causes sont multiples :
- diététiques : régime alimentaire déséquilibré, pauvre en eau, en fibres, etc.
- psychologiques : peur, plaisir anal ou opposition à la mère.

POSITIONNEMENT PROFESSIONNEL :
Un petit enfant présente une constipation

- Participer au traitement diététique.
- Veiller à l'apport d'eau, de légumes et de fruits.
- Veiller à limiter l'apport de farineux et aliments constipants (riz, banane, carottes cuites, etc.).
- Participer aux mesures éducatives auprès de l'enfant et de ses parents.
- Rassurer l'enfant et lui donner confiance.
- Faire les transmissions orales et écrites.

E. Déshydratation

C'est la perte d'eau rapide et en quantité importante de l'organisme.

Les causes les plus fréquentes sont :
- un épisode diarrhéique et/ou des vomissements ;
- un coup de chaleur ;
- une hyperthermie ;
- une difficulté à s'alimenter.

Les signes d'aggravation sont :
- soif intense ;
- agitation puis apathie ;
- bouche sèche / absence de larmes ;
- yeux cernés ;
- pli cutané persistant, dépression de la fontanelle ;
- peau froide, marbrée aux extrémités.

Pour savoir quelle conduite tenir, vous pouvez vous reporter au chapitre sur les gestes d'urgence.

Les régurgitations sont des rejets sans effort du liquide qui n'est pas encore parvenu dans l'estomac.
Les vomissements sont des rejets actifs d'une partie ou de la totalité du contenu gastrique nécessitant la contraction des muscles abdominaux.

F. Principales allergies et intolérances alimentaires

a. Allergie aux protéines du lait de vache (APLV)

L'APLV est la première allergie alimentaire à apparaître chez l'enfant et débute, le plus souvent, chez le nourrisson dans les premiers mois de vie.

7,5 % des enfants sont concernés.

L'enfant peut présenter :

– des troubles digestifs : diarrhées, nausées, douleurs abdominales, vomissements, refus de s'alimenter ;

– des troubles cutanés : urticaire, eczéma ;

– des troubles respiratoires : œdème laryngé, gêne respiratoire.

Le risque majeur est le choc anaphylactique.

POSITIONNEMENT PROFESSIONNEL

1. Exclure le lait de vache et tous les produits dérivés du lait de vache (fromage, yaourts, etc.).
2. Faire attention aux jus de riz, jus d'amande ou de châtaigne qui sont inadaptés pour la croissance du nourrisson.
3. Exclure les préparations industrielles contenant du lait.

REMARQUE DU FORMATEUR

L'enfant peut avoir besoin de supplémentation en calcium.

Le beurre est exclu mais il peut être remplacé par de l'huile végétale.

Enfin, tout autre lait d'espèce animale (chèvre, brebis, jument, ânesse, chamelle) ne doit pas remplacer le lait de vache car les protéines sont identiques.

b. Allergie aux œufs

L'allergie à l'œuf est très fréquente et apparaît en général vers 1 an et peut guérir spontanément entre 3 et 6 ans si un régime strict sans œuf a été suivi.

L'enfant peut présenter des troubles respiratoires, cutanés, digestifs.

Le risque majeur est le choc anaphylactique.

Il n'y a, aujourd'hui, aucun remède pour une allergie aux œufs. Le seul traitement est d'éviter les œufs y compris les aliments ou les produits contenant des œufs.

POSITIONNEMENT PROFESSIONNEL

- Observer l'enfant et transmettre vos remarques à la puéricultrice.
- Appliquer les mesures diététiques prescrites par le médecin (exclusion totale de l'œuf dans l'alimentation).

> **REMARQUE DU FORMATEUR**
> Certains shampooings et vaccins contiennent des protéines de l'œuf.

c. Intolérance au gluten ou maladie cœliaque

Maladie auto-immune entraînant une malabsorption intestinale d'une protéine contenue dans le gluten présent dans de nombreuses céréales : blé, orge, avoine et seigle.

L'enfant peut présenter des troubles digestifs, diarrhée alternant avec une constipation, douleurs abdominales ; une cassure de la courbe de croissance correspondant à l'introduction d'aliments composés de gluten.

Le risque est une inflammation chronique de l'intestin.

> **POSITIONNEMENT PROFESSIONNEL**
> - Observer l'enfant et transmettre vos remarques à la puéricultrice.
> - Appliquer les mesures diététiques prescrites par le médecin (exclusion totale d'aliment contenant du gluten).

> **REMARQUE DU FORMATEUR**
> Farines sans gluten : maïzena, sarrasin.

7. Le système urogénital

1. Anatomie

Le système urogénital comprend le système urinaire et le système génital.

A. Le système urinaire

Il comprend les voies urinaires et les deux reins situés dans l'abdomen.

a. Les voies urinaires

Elles fonctionnent ainsi :

- le bassinet collecte l'urine qui sort du rein ;
- les uretères transportent l'urine jusqu'à la vessie ;
- la vessie se remplit en permanence d'urine ;
- l'urètre est un conduit par où s'écoule l'urine lors d'une miction.

L'appareil urinaire

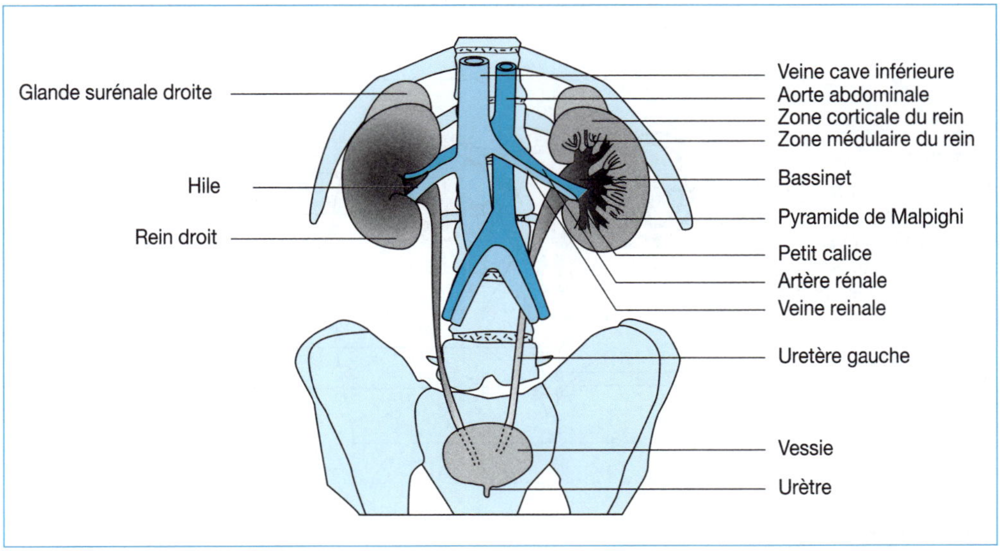

b. Les reins

Ce sont deux organes en forme de haricots constitués de tubes urinifères ou néphrons et de vaisseaux sanguins. L'urine, produite par les reins, est composée d'eau, d'urée, d'acide urique et de chlorure de sodium.

c. Le système urinaire

Il a pour fonction d'épurer le sang des déchets liés aux métabolismes de l'organisme au même titre que les poumons, l'appareil digestif et les glandes sudoripares.

Les reins épurent l'organisme et régulent la composition et le volume du sang (eau, sels minéraux). Les déchets sont éliminés par filtration.

Les déchets sont évacués sous forme d'acide urique et d'urée pour donner l'urine.

B. Le système génital

La reproduction nécessite un appareil génital féminin et un appareil génital masculin.

a. L'appareil génital féminin

Il est constitué des organes suivants :

- les ovaires qui libèrent un ovule chaque mois et sécrètent des hormones sexuelles (œstrogène et progestérone) de la puberté à la ménopause ;
- les trompes de Fallope qui recueillent l'ovule lorsqu'il est expulsé par l'ovaire et le transportent jusqu'à l'utérus ;
- l'utérus qui est tapissé d'une muqueuse. Il héberge le fœtus pendant la grossesse ;
- le vagin, conduit musculeux membraneux souple qui permet les rapports sexuels, le passage du fœtus et l'écoulement des menstruations ;
- la vulve, ensemble des organes génitaux externes de la femme.

L'appareil génital féminin

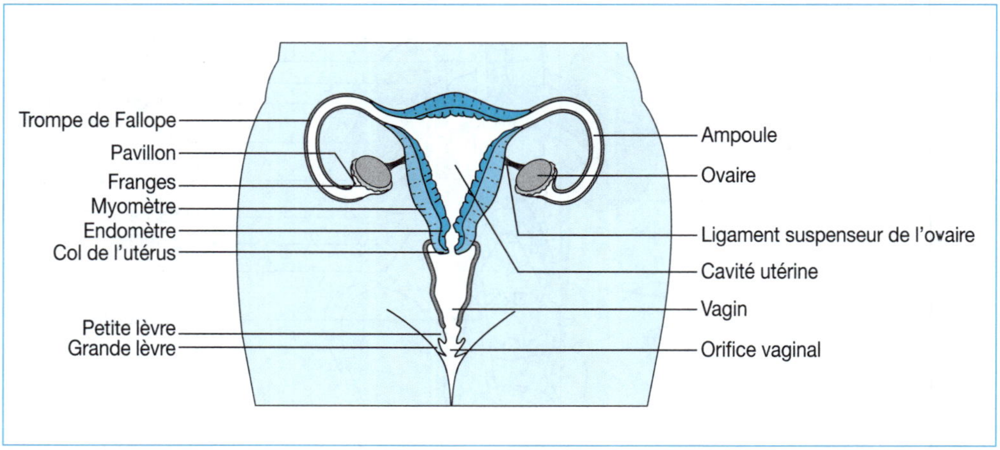

b. L'appareil génital masculin

Le système reproducteur de l'homme est constitué des organes suivants :

- les organes génitaux internes : les vésicules séminales qui sécrètent le liquide séminal et la prostate qui sécrète le liquide prostatique à partir de la puberté ;
- les organes génitaux externes : le pénis et le scrotum qui renferme les testicules. Les testicules ont deux fonctions, ils produisent les spermatozoïdes et sécrètent une hormone sexuelle, la testostérone.

Les spermatozoïdes traversent le canal de l'épididyme puis le canal déférent et sont ensuite stockés dans l'ampoule séminale avec le liquide séminal. Lors de l'éjaculation, les spermatozoïdes, qui baignent dans le liquide séminal et le liquide prostatique, sont éjectés dans l'urètre traversant la verge.

L'appareil génital masculin

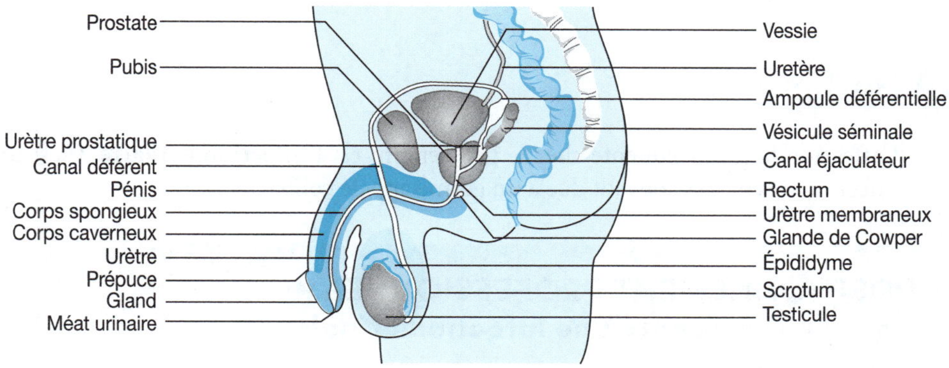

2. Fonctions

a. Le cycle menstruel

Le cycle menstruel se déroule sur quatre phases :

– la phase pré-ovulatoire ou folliculaire : maturation d'un follicule et sécrétion d'œstrogènes ;

– la phase ovulatoire ou ovulation : le follicule se rompt et libère l'ovule ;

– la phase post-ovulatoire ou lutéale : formation du corps jaune avec sécrétion de progestérone et d'œstrogènes ;

– la phase de menstruation : s'il n'y a pas de fécondation, le corps jaune s'atrophie et cesse de produire des hormones. Ceci produit la destruction de l'endomètre et le déclenchement des règles. Suit l'apparition d'un nouveau cycle.

b. La reproduction

La fécondation

C'est la fusion d'un ovule avec un spermatozoïde formant la première cellule de l'embryon. La rencontre des 2 gamètes se fait dans le tiers externe de la trompe de Fallope.

Les noyaux de chaque gamète s'unissent pour constituer les 23 paires de chromosomes caractéristiques de l'espèce humaine.

L'ovule

C'est le gamète femelle composé de 23 chromosomes.

Le spermatozoïde

C'est le gamète mâle composé de 23 chromosomes.

La grossesse

Elle débute dès que l'œuf s'est implanté dans la muqueuse utérine. L'œuf prend le nom d'embryon. Au-delà des 10 premières semaines, l'embryon devient fœtus, tous les organes existent.

3. Pathologie

L'affection la plus fréquente chez le petit enfant est l'**infection urinaire**. C'est une infection des urines souvent due à un germe appelé colibacille.

POSITIONNEMENT PROFESSIONNEL :
Un enfant présente une infection urinaire

- Détecter l'infection urinaire.

Il est difficile de mettre en évidence l'infection chez le nourrisson, il peut présenter des vomissements, une anorexie, une perte de poids ou un syndrome fébrile.
Chez l'enfant, il va se plaindre de brûlures mictionnelles (dysurie) et de mictions fréquentes (pollakiurie), de douleurs lombaires et enfin de fièvre.

- Observer l'enfant et vérifier s'il urine.
- Alerter votre responsable et les parents.
- Faire boire.
- Avoir une hygiène rigoureuse pendant les soins à l'enfant.
- L'analyse d'urine confirmera le diagnostic.
- Parler à l'enfant de sa situation actuelle.
- Procéder à des transmissions orales et écrites.

8. Le système sensoriel

1. La peau

La peau recouvre la totalité du corps.

La peau

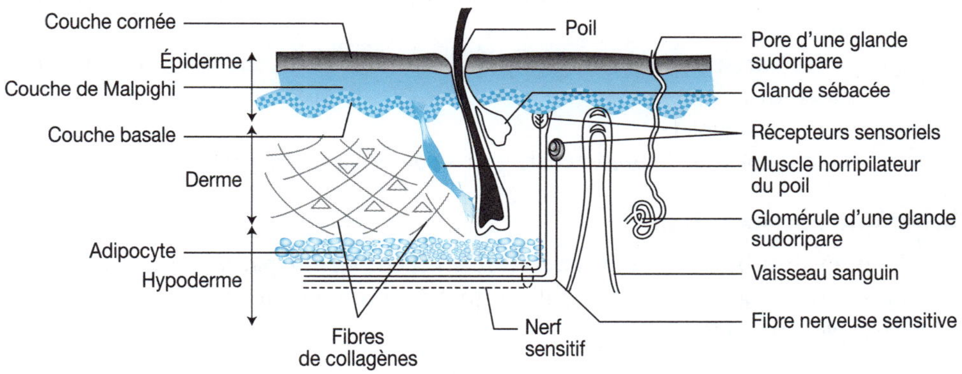

A. Anatomie

Les éléments que nous citons ci-dessous composent la peau.

a. L'épiderme

C'est un tissu épithélial qui recouvre le derme et l'hypoderme. Il est formé de kératinocytes (couche cornée composée de cellules mortes) et de mélanocytes (production de mélanine qui protège du soleil).

b. Le derme

C'est un tissu conjonctif se trouvant entre l'épiderme et l'hypoderme.

Il est très vascularisé et riche en fibres protéiques donnant l'élasticité au tissu.

c. L'hypoderme

C'est un tissu conjonctif constituant la couche profonde de la peau.

Il est très vascularisé et riche en tissu adipeux, selon les endroits du corps.

d. Les annexes

Les téguments se situent à différents niveaux cutanés. Les phanères (poils, ongles, cheveux) prennent racine dans le derme et traversent l'épiderme. Les glandes sébacées sécrètent le sébum, lubrifiant de la peau. Les glandes sudoripares sécrètent la sueur, régulatrice de la température.

B. Fonctions

Les fonctions de la peau sont multiples.

a. Protection

La peau enveloppe tout le corps et se prolonge par les muqueuses. Elle protège l'organisme contre :

- les agressions microbiennes par la présence du sébum à la surface de la peau ;
- les variations thermiques par l'excrétion de la sueur en fonction de la température ;
- les ultraviolets ;
- les chocs par la présence de graisse dans certaines parties du corps.

b. Échange et épuration

La peau absorbe les produits (crèmes, etc.) et elle respire par les pores en absorbant et rejetant les gaz nécessaires. Elle permet l'élimination des déchets et toxines, par exemple l'urée, etc.

c. Métabolisme et stockage

Elle joue un rôle :

- dans la synthèse de la vitamine D et dans le métabolisme des lipides ;
- de stockage par la réserve énergétique des graisses.

d. Une fonction sensorielle

Elle permet la transmission des sensations tactiles thermiques et douloureuses à la moelle épinière et/ou au cerveau.

Chez le nourrisson :
- la peau est très fine, ainsi que le duvet, et les cheveux sont peu nombreux ;
- la couche cornée est encore perméable et peut laisser passer des agents extérieurs ;
- le film hydrolipidique est encore peu développé ;
- les glandes sudoripares ne sécrètent pas suffisamment ;
- les récepteurs sensoriels ne sont pas totalement opérationnels ;
- il n'a pas de réserve de graisse.

C. Pathologie

a. L'érythème fessier

Affection cutanée très fréquente caractérisée par une irritation des fesses du nourrisson. La peau peut être très rouge et peut suinter. Les lésions peuvent concerner l'abdomen, les parties génitales et les fesses. L'enfant peut être très douloureux au moment des changes et de la toilette.

Il semblerait que les couches en tissu diminuent la fréquence des érythèmes fessiers, mais il faut les laver avec un savon adapté à la peau du bébé.

POSITIONNEMENT PROFESSIONNEL :
Un enfant présente un érythème fessier

- Respecter les règles d'hygiène par un lavage minutieux des mains.
- Mettre en place des moyens pour que les fesses du nourrisson soient le plus possible au sec.
- Après lavage, laisser sécher les parties irritées à l'air libre.
- Ensuite si besoin, préférer recouvrir les parties lésées avec un linge en coton ou une couche permettant à l'air de circuler.
- Procéder à des transmissions orales et écrites.

b. La pédiculose

La pédiculose (présence de poux) est une parasitose. C'est une affection très contagieuse due à un parasite qui se nourrit et se reproduit grâce à un hôte.

Il est ressenti une forte sensation de démangeaison (prurit) derrière les oreilles, au niveau de la nuque et sur les tempes. Le pou suce le sang à travers la peau. La pédiculose n'est pas due à un manque d'hygiène. Les poux se développent facilement en collectivité. La contamination peut se faire par contact direct de tête à tête ou par contact indirect par l'échange de vêtements.

POSITIONNEMENT PROFESSIONNEL :
Un enfant présente une pédiculose

- Conseiller les parents.
- Respecter les règles d'hygiène par un lavage minutieux des mains avant et après les manipulations.
- Inspecter la tête des enfants régulièrement. Repérer les lentes qui sont des petits œufs blancs accrochés à la base des cheveux. Passer le peigne fin qui supprime les lentes par rupture du cycle de reproduction.
- Laver et désinfecter les outils.
- Appliquer le shampoing ou lotion spray antipoux qui étouffe les poux et les lentes.
- Éviter d'échanger les produits de toilette (brosse, peigne, etc.) ou vêtements.
- Changer la literie.

c. L'impétigo

L'impétigo est une affection très contagieuse. La contamination se fait souvent dans les milieux collectifs par contact corporel ou par contact d'objets. Ce sont des taches rouges qui démangent et qui se transforment en vésicules puis croûtes jaunâtres. Ces lésions surviennent autour de la bouche et du nez, sur le cuir chevelu et sur le siège.

d. L'eczéma ou dermite atopique

L'eczéma est une affection cutanée qui évolue par poussées inflammatoires et qui débute après trois mois de vie extra-utérine. L'eczéma atopique est d'origine familiale. Il peut être en lien avec un déficit immunitaire ou un terrain allergique.

Pour ces deux affections de la peau, un suivi médical sera mis en place.

2. La vue

A. Anatomie

La vue fait partie de l'activité sensorielle de notre organisme avec le goût, l'odorat, l'ouïe et le toucher.

L'œil est composé :

- du globe oculaire ;
- des paupières, orbite et conjonctive qui protègent le globe oculaire ;
- de six muscles qui orientent l'œil dans différentes directions ;
- des glandes lacrymales qui lavent l'œil.

Le globe oculaire, de forme sphérique, est formé de trois membranes et contient des milieux transparents :

- **Les trois membranes, de l'extérieur vers l'intérieur :**
  - une membrane fibreuse protectrice de l'œil. En avant de l'œil, elle devient la cornée ;
  - une membrane vasculaire ou uvée nourricière. En avant de l'œil, elle forme l'iris percé par un orifice central : la pupille ;
  - une membrane nerveuse ou rétine, surface sensible de l'œil, constituée de 2 feuillets dont l'un contient les cellules nerveuses sensibles à la lumière.
- **Les milieux transparents :**
  - le cristallin, lentille qui permet la formation d'une image sur la rétine et assure l'accommodation ;
  - l'humeur aqueuse, liquide incolore comblant l'espace entre la cornée et le cristallin ;
  - l'humeur vitrée, liquide visqueux situé en arrière du cristallin.

Le globe oculaire

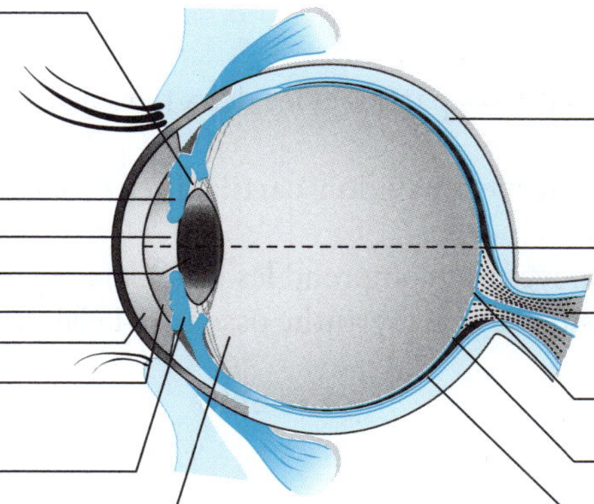

B. Fonctions

Lorsque l'image arrive sur la rétine, l'iris, en fonction de l'intensité lumineuse, contracte ou dilate la pupille. Le cristallin accommode l'image. Les cellules de la rétine (bâtonnets et cônes) produisent un influx nerveux qui suit le nerf optique jusqu'à l'aire visuelle du cerveau où se forment différentes perceptions.

Les cônes se trouvent dans l'axe de l'œil. Ils assurent la vision diurne en couleurs. Ils ne remplissent plus leur rôle lorsque la quantité de lumière qui entre dans l'œil est insuffisante.

Les bâtonnets sont répartis sur toute la surface de la rétine. Ils permettent de voir dans des conditions d'éclairage faible, les bâtonnets ont besoin d'une durée relativement longue pour s'adapter à l'obscurité et ne donnent qu'une vision en noir et blanc.

C. Pathologie

L'affection oculaire fréquente chez le petit enfant est la **conjonctivite**.

C'est une inflammation de la muqueuse de l'œil. L'enfant a les yeux larmoyants, rouges et purulents. Cette affection peut être très contagieuse en fonction de la cause qui peut être bactérienne, virale, allergique ou obstructive (canal lacrymal bouché).

POSITIONNEMENT PROFESSIONNEL :
Un enfant présente une inflammation de la conjonctive

Après avis médical, effectuer des soins d'hygiène :
- se laver les mains ;
- désinfecter le matériel de soin et observer l'évolution ;
- procéder à des transmissions orales et écrites.

3. L'ouïe

A. Anatomie

L'oreille se divise en trois parties et les deux tiers de l'oreille se situent dans la boîte crânienne :

- l'oreille externe : pavillon cartilagineux et conduit auditif fermé par le tympan ;
- l'oreille moyenne : comprend les 3 osselets : marteau, enclume et étrier ;
- l'oreille interne : le labyrinthe osseux et le labyrinthe membraneux.

L'oreille

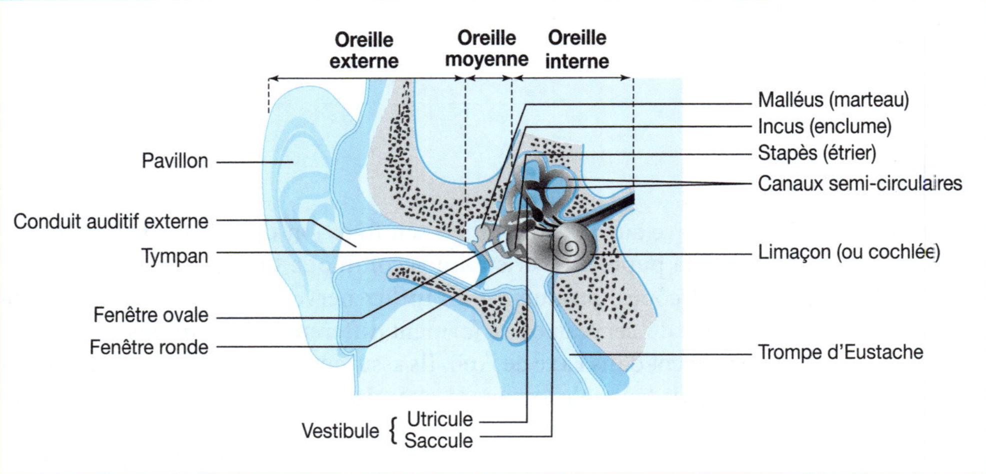

B. Fonctions

L'oreille assure deux fonctions : l'audition et l'équilibre.

a. Centre de l'audition

Les sons sont dus à des vibrations de l'air. Les vibrations sont captées par le pavillon et transmises au tympan qui va lui-même vibrer et transmettre les vibrations au nerf de l'audition (nerf cochléaire) via la chaîne des osselets et les liquides contenus dans les labyrinthes osseux et membraneux.

b. Centre de l'équilibre

L'oreille interne contient les organes qui participent au sens de l'équilibre. Les mouvements de la tête font bouger les liquides contenus dans l'oreille interne et activent les récepteurs de l'équilibre. Ces récepteurs renseignent le cerveau sur la position de la tête et sur ses déplacements. Ils permettent d'être informés sur la position et les mouvements de la tête dans l'espace et de contrôler notre posture.

C. Pathologie

Les affections fréquentes chez l'enfant sont :

a. L'otite aiguë

C'est une infection de l'oreille moyenne avec obstruction de la trompe d'Eustache en lien avec une rhinopharyngite virale ou bactérienne.

POSITIONNEMENT PROFESSIONNEL :
Un enfant présente une otite aiguë

- Reconnaître les manifestations douloureuses chez l'enfant : frottement de l'oreille, écoulement auriculaire ou nasal.
- Reconnaître un comportement douloureux : enfant grognon, fatigué, perte d'appétit, pleurs sans raison apparente.
- Prévenir la puéricultrice ou les parents pour prendre rendez-vous chez le médecin.
- Surveiller la température (cf. système nerveux).
- Procéder à des désobstructions rhinopharyngées et repérer l'état de l'écoulement nasal.
- Procéder à des transmissions orales et écrites.

b. L'otite chronique

C'est une accumulation de liquide visqueux derrière la trompe d'Eustache entraînant une mauvaise perméabilité. L'enfant présente une diminution de l'acuité auditive (hypoacousie).

POSITIONNEMENT PROFESSIONNEL :
Un enfant présente une otite chronique

- Observer un enfant qui fait répéter ou qui ne répond pas toujours aux appels.
- Procéder à des transmissions orales et écrites en faisant apparaître l'évolution de la situation dans votre observation.

9. Le système endocrinien

1. Anatomie

Le système endocrinien est composé de glandes endocrines et de glandes mixtes.

Les glandes endocrines sécrètent des hormones qui transportent par voie sanguine les informations vers les cellules ou les organes « cibles ».

Elles interviennent dans la coordination des fonctions de l'organisme.

Exemple : la glande thyroïde qui sécrète la thyroxine et la calcitonine.

Les glandes mixtes sécrètent et excrètent des produits hormonaux et des sucs.

Exemple : le pancréas qui sécrète deux hormones, l'insuline et le glucagon nécessaires à la régulation du métabolisme des glucides.

Le système endocrinien

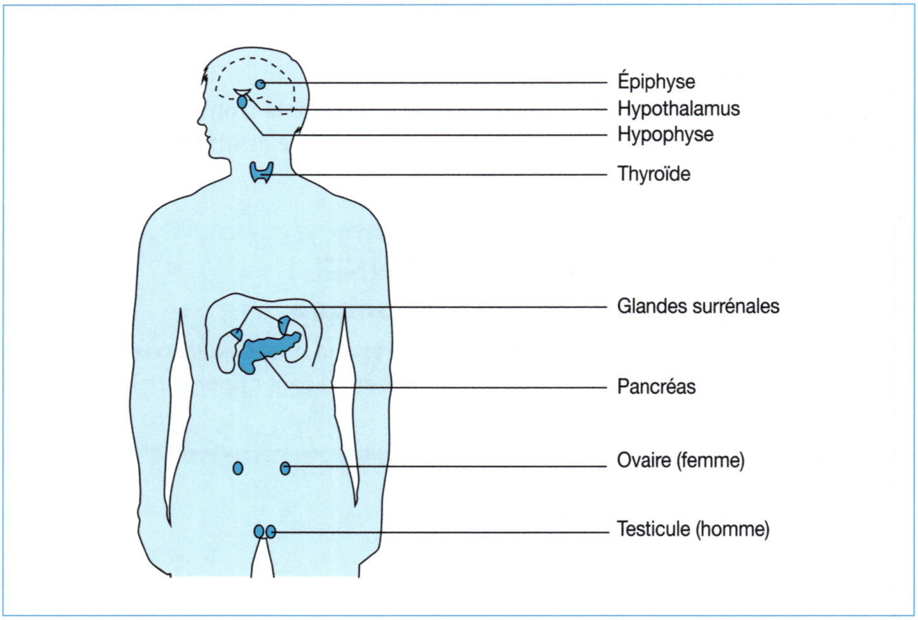

2. Fonctions

Le système endocrinien, qui sécrète les hormones, a un rôle régulateur des grandes fonctions de l'organisme.

Les hormones interviennent dans différents processus, dont la reproduction, la régulation intérieure par homéostasie, la croissance, les rythmes chronobiologiques, etc.

Les hormones permettent la communication entre les organes et coordonnent leur activité en se déplaçant dans tout l'organisme grâce au sang.

Chaque hormone transmet un message à une catégorie spécifique de cellules. En contact avec l'hormone, la cellule va diminuer ou augmenter son activité en fonction du message porté.

Par exemple, la glande thyroïde agit sur le métabolisme et la fixation du calcium dans les os, le pancréas régule la glycémie.

10. Le système immunitaire et le processus infectieux

Quelques définitions :

– **Antigène** : substance étrangère à l'organisme capable de déclencher une réponse immunitaire visant à l'éliminer.

– **Anticorps** : substance défensive fabriquée par l'organisme.

1. Les moyens de défense de l'organisme

Face aux corps étrangers, l'organisme fait intervenir plusieurs moyens de défense.

A. L'immunité naturelle

La peau, les muqueuses et les secrétions glandulaires, la réaction inflammatoire et la phagocytose participent à l'immunité naturelle.

La surface de la peau et des muqueuses présente de nombreuses bactéries qui forment la flore. Cette flore est la première barrière naturelle qui lutte contre les agents pathogènes.

B. L'immunité spécifique

Lorsque les agents pathogènes franchissent la barrière cutanée, des moyens de défense spécifiques interviennent. Les leucocytes secrètent des anticorps qui combattent les micro-organismes.

C. L'immunité spécifique acquise

Elle se réalise sous deux formes.

a. Immunité acquise active : la vaccination

Elle conduit à la fabrication d'anticorps par l'organisme par l'introduction d'antigènes. C'est une immunité préventive lente et durable.

b. Immunité acquise passive : la sérothérapie

Il s'agit de la protection d'un organisme contre une maladie infectieuse donnée en lui administrant des anticorps fabriqués par un autre organisme. C'est une immunité préventive ou curative immédiate et de courte durée.

2. Le processus infectieux

Quelques définitions :

– **Infection :** développement de germes pathogènes dans l'organisme.

– **Contamination** : envahissement d'un organisme vivant par des micro-organismes pathogènes.

– **Pouvoir pathogène** : pouvoir d'un micro-organisme de donner une maladie.

– **Contagion** : transmission d'une maladie par un contact direct (la toux, les mains) ou indirect (les poussières, les insectes).

– **Porteur sain** : individu infecté par un micro-organisme pathogène ne présentant pas de signe clinique de cette infection.

– **Virulence** : capacité d'un germe pathogène à se multiplier dans un organisme vivant et à y entraîner la maladie.

– **Phagocytose** : phénomène de destruction des cellules.

– **Asepsie** : ensemble de mesures prises pour éviter la biocontamination (lavage des mains).

– **Antisepsie** : ensemble de procédés utilisés pour inactiver ou éliminer les micro-organismes dans les tissus.

A. Les agents infectieux

Il existe quatre grandes catégories d'agents infectieux : les bactéries, les virus, les protozoaires et les champignons microscopiques.

a. Les bactéries

Ce sont des micro-organismes unicellulaires. Elles se divisent en plusieurs grands groupes :

– les bacilles : bacille de Koch (tuberculose) ;
– les coques : streptocoques (angine), staphylocoques (otite) ;
– les spirilles : tréponème (syphilis).

b. Les virus

Ce sont des micro-organismes formés d'une molécule d'ADN ou d'ARN entourée d'une coque.

Pour vivre et se reproduire, le virus doit parasiter une cellule hôte.

Exemples : virus des oreillons, VIH ou virus du sida, virus de la grippe.

c. Les protozoaires

Ce sont des organismes unicellulaires.

Exemple : amibes.

d. Les champignons microscopiques

Ils deviennent pathogènes à la suite d'un développement excessif lié à des conditions de terrain particulières. Ils sont responsables des mycoses.

Exemple : le *Candida albicans* qui est responsable du muguet chez le bébé.

Les voies de pénétration des micro-organismes sont multiples : voie aérienne, voie digestive, voie cutanée, voie sanguine, voies urinaire et sexuelle. Les agents infectieux peuvent entraîner des anomalies de la température corporelle comme :

- **l'hypothermie** qui est une température inférieure à 36 °C ;
- **l'hyperthermie** qui est une température supérieure à 38 °C.

POSITIONNEMENT PROFESSIONNEL :
La surveillance de la température corporelle

- Observer l'enfant et repérer les situations devant conduire à une prise de température :
  - enfant paraissant trop chaud ou trop froid, pouvant frissonner ;
  - changement de comportement (grognon, douloureux) ;
  - toux, écoulement nasal, gêne respiratoire ;
  - éruption, marbrures cutanées ou pâleur ;
  - vomissements, diarrhées, douleurs abdominales ;
  - période postvaccinale ;
  - tout signe anormal ou inexpliqué.
- Mesurer la température.
- Informer l'enfant de sa situation et le rassurer.
- Prévenir la responsable de l'enfant, directrice de l'établissement.
- Faire prévenir les parents.
- Prendre régulièrement la température jusqu'à normalisation durable de la courbe.
- Procéder à des transmissions orales et écrites.

Traitement préventif

Port de vêtements légers, chapeau, parasol et boissons fréquentes

Traitement curatif

Découvrir l'enfant, le faire boire, vérifier que la température de la pièce n'est pas trop élevée.

B. Les maladies contagieuses de l'enfant

Toutes les maladies infectieuses de l'enfant évoluent en cinq phases :

- une phase d'**incubation** : délai séparant la pénétration de l'agent pathogène dans l'organisme et l'apparition des premiers signes cliniques de la maladie ;
- une phase d'**invasion** : apparition des signes cliniques non spécifiques : fièvre, malaise, fatigue ;

– une phase d'**état** : période d'apparition des manifestations et des signes cliniques spécifiques à la maladie ;

– une phase de **défervescence** : diminution graduelle de l'intensité de la maladie et disparition progressive des signes cliniques ;

– une phase de **convalescence** : restauration des fonctions et de la morphologie des organes atteints.

POSITIONNEMENT PROFESSIONNEL :
La mesure de la température chez le petit enfant

La température normale du corps se situe vers 37 °C. On parle de fièvre si elle dépasse 38 °C. La fièvre doit être traitée si elle dépasse 38,5 °C, si le nourrisson a moins de 3 mois.

Voici quelques techniques proposées pour mesurer la température chez l'enfant :

- de la naissance à 2 ans : prise rectale ou axillaire ;
- de 2 à 5 ans : prise rectale, axillaire ou tympanique ;
- après 5 ans : prise orale, axillaire ou tympanique.

a. Les maladies infantiles non éruptives

Elles sont résumées dans le tableau ci-dessous.

Maladies	Risques	Symptômes	Prévention
Oreillons (virus transmis par contact direct)	Complications : méningite, otite, atteinte des testicules	- Gonflement douloureux derrière l'oreille - Gorge douloureuse	- Quarantaine* - Vaccination dès 1 an
Coqueluche (bactérie transmise par contact direct)	Complications : convulsions, dénutrition, problèmes respiratoires	- Toux en « chant du coq », vomissement - Cyanose (peau bleue par manque d'oxygène)	- Quarantaine* - Vaccination (dès 2 mois) - Antibiotiques pour ceux ayant été en contact

b. Les maladies infantiles éruptives

Elles sont résumées dans le tableau ci-dessous.

Maladies	Risques	Symptômes	Prévention
Rougeole (virus transmis par contact direct)	Complications : neurologiques	- Fièvre, rhume - Éruptions cutanées rouges (corps) et blanches (bouche) - Troubles digestifs	- Quarantaine* - Vaccination dès 1 an

Varicelle (virus transmis par contact direct)	Complications : surinfection, cicatrices	- Fièvre légère - Éruptions cutanées (croûtes)	- Pas d'éviction - Antiviraux - Antibiotiques (surinfection)
Rubéole (virus transmis par contact direct)	Danger chez la femme enceinte	- Fièvre, rhume - Éruptions cutanées rouges (corps)	- Pas d'éviction - Vaccination dès 1 an
Scarlatine (bactérie transmise par contact direct)	Complications : rénales et articulaires	- Éruptions cutanées rouges (corps) - Fièvre, vomissements, angine rouge	- Quarantaine* - Antibiotiques pour ceux ayant été en contact

* Quarantaine : éviction de l'enfant porteur d'une maladie contagieuse pour une certaine période dans le but d'empêcher la transmission de la maladie.

3. Les vaccinations

La vaccination sert à protéger l'enfant de maladies graves. Elle sert aussi à améliorer l'état sanitaire de toute une population.

Depuis le 1er janvier 2018, huit vaccinations, auparavant recommandées, sont devenues obligatoires. Elles sont au nombre de 11 et comprennent : la coqueluche, la diphtérie, le tétanos, la poliomyélite, la rougeole, les oreillons, la rubéole, l'Haemophilus influenzae B, l'hépatite B, le méningocoque C et le pneumocoque.

Les vaccinations sont pratiquées, sauf contre-indication médicale reconnue, dans les 18 premiers mois de l'enfant, selon le présent calendrier, et sont exigibles pour l'entrée ou le maintien en collectivité à partir du 1er juin 2018 pour tout enfant né à partir du 1er janvier 2018.

Contre-indications médicales

La Haute Autorité de santé rappelle que les contre-indications médicales définitives à la vaccination sont extrêmement rares chez les nourrissons et peuvent être :

– une allergie grave connue à l'un des composants du vaccin ;

– une réaction allergique grave lors d'une précédente injection du vaccin ;

– une immunodépression congénitale ou acquise pour les vaccins vivants atténués comme le ROR.

REMARQUE DU FORMATEUR

La présence d'une infection avec fièvre au moment de la vaccination est une contre-indication provisoire. Dans ce cas, l'administration du vaccin doit être différée.

4.1 Tableau des vaccinations chez les enfants et les adolescents – 2021

Pour toute personne ayant déjà reçu un ou des vaccins avant la mise en place du calendrier vaccinal en 2013, se référer aux chapitres correspondants et/ou tableaux 4.8

	Vaccins contre :	Naissance	2 mois	4 mois	5 mois	11 mois	12 mois	16–18 mois	6 ans	11–13 ans	15 ans	16–18 ans
Recommandations générales	Diphtérie (D), Tétanos (T), coqueluche acellulaire (Ca), Poliomyélite (P)		DTCaP	DTCaP		DTCaP			DTCaP			
	Haemophilus influenzae b (Hib)		Hib	Hib		Hib						
	Hépatite B (Hep B)		Hep B	Hep B		Hep B						
	Pneumocoque (PnC)[1]		PnC	PnC		PnC						
	Méningocoque C (vaccin conjugué MnC)				MnC		MnC					
	Rougeole (R), Oreillons (O), Rubéole (R)						ROR 1	ROR 2				
	diphtérie (d), Tétanos (T), coqueluche acellulaire (ca), Poliomyélite (P)[2]									dTcaP		
	Papillomavirus humains (HPV) chez jeunes filles									2 doses (0,6 mois) : vaccin nonavalent* (11/14 ans)		
Rattrapage	**Hépatite B**						3 doses selon le schéma 0, 1, 6 mois ou, de 11 à 15 ans révolus, 2 doses selon le schéma 0, 6 mois[3]					
	Méningocoque C (vaccin conjugué)						1 dose jusqu'à 24 ans[4]					
	Papillomavirus humains (HPV) chez jeunes filles et jeunes garçons										3 doses selon le schéma 0, 2, 6 mois vaccin nonavalent (15 à 19 ans révolus)	
	Rougeole (R), Oreillons (O), Rubéole (R)								2 doses à au moins 1 mois d'intervalle si pas de vaccin antérieur ; 1 dose si une seule dose vaccinale antérieure			

Nota bene : les vaccins indiqués sur fond bleu sont obligatoires pour les enfants à partir du 1er janvier 2018. Encadrés verts : co-administration possible.

Lorsqu'un retard est intervenu dans la réalisation du calendrier de vaccinations indiqué, il n'est pas nécessaire de recommencer tout le programme vaccinal ce qui imposerait des injections répétées. Il suffit de reprendre ce programme au stade où il a été interrompu et de compléter la vaccination en tenant compte du nombre de doses manquantes et de l'âge de la personne.

4.1 Tableau des vaccinations chez les enfants et les adolescents – 2021 (suite)

Pour toute personne ayant déjà reçu un ou des vaccins avant la mise en place du calendrier vaccinal en 2013, se référer aux chapitres correspondants et/ou tableaux 4.8

	Vaccins contre :	Naissance	2 mois	4 mois	5 mois	11 mois	12 mois	16-18 mois	6 ans	11 - 13 ans	15 ans	16 - 18 ans
Populations particulières et à risque	Tuberculose (BCG)	1 dose recommandée dès l'âge de 1 mois sauf situation particulière[5]										
	Grippe	1 dose annuelle si personne à risque[6], à partir de l'âge de 6 mois										
	Hépatite A						2 doses selon le schéma 0, 6 mois si exposition à des risques particuliers[7], à partir d'un an					
	Hépatite B	Nouveau-né de mère Ag HBs positif[8] 3 doses selon le schéma 0, 1, 6 mois									3 doses selon le schéma 0, 1, 6 mois si risque[9]	
	Méningocoque B (si risque particulier[10])		**Entre 2 et 3 mois,** 3 doses espacées d'au moins un mois d'intervalle et une dose de rappel entre 12 et 15 mois. **Entre 3 et 5 mois,** 2 doses espacées d'au moins 2 mois d'intervalle et une dose de rappel entre 12 et 15 mois. **Entre 5 et 11 mois,** 2 doses espacées de 2 mois et rappel 12 à 23 mois plus tard. **Entre 12 et 23 mois,** 2 doses espacées de 2 mois et rappel 12 à 23 mois plus tard. **Entre 2 et 10 ans,** 2 doses espacées d'au moins 1 mois							À partir de 11 ans : 2 doses espacées d'un mois		
	Méningocoque C (si risque particulier ou au contact d'un cas)		2 doses ou 1 dose selon les vaccins et les âges (plus rappel au cours de la 2e année de vie)[11]				1 dose au contact d'un cas[11]					
	Méningocoque ACYW (si risque particulier ou au contact d'un cas)		1 dose[12] à partir de l'âge de 6 semaines (Nimenrix®) ou 2 ans (Menveo®)									
	Pneumocoque		Prématurés et enfants à risque[13] : 1 dose de PnC à 2, 3 et 4 mois et rappel à 11 mois					**Si à risque, entre 24 et 59[14] :** *N'ayant jamais reçu de VPC 13 :* 2 VPC 13 espacés de 2 mois, puis VPP 23 au moins 2 mois après le dernier VPC *Ayant reçu un VPC13 avant l'âge de 2 ans :* 1 dose de VPC 13		**Si risque à partir de 5 ans[15] :** *Non vaccinés antérieurement :* VPC13 puis VPP23 (S8) *Vaccinés antérieurement :* **Avec la séquence VPC13-VPP23 :** VPP23 avec un délai d'au moins 5 ans après le dernier VPP23 *Vaccinés depuis plus de 1 an avec le VPP23 :* VPC13. Revaccination par VPP 23 avec un délai d'au moins 5 ans par rapport au dernier VPP 23		
	Varicelle					2 doses chez des enfants contacts de personnes à risque ou candidats à une greffe[16]					2 doses chez adolescents[17] de 12 à 18 ans sans antécédent et séronégatifs (sérologie facultative)	

Nota bene : ***Lorsqu'un retard est intervenu dans la réalisation du calendrier de vaccinations indiqué, il n'est pas nécessaire de recommencer tout le programme vaccinal, ce qui imposerait des injections répétées. Il suffit de reprendre ce programme au stade où il a été interrompu et de compléter la vaccination en tenant compte du nombre de doses manquantes et de l'âge de la personne.***

QCM d'entraînement

Entraînement

Questions

1 « Les oreillons » sont une maladie représentée par :

☐ a. une gorge douloureuse.
☐ b. une éruption cutanée sur le corps.
☐ c. une bactérie contagieuse.
☐ d. des problèmes respiratoires.

2 La douleur chez l'enfant modifie :

☐ a. les pulsations.
☐ b. la saturation en oxygène.
☐ c. la diurèse.
☐ d. le comportement.

3 L'appareil génital féminin est constitué :

☐ a. de la trompe d'Eustache.
☐ b. du pavillon.
☐ c. de l'endomètre.
☐ d. du bassinet.

4 Les signes et symptômes qui traduisent une inflammation sont :

☐ a. la chaleur.
☐ b. l'œdème.
☐ c. la fièvre.
☐ d. l'éruption cutanée.

5 Le rein a un rôle dans :

☐ a. l'excrétion des urines.
☐ b. la sécrétion d'hormones corticosurrénales.
☐ c. le filtrage du sang.
☐ d. l'élimination les déchets de l'organisme.

6 Le risque majeur lié à des vomissements importants chez un petit enfant est :

☐ a. la diarrhée.
☐ b. la déshydratation.
☐ c. la convulsion.
☐ d. la méningite.

7 Quel est votre rôle auprès d'un enfant malvoyant ?

8 Le nom des 3 couches de la peau sont :

☐ a. l'hypoderme.
☐ b. l'épiderme.
☐ c. le derme.
☐ d. le lypoderme.

9 Les hormones sécrétées par les ovaires sont :

☐ a. la progestérone.
☐ b. l'œstrogène.
☐ c. la testostérone.
☐ d. la prolactine.

10 Le sang est composé de :

☐ a. déchets.
☐ b. lymphe.
☐ c. hématies.
☐ d. plasma.

⓫ **Le sphincter qui se situe entre l'estomac et l'intestin s'appelle :**

☐ a. le sphincter vésical. ☐ b. le sphincter gastrique.
☐ c. le pylore. ☐ d. le pilori.

⓬ **Ce qui différencie la régurgitation du vomissement, c'est :**

☐ a. le rejet passif du contenu. ☐ b. le rejet actif du contenu.
☐ c. la quantité du renvoi. ☐ d. l'aspect du renvoi.

⓭ **Les propriétés des muscles sont :**

☐ a. l'excitabilité. ☐ b. la contractilité.
☐ c. la tonicité. ☐ d. l'élasticité.

Corrigé

❶ b.

❷ a., b. et d. L'enfant peut aussi montrer une modification de ses mouvements et avoir le visage contracté, être agité ou pleurer.

❸ b. et c.

❹ a. et b. La douleur et la rougeur sont les deux autres points spécifiques de l'inflammation.

❺ a., b. et d. Le rein est l'organe qui épure l'organisme. Les glandes surrénales sont situées au-dessus des reins et sécrètent certaines hormones.

❻ b. La diarrhée est un autre signe de déshydratation ; la convulsion et la méningite sont des conséquences possibles de certains vomissements.

❼ S'identifier, ne pas changer les objets de place, lui donner des repères, situer l'environnement en nommant ce qui l'entoure, prévenir les dangers, aménager l'espace, verbaliser les actions, expliquer vos gestes afin de le rassurer, lui proposer des outils de communication adaptés.

❽ a., b. et c.

❾ a. et b. La testostérone est une hormone mâle sécrétée par les testicules. La prolactine est sécrétée par l'hypophyse et déclenche la lactation.

❿ a., c. et d. La lymphe n'a pas la même composition que le sang et circule dans les canaux lymphatiques.

⓫ c. Le pylore est l'orifice qui fait communiquer l'estomac avec le duodénum. Il est quelquefois rétréci à la naissance et fait l'objet d'une prise en charge en urgence, c'est ce que l'on appelle « la sténose du pylore ».

⓬ a., b. et c. La régurgitation est un rejet du liquide qui vient d'être avalé, sans effort, alors que le vomissement est un rejet actif du contenu gastrique sous l'effet de contractions musculaires.

⓭ a., b., c. et d. Le muscle présente aussi des propriétés de fatigabilité.

Le nourrisson et l'enfant

Le cours

1. Quelques définitions

Le développement de l'être humain est un processus à maturation longue et spécifique pour chaque individu, visant à le rendre autonome.

Le projet pour l'éducateur, le parent ou le professionnel est de permettre à l'enfant de résoudre progressivement ses problèmes de dépendance, d'accéder à une certaine autonomie, de permettre de vivre des réussites et des échecs tout en les verbalisant et en lui permettant d'être responsable de ses choix.

Pour que l'enfant puisse acquérir cette autonomie en toute sécurité, il faut que l'adulte s'adapte à chaque enfant en fonction de son développement, que celui-ci soit physiologique, moteur, psychique ou social.

Le développement de l'enfant peut être influencé par différents facteurs :

- des **facteurs physiques** : grossesse, naissance, alimentation, santé mentale et physique ;
- des **facteurs environnementaux** : stimulation du milieu dans lequel vit l'enfant, sécurité affective, échanges avec la personne qui répond à ses besoins, langage, etc.

L'attachement

Selon John Bowlby (psychiatre et psychanalyste), le principe de base de l'attachement est qu'un jeune enfant a besoin, pour connaître un développement social et émotionnel normal, de développer une relation d'attachement avec au moins une personne qui prend soin de lui de façon harmonieuse et continue.

Dans sa construction, l'enfant repère une figure qu'il va préférer (dans la majorité des cas, c'est la mère). C'est vers elle que l'enfant va se référer en situation de détresse. Pour que cette relation existe, il faut qu'en face la personne interagisse avec le bébé en répondant au mieux à ses besoins. L'enfant va intérioriser ces relations et va bâtir sa sécurité affective pour affronter les séparations et explorer l'environnement.

Le jeu

Le jeu est une nécessité vitale pour l'enfant. Il lui permet d'explorer son corps, de découvrir ses capacités, de rentrer en relation, de communiquer avec autrui. Le jeu permet à l'enfant d'apprendre à maîtriser physiquement et psychiquement le monde qui l'entoure. Selon Françoise Dolto (pédiatre et psychanalyste), « le jeu c'est apprendre à être, c'est apprendre à vivre aussi bien seul qu'avec les autres » (*cf.* le chapitre sur l'éveil de l'enfant).

La parentalité

Martine Lamour (psychiatre) et Marthe Baracco (psychologue) notent : « La parentalité peut se définir comme l'ensemble des réaménagements psychiques et affectifs qui permettent à des adultes de devenir parents, c'est-à-dire de répondre aux besoins de leurs enfants à trois niveaux, le corps (soins nourriciers), la vie affective et la vie psychique. C'est un processus "maturatif". »

2. Le développement de la naissance à 6 ans

1. Le développement et l'hygiène de vie

A. Besoin de manger et de boire

Il est primordial que l'enfant ait une alimentation saine et équilibrée car elle favorise la croissance et la résistance aux infections et participe à son bien-être.

Les comportements alimentaires dépendent de plusieurs facteurs.

a. Les traditions

Elles sont dictées par la région de vie, les habitudes familiales, la religion, la profession, etc.

Ces éléments sont plus ou moins importants d'un sujet à l'autre mais sont à prendre en compte dans les habitudes alimentaires des familles.

b. Les modes alimentaires

Elles sont véhiculées par les médias et par les échanges socioculturels.

Elles peuvent être responsables de dysfonctionnements alimentaires comme l'obésité ou la minceur excessive.

c. Le plaisir

Pour l'enfant, manger, c'est le maintien d'une bonne santé mais c'est surtout une source de plaisir.

Tous ses sens sont en éveil :

– l'odorat et le goût : par la découverte, dès la naissance, du goût du lait et l'exploration des saveurs du monde extérieur ;

– la vue : les plats colorés vont attirer l'œil et donner envie d'y goûter. Enfin, l'enfant va ressentir un bien-être intérieur ;

– le toucher : le nourrisson va malaxer ses aliments avec les doigts ;

– l'écoute : le nourrisson découvre les sons lorsqu'il tape les couverts sur la table ;

– la communication et l'affect : en partageant, avec son entourage, la prise du biberon ou le repas.

POSITIONNEMENT PROFESSIONNEL

La faim donne au nourrisson une sensation de mal-être qu'il ne peut pas contrôler. Elle va se manifester par des pleurs jusqu'à ce qu'il soit nourri.

L'enfant préfère les aliments riches en glucides tels que la pomme de terre, les pâtes sous toutes leurs formes et rejette les aliments amers (endives, choux, etc.).

Il est intéressant de proposer à l'enfant de participer au choix des aliments et de le faire participer à l'élaboration des repas, la décoration de la table, etc.

Il ne faut pas forcer un enfant à manger un aliment qu'il goûte pour la première fois mais lui présenter de nouveau l'aliment à d'autres repas. Il l'acceptera mieux s'il devient familier.

Le confort de l'assise, l'ambiance calme de la pièce sont des éléments favorables au plaisir de manger.

B. Besoin d'hygiène

a. Le change

Chaque enfant réagit différemment si sa couche est sale. C'est par l'observation d'un changement de comportement de l'enfant que vous pourrez envisager de changer ou non sa couche.

L'enfant ne doit pas rester trop longtemps avec une couche souillée car c'est inconfortable pour lui et un érythème fessier peut apparaître par l'humidité de la peau. Un lavage et un séchage minutieux des parties génitales et anales doivent être pratiqués à chaque changement de couche.

C'est un moment privilégié où la relation enfant/adulte prend du sens pour le nourrisson et doit être une priorité.

- Avertir l'enfant du soin que vous allez lui donner.
- Veiller à ce que l'espace du soin soit à bonne température.
- Respecter les règles d'hygiène (mains, matériel).
- Expliquer vos gestes à l'enfant.
- Faire participer l'enfant.

b. Le bain

La température de la pièce doit se situer entre 22 et 24 °C.

L'eau du bain doit être à 37 °C.

Immerger doucement l'enfant et ne pas forcer un enfant qui ne veut pas aller dans l'eau.

Il doit être installé confortablement pour que vous puissiez le laver sans risquer qu'il glisse.

Le bain terminé, sécher son corps en douceur en insistant dans les plis et le rhabiller.

Le bain est un moment de soins mais également de plaisir, de partage et de détente pour l'enfant.

c. L'habillage

L'habillage et le déshabillage sont des phases essentielles en matière d'autonomie.

L'enfant qui grandit va pouvoir, grâce à votre soutien, votre aide et une meilleure dextérité, être de plus en plus habile pour s'habiller et se déshabiller.

Toujours encourager l'enfant dans ses efforts et lui expliquer le sens de vos gestes et des siens.

Le choix des chaussures se fera en fonction des capacités motrices de l'enfant mais, si cela est possible, laisser l'enfant nu-pieds lui permettra de vivre des sensations nouvelles.

> **POSITIONNEMENT PROFESSIONNEL**
>
> Le bain et le change sont des moments privilégiés pour l'échange.
> L'enfant scrute votre regard avec intérêt, votre visage, le mouvement de vos lèvres.
> Il écoute les intonations de votre voix.
> Il sent la chaleur transmise par les mains lors des manipulations.
> Calme, attention, disponibilité et plaisir de la mère ou de la professionnelle sont les secrets d'un soin réussi pour l'enfant et l'adulte.
> L'AP conseillera aux parents de verbaliser les soins donnés à leur enfant. Le nourrisson appréciera ces échanges et répondra par des gazouillis ou des mouvements joyeux.

C. Besoin de dormir

a. Le rôle du sommeil

Le sommeil est une des premières activités du tout-petit.

Le sommeil permet :

- au corps de se réparer ;
- de sécréter l'hormone de croissance (qui permet à l'enfant de grandir) ;
- de récupérer sur le plan physique et nerveux ;
- d'enregistrer ce que l'enfant a appris dans la journée.

Il est donc primordial de respecter et de favoriser le sommeil de l'enfant.

b. Les besoins de sommeil en fonction de l'âge des enfants

Nos besoins de sommeil évoluent en fonction de notre âge et de notre personnalité.

Il existe des « gros dormeurs » et des « petits dormeurs ».

À nous, en tant que parents ou professionnels, de nous adapter pour laisser le temps à chaque enfant de trouver son propre rythme :

- à la naissance, l'enfant dort environ 17 h par jour ;
- à 1 an, il dort environ 15 à 16 h par jour ;
- entre 3 et 5 ans, il dort environ 12 h par jour ;

- entre 3 et 9 ans, il dort entre 11 et 13 h par jour ;
- après 10 ans, il dort environ 10 h par jour ;
- à l'âge adulte, nous dormons environ 8 h par jour.

c. Les stades du sommeil

L'endormissement

Il dure 5 à 10 minutes, il est accompagné de bâillements, les paupières sont lourdes, les yeux piquent et l'enfant cherche une position confortable.

Le sommeil lent

Il comprend 4 stades sur une période de 70 à 100 minutes.

- stade I : sommeil très léger,
- stade II : léger,
- stade III : profond,
- stade IV : très profond.

C'est le moment où le corps se repose, grandit et se répare.

Il fabrique des anticorps et l'hormone de croissance et élimine les déchets.

Après une phase de somnolence, l'enfant entend les bruits mais ne peut plus réagir.

Durant ce stade, il peut se réveiller et reprendre ses esprits.

En fin de sommeil lent, le cerveau ralentit son activité et le calme s'installe.

Il ne faut pas réveiller l'enfant pendant le sommeil léger et profond, il risquerait d'être grognon, de pleurer, d'avoir peu récupéré.

Le sommeil paradoxal

Il s'étale sur une période de 10 à 15 minutes.

C'est le moment où le cerveau sélectionne et classe.

L'enfant récupère de sa fatigue, c'est le moment des rêves et des cauchemars.

Il met en mémoire les acquis de la journée.

Son rythme cardio-respiratoire s'accélère ou devient irrégulier.

Les yeux peuvent être ouverts ou mobiles sous les paupières, le visage est expressif.

Il ne faut jamais réveiller un enfant en phase paradoxale, même s'il est très agité.

C'est le signe d'une activité cérébrale intense (mise en place des circuits nerveux, apprentissage des émotions). Cette phase est essentielle pour la construction et l'équilibre psychique de chaque enfant.

La période de latence

C'est le moment où l'enfant se réveille ou repart dans un nouveau cycle, il peut se manifester par :

- des soupirs,
- des étirements.

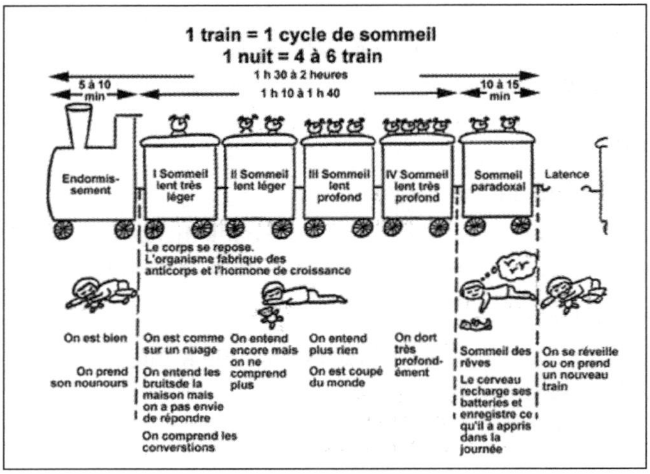

D'après Samara/Sommeil Primutam – Cradess.

d. Les signes du sommeil chez les tout-petits

Il existe des signaux que nous pouvons repérer et qui peuvent nous donner des indices sur la fatigue de l'enfant :

- il se frotte les yeux ou les oreilles ;
- il bâille ;
- il traîne les pieds en marchant ;
- il trébuche souvent ;
- il a froid, etc.

Il est essentiel, pour les professionnels, de prendre du temps pour échanger avec les parents. Ils pourront vous donner de précieuses informations, basées sur leurs observations et la connaissance de leur enfant (« Jules suce son pouce et se caresse l'oreille lorsqu'il est fatigué ! »).

Les transmissions de ces informations sont indispensables. Elles vous permettront de mieux connaître cet enfant et de rentrer plus rapidement en relation avec lui tout en respectant ses rythmes et ses besoins.

Différents outils tels que des feuilles de rythmes et des feuilles d'adaptation permettront une collaboration plus efficace entre les parents et les professionnels car les rythmes sont très différents en fonction des enfants.

e. Les conditions favorables à l'endormissement et au sommeil

Que faut-il favoriser ?

- L'observation des signes de fatigue de l'enfant.
- La mise en place d'un rituel qui va permettre à l'enfant de se préparer au moment du coucher. Le rituel est rassurant pour le tout-petit.
- Bien connaître l'enfant et respecter son rituel d'endormissement.
- Le calme et le plaisir d'aller au lit : aller au lit ne doit pas être une punition.
- Chacun son lit : l'enfant se sentira en sécurité dans son lit.

– L'accompagnement de l'objet transitionnel : il est indispensable. Il permet à l'enfant une grande sécurité affective lors de l'endormissement.

– Une chambre à une température entre 18 et 20 °C.

– Une position de l'enfant sur le dos afin de lutter contre la mort subite du nourrisson et de favoriser le dégagement des voies respiratoires, sans couverture ni oreiller.

> **ATTENTION**
> Ne jamais s'absenter pendant la sieste du tout-petit, la surveillance de sieste est indispensable et évite bien des accidents !

Prenons l'exemple de la maman de Sami lors de son adaptation :

« La maman de Sami nous a dit lors de l'adaptation que son fils s'endormait en touchant ses cheveux ! Évidemment cela n'allait pas pouvoir se faire à la crèche. Alors nous avons réfléchi ensemble et beaucoup discuté pour permettre à Sami et à sa maman d'imaginer ce moment-là sans inquiétude. Elle nous a proposé de ramener un petit cheval qui avait une grande crinière. Nous avons expliqué à Sami comment allait se passer le moment du coucher et que ce petit cheval allait l'accompagner. Le petit garçon a pu s'en saisir et passer les premières siestes sans inquiétude ni angoisse. »

2. Le développement somatique

La croissance de l'enfant est un phénomène permanent et progressif de la naissance jusqu'à la fin de l'adolescence. La vitesse de cette croissance n'est pas régulière.

La croissance est très rapide les deux premières années puis se stabilise pour un deuxième pic de croissance au moment de l'adolescence.

A. Repères concernant l'évolution de la courbe de poids, de la taille et du périmètre crânien de la naissance à 4 ans

Points de repère

Naissance	Poids de N : 3250 g	Taille de N : 50 cm	PC de N : 35 cm
5 mois	PN : x 2	TN : + 15 cm	
12 mois	PN : x 3	TN : + 25 cm	PCN : + 11 cm
2 ans	PN : x 4	TN : + 35 cm	
4 ans	PN : x 5	TN : x 2	

Après une chute de poids physiologique, le nouveau-né récupère son poids de naissance vers le 10e jour de vie.
L'enfant double sa taille en 4 ans et ne prendra ensuite que 60 à 80 cm pour atteindre sa taille adulte.
La mesure du périmètre crânien indique la croissance du cerveau. Elle peut se calculer ainsi :

$$PC = \frac{\text{Taille}}{2} + 10 \text{ cm.}$$

Une augmentation trop importante du PC peut traduire une hydrocéphalie.
Un arrêt de la croissance du PC peut traduire une microcéphalie.
La hauteur de la tête d'un nouveau-né correspond au 1/4 de sa taille totale.
La hauteur de la tête d'un adulte correspond au 1/8 de sa taille totale.

B. L'évolution de la dentition

Les premières dents apparaissent entre le 5e et le 30e mois de vie de l'enfant et sont au nombre de 20. Ce sont les dents de lait.

La denture définitive commence vers 6 ans et se termine à l'âge adulte par l'apparition éventuelle de 4 dents de sagesse.

Denture définitive : 8 incisives, 4 canines, 8 prémolaires, 8 molaires et ± 4 dents de sagesse = 32 dents.

REMARQUE DU FORMATEUR

La poussée dentaire peut être à l'origine de troubles du comportement : enfant grognon, agité, hypersalivation, rougeur des gencives et joues, hypersuccion, pleurs et fièvre.

POSITIONNEMENT PROFESSIONNEL

Dès l'apparition des dents :

- commencer la prévention contre les caries dentaires ;
- informer l'enfant et les parents de l'intérêt du brossage des dents ;
- proposer cette action à l'enfant en concertation avec les parents à travers le jeu, par exemple.

3. Le développement psychomoteur de l'enfant

L'acquisition d'une fonction motrice dépend de l'élaboration du système nerveux central. L'activité motrice de l'enfant est rattachée à sa vie psychique. Cette activité psychique est reliée à l'intelligence et à la connaissance. L'action aide l'intelligence à se construire.

Il faut aussi y intégrer la notion d'émotion car il existe une interaction entre le moteur et l'émotionnel. On sait aujourd'hui que l'activité motrice se fait en fonction des échanges émotionnels entre la personne de référence (la mère, le professionnel référent, etc.) et l'enfant. Dans ces interrelations doivent apparaître les notions de plaisir et de sécurité pour que le développement de l'enfant soit harmonieux.

A. Les rythmes du développement

L'enfant développe ses compétences psychomotrices au fur et à mesure qu'il grandit. Le développement de la motricité se fait par paliers dans un ordre établi.

L'évaluation de ce développement se fait en référence à des moyennes. Ce sont des repères, mais d'un enfant à l'autre le rythme peut être différent, sans caractère inquiétant.

En revanche, on peut dire que l'enfant s'épanouira mieux dans un climat de confiance et de sécurité.

Le développement est favorisé chez les petits par une alimentation adéquate et des échanges adaptés avec les personnes qui l'entourent, surtout pendant les trois premières années de vie.

B. Les axes du développement

Le développement de la motricité se fait par stades, dans un ordre établi qui est :
- de la tête aux pieds, l'axe céphalo-caudal ;
- du centre du corps à la périphérie, l'axe proximo-distal.

Par exemple :

- chez le nourrisson, lorsque vous approchez un objet devant lui, en fonction de son évolution, il va d'abord amener ses bras vers l'objet avant de l'attraper avec la main et enfin le serrer avec ses doigts ;
- positionné sur le ventre, il va se redresser sur les bras avant de se mettre à quatre pattes.

C. Les grandes étapes du développement psychomoteur par tranches d'âge

a. De 0 à 3 mois

Le bébé est au stade des réflexes. Si vous chantez, parlez ou bougez ses jambes ou ses bras, il va vous sourire.

Il explore ses pieds et ses mains.

Il émet de plus en plus de sons et cherche à imiter la personne qui s'occupe de lui.

Les réflexes archaïques se transforment peu à peu en mouvements volontaires.

b. De 3 à 6 mois

Le nourrisson a de plus en plus de force.

Couché sur le dos, il soulève sa tête et met ses pieds dans la bouche, pédale. Il roule du dos sur le côté, puis sur le ventre.

Il aime les jouets qui sont suspendus à portée de sa main. Il suit le jouet des yeux.

Il arrête de pleurer si vous lui parlez.

Il se retourne quand vous prononcez son nom.

c. De 6 à 9 mois

Le nourrisson commence à se déplacer. Il sautille lorsqu'il est maintenu debout.

Il se tourne du ventre sur le dos.

Il porte tout à sa bouche. Il découvre la petite cuillère.

Il va coordonner la préhension et la vision (exemples : cubes, livres en tissu).

L'enfant lâche volontairement les objets, il expérimente la chute en jetant des objets.

Il découvre son corps et aime jouer à identifier les parties du visage.

Il apprend la perspective et regarde sous tous les angles le bol ou le jouet dont il dispose.

Il commence à se déplacer, à ramper, à reculer en prenant appui sur ses avant-bras.

d. De 9 à 12 mois

Il se déplace de plus en plus vite. Ses mouvements sont mieux coordonnés. Il ramasse de très petits objets qu'il tient entre le pouce et l'index (pince fine).

Il aime empile, vide et remplit.

Lorsqu'il se regarde dans le miroir, il tente de s'attraper, il est intéressé par l'image qu'il voit mais ne se reconnaît toujours pas.

Il se tient debout et fait ses premiers pas avec ou sans soutien.

Il identifie le « non ». Il perçoit les émotions de mécontentement ou de joie de l'adulte. Il est très attiré par les livres d'images et par la musique.

e. De 12 à 18 mois

L'enfant marche

Il est de plus en plus autonome. Il monte les escaliers à quatre pattes et les redescend en reculant. Il fouille dans les placards, ouvre tous les tiroirs, etc.

Il va imiter les activités des adultes.

f. De 18 mois à 2 ans

L'enfant coordonne ses mouvements.

Il mange seul, se lave les mains.

Il court, s'accroupit, se relève et se cogne souvent. Il a besoin d'espace pour développer son activité motrice.

g. De 2 à 3 ans

Il s'identifie à l'adulte et à son environnement.

Il apprend à prêter ses jouets, à attendre son tour.

Il adore se déguiser, manipuler les différentes matières.

Il développe ses activités motrices (trotteur, course, etc.) s'intéresse au graphisme.

Il raconte lui-même l'histoire d'un livre qu'il connaît à l'adulte.

h. De 3 à 6 ans

Il saute à cloche-pied. Il conduit un tricycle.

Il imite les scènes du quotidien (école, repas, etc.).

Il développe l'équilibre (jeux d'escalade) et son rapport à l'autre.

Il est de plus en plus précis dans son graphisme, c'est le premier pas vers l'écriture.

4. Le développement sensoriel

A. La vision

Le petit enfant détecte les contrastes dès la naissance mais ne distingue pas les objets.

Il perçoit les quatre couleurs fondamentales. Très vite, il différencie le visage de sa mère de celui des étrangers. La bonne distance pour que l'enfant accommode correctement ce qu'il voit est de 30 cm. C'est la distance entre les yeux de la mère et ceux de l'enfant quand il est au sein.

Vers 2 mois, il fixe intensément le visage de sa mère, son champ visuel est alors de 90°.

Vers 4 mois, il joue avec ses mains, sa vision est binoculaire, lui permettant de voir en relief.

Il voit les couleurs comme l'adulte.

Vers 6 mois, il coordonne la main avec les yeux et peut donc de mieux en mieux attraper ce qu'il désire.

Vers 8 mois, il cherche des yeux l'objet lorsqu'il disparaît.

L'ajustement de sa vue se poursuivra jusqu'à atteindre le maximum d'acuité après 10 ans.

B. L'audition

Le fœtus perçoit les bruits internes du corps de la mère.

Dès la naissance, le nouveau-né détecte la présence d'objets sonores.

Il est très sensible aux mélodies et sursaute s'il est surpris par un bruit.

À 2 mois, il tourne la tête en direction du bruit et est sensible à l'intonation de la voix.

Vers 4 mois, il identifie les bruits familiers.

L'oreille de l'enfant est particulièrement fragile. Attention de ne pas le soumettre à des bruits trop intenses.

Vers 7 mois, le nourrisson répond à l'appel de son nom.

Vers 9 mois, il imite les sons produits par sa mère.

À la fin de la première année, le nourrisson comprend le sens de plusieurs mots.

C. Le toucher

Premier sens apparu chez le fœtus, il reçoit des sensations tactiles dès le quatrième mois de vie intra-utérine dans le liquide amniotique.

Les premières informations transmises sont des messages cutanés.

Le toucher est très développé à la naissance. Il permet au nouveau-né de ressentir de nombreuses sensations tactiles lors des soins. Le toucher permet également d'établir la communication affective avec sa mère. Le bébé a besoin d'être porté, caressé et manipulé en douceur pour se sentir en sécurité.

D. L'odorat

Le fœtus perçoit les odeurs du liquide amniotique. Très rapidement après sa naissance, le nourrisson peut exprimer le dégoût et grimacer vis-à-vis d'odeurs désagréables.

Le nouveau-né reconnaît l'odeur de la peau de sa mère et l'odeur du lait de sa mère au bout de 3 jours.

E. Le goût

Le nouveau-né peut, dès la naissance, réagir aux saveurs sucrées, salées, amères et acides. Les substances sucrées génèrent une réaction positive avec sécrétion abondante de salive.

REMARQUE DU FORMATEUR

La vision et les neurosciences

Nous savons aujourd'hui que le regard est orienté très précocement par le bébé comme un moyen de communication. Vers 8 mois le nourrisson vérifie que l'adulte le regarde lorsqu'il joue, sinon il stoppe le jeu. Les spécialistes parlent « d'attention conjointe ». Enfin, pour bien comprendre, le bébé regarde les yeux de la personne qui lui parle.

L'audition et les neurosciences

Nous savons aujourd'hui que la manière dont sont traités les sons, ont une action sur le développement du cerveau. Lire des histoires ou contes à voix haute développerait le vocabulaire et renforcerait la mémoire et il en serait de même pour les audio livres. Enfin, les instruments de musique renforceraient la capacité à capter et distinguer les sons.

Le toucher et les neurosciences

Nous savons aujourd'hui que les caresses à l'enfant et le portage permettent la sécrétion de l'hormone du bonheur: l'ocytocine.

5. Le développement socio-affectif et cognitif

A. La première année de l'enfant

a. Le langage

Il joue un rôle important car il véhicule de la pensée et nous permet de rendre compte de l'apprentissage de l'enfant.

Il roucoule, pousse des cris aigus.

Il babille, « a…reu » puis « a…geu », puis il enchaîne les syllabes, il rit aux éclats.

Apparaissent les monosyllabes : ba, ma, pa, da.

Il double les syllabes : mama, dada, et joint le geste au mot. C'est le « mot-phrase ».

b. La dépendance

Les premiers mois, le nourrisson est relié à sa mère, il vit dans la sensation de plaisir. En cas d'inconfort, il pleure pour exprimer son insatisfaction. L'enfant est dans une dépendance absolue (c'est ce que Winnicott appelle la préoccupation maternelle et primaire).

Le plaisir de téter va être étroitement lié au besoin de s'alimenter.

Sur le plan moteur, il est incapable de contrôler ses mouvements. Il met les objets à la bouche, les serre avec ses mains, commence à sourire et à être attentif aux visages.

L'enfant a besoin de sécurité et d'affection. Il a aussi besoin de repères et il est important que les soins soient dispensés par la même personne.

c. La différenciation dite « angoisse du 8e mois »

Il entre dans la phase que l'on appelle « la permanence de l'objet ».

Il pleure lorsque sa mère s'en va car il a peur de la perdre.

Pour compenser le manque de sa mère, il peut s'attacher à un objet (le doudou) qui sera l'objet de transition entre la mère et lui.

Cette phase précède la « permanence de l'objet » traitée plus loin.

d. La communication avec l'adulte

L'enfant est un être de communication, « un enfant seul, ça n'existe pas », selon Winnicott. L'enfant qui ne parle pas encore va utiliser une communication non verbale pour entrer en relation avec l'autre.

Les moyens principaux d'expression sont les gestes, l'expression faciale et les sons émis par l'enfant.

Il peut transmettre ses émotions : joie, peur, colère ou tristesse en fonction de ses gestes, mimiques, sons.

Lorsque l'enfant jette un objet au sol, il regarde l'adulte et exprime par ses mimiques qu'il souhaite que l'adulte ramasse et lui redonne l'objet. L'adulte qui observe l'enfant va comprendre.

L'enfant cherche à entrer en relation avec l'autre. C'est dans un environnement sécurisant, apaisant et stimulant que l'enfant va développer au fil du temps sa motricité, son langage et sa curiosité intellectuelle.

B. La deuxième année de l'enfant

a. Le langage

L'enfant commence à associer deux mots donnant du sens à ce qu'il veut exprimer, « Eliott/dodo ».

Il possède environ 50 mots et va élaborer de plus en plus ses phrases.

b. Autonomie et confiance

L'enfant peut contrôler certaines émotions et va être de plus en plus conscient des manifestations de son corps (maîtrise des sphincters).

La permanence de l'objet

L'enfant est capable de garder en mémoire l'objet qui a disparu, il peut imaginer que sa mère qui s'est absentée va revenir. Il sait que la mère existe toujours. Il peut mieux appréhender la séparation.

C'est une période où il joue très fréquemment à cache-cache. Il cache des objets et retourne les chercher.

La découverte d'une autonomie possible dans la confiance

Bien qu'il soit encore très dépendant affectivement, un désir fort d'autonomie va se faire sentir. L'enfant va se heurter à des limites et des interdits. L'enfant est pris dans un conflit entre plaire à sa mère et risquer d'être rejeté par elle. Il va apprendre à patienter et faire l'expérience de plus en plus fréquente de la frustration. C'est la période des colères ou phases d'opposition.

La phase d'opposition ou d'affirmation

C'est pour l'enfant une prise de conscience de lui et du monde extérieur. C'est pour lui un moyen de montrer qu'il existe et qu'il peut décider. Il dit fréquemment « non ».

Il a un fort besoin d'affirmer sa personnalité. Il apprend à développer une fierté personnelle.

L'enfant a besoin d'être soutenu et encouragé dans ses expériences et sa curiosité pour avancer. C'est ainsi qu'il devient plus habile et confiant.

Il a besoin d'être guidé, d'avoir des limites claires et cohérentes pour l'aider à construire son autonomie.

La phase d'acquisition de la propreté

L'enfant contrôle peu à peu l'élimination de ses urines et de ses selles. Il se retient, il laisse aller, il expérimente ses nouvelles sensations.

Cependant, il va être de plus en plus conscient de ce qu'il ressent dans son corps. Il découvre que ses actions sont génératrices d'effets et va même pouvoir utiliser ce moyen pour faire plaisir ou contrarier l'adulte.

En fin de deuxième année l'enfant peut contrôler ses mouvements, ses déplacements et quelquefois ses sphincters. Il mange seul avec la fourchette.

C. La troisième année de l'enfant

a. Le langage

L'enfant possède environ 100 mots. Il fait des phrases avec sujet, verbe et parle de lui à la 3e personne. Vers 3 ans, l'enfant utilise le « je » et le « moi ».

b. La socialisation et l'épanouissement de l'enfant

L'enfant va demander à participer de plus en plus aux activités de la vie quotidienne. Il veut se déshabiller seul, manger seul, aider dans les tâches répétitives.

Il s'oppose très souvent à l'autre et dit « non » et, lorsqu'il est en difficulté, refuse d'être aidé.

Il maîtrise de plus en plus de vocabulaire et participe activement aux conversations qui le concernent.

Il joue avec d'autres enfants de son âge. Il partage ses jouets et peut participer à des jeux collectifs où il va intégrer le rôle de chacun dans son environnement. C'est le début de la socialisation.

LE JEU SYMBOLIQUE

Pour comprendre une situation, l'enfant a besoin de revivre les événements, il utilise le jeu symbolique (conflits, arrivée d'une naissance, etc.)
Le jeu peut aider à comprendre, accepter les différentes situations du quotidien. Il peut aussi servir à la résolution des conflits ou compenser les besoins non assouvis.

D. À partir de 3 ans

L'enfant est dans la phase « d'affirmation de sa personnalité », il prend conscience de sa différence à l'autre.

Il va mieux vivre les périodes de séparation car il sait qu'elles sont momentanées.

L'enfant peut se séparer de son environnement proche, il est prêt pour intégrer l'école.

Il va vivre des expériences qui peuvent l'insécuriser, il a encore besoin d'être rassuré sur lui-même.

Il apprécie les jeux en groupe.

Il se frotte aux notions :

- d'espace, loin/près ;
- d'orientation, devant/derrière ;
- de direction, droite /gauche ;
- de temps, matin/après-midi/hier ;
- de nombre, peut compter jusqu'à 20 à 5 ans.

L'enfant doit être guidé par l'adulte en étant contenu suffisamment pour ne pas douter de lui et des autres. L'enfant a besoin de se sentir aimé par son entourage. À mesure qu'il se socialise, l'enfant développe l'envie de communiquer et de partager avec d'autres. Ce besoin, il l'exprime dès la première année de vie.
Pour que l'enfant développe son langage, l'adulte doit lui parler, depuis sa naissance, dans un vocabulaire adapté à son développement psychique. Il doit répondre à ses questions et alimenter la conversation pour donner confiance à l'enfant.

Les mots clés à retenir sont : observation ; sécurité affective ; échanges ; langage adapté au développement de l'enfant ; accompagnement de l'enfant dans ses expériences.

6. Les troubles du développement

Les troubles du développement peuvent se manifester sous différentes formes et chaque handicap fera l'objet d'une réponse spécifique adaptée.

A. Déficience motrice (myopathie, infirmité motrice et cérébrale, etc.)

Les déficiences locomotrices limitent les mouvements ou les rendent impossibles dans certaines situations. L'apprentissage étant ralenti, cet enfant pourra développer des difficultés cognitives.

REMARQUE DU FORMATEUR

Connaître les étapes du développement moteur va vous aider à repérer un problème physiologique et vous alerter pour une meilleure réponse aux besoins de cet enfant.

B. Déficience intellectuelle

Les déficiences mentales limitent l'apprentissage et entraînent un retard intellectuel.

C. Déficience visuelle

L'enfant présentant un trouble visuel sera limité dans sa relation à l'autre car nous savons que le bébé crée ses premiers contacts dans le regard porté sur la personne se trouvant dans son champ visuel. Pour développer sa motricité fine, l'enfant a besoin de voir. Ainsi que pour se déplacer. Tout ceci peut entraver son développement cognitif et affecter sa confiance et son autonomie.

Les signes pouvant alerter : l'enfant louche, il cligne trop souvent des yeux, il se cogne ou tombe plus que de normal, il a du mal à coordonner ses gestes.

D. Déficience auditive

L'intelligence est étroitement liée au langage. Si l'enfant présente, dès les premières semaines de vie, des troubles auditifs, il pourra rencontrer des difficultés pour s'exprimer, pour communiquer et conceptualiser ses sensations.

Ces troubles peuvent entraîner des difficultés cognitives et socio-éducatives importantes.

Les signes pouvant alerter : le nourrisson ne réagit qu'aux bruits forts ; il ne répond que s'il vous voit ; il fait répéter et présente un retard de langage important. Il peut avoir un comportement agressif ou bien très réservé. Il fait des otites à répétition, etc.

Le problème de vue ou d'ouïe peut être présent à la naissance ou se développer dans le temps.
Plus tôt le problème sera repéré, meilleures seront les chances de réussite des traitements.

POSITIONNEMENT PROFESSIONNEL

- Une visite médicale est obligatoire en dernière année de maternelle, elle permet de détecter des anomalies, mais elle peut ne pas être suffisante.
- Observer et repérer dans le quotidien de l'enfant les indices qui peuvent faire penser que l'enfant n'y voit pas bien ou n'entend pas bien. En parler aux parents ou à la directrice selon votre lieu de travail. La directrice pourra envisager une démarche auprès des parents pour qu'ils fassent faire les examens nécessaires.
- Communiquer avec l'enfant et lui expliquer les démarches faites auprès de lui pour l'aider dans son handicap.
- Informer les parents de l'existence d'associations et groupes de parents.
- Prendre le temps pour en parler avec eux. Il est toujours difficile pour les parents d'entendre et d'accepter cette réalité qui les éloigne de cet enfant imaginaire qu'ils s'étaient créé.

3. Les activités d'éveil

« Le jeu est le travail de l'enfant » a dit Jean Château.

Le jeu est fondamental pour l'enfant, il est joyeux, entraîne l'activité de tous les sens et s'accompagne d'émotions telles que le rire, la parole, mais aussi les pleurs, l'énervement, etc.

Selon la situation, le jeu apprend à l'enfant :

- la maîtrise des émotions ;
- l'apprentissage des frustrations ;
- l'apaisement par la reproduction ou l'imitation de scènes inquiétantes pour lui.

Le jeu permet à l'enfant :

- de découvrir son environnement ;
- de développer son imagination et sa curiosité ;
- de s'exprimer par le langage ou par les gestes ;
- d'expérimenter le plaisir ;
- de découvrir son corps et ses capacités physiques ;
- d'entrer en relation avec l'autre.

1. Le jouet

Le jouet doit être adapté aux capacités sensori-motrices et cognitives de l'enfant et non pas à son âge.

Le jouet doit répondre à des critères de sécurité et d'hygiène :

- sur le plan législatif : concernant les normes de sécurité des jouets, il faut se reporter à la directive du 3 mai 1988, décret du 12 septembre 1989 n° 89-662 ;
- en ce qui concerne la conformité :
  - marquage CE sur l'emballage, la notice et le jouet ;
  - agrément CE par un organisme agréé ;
  - symbole graphique d'avertissement sur l'âge ;
  - information si interdiction aux enfants de moins de 36 mois.

L'utilisation du jouet peut avoir plusieurs finalités, il faut laisser l'enfant faire ses expériences.

2. Le jeu

Le jeu est une activité indispensable pour l'enfant. Il permet à l'enfant d'exploiter ses potentialités et de développer sa concentration, sa créativité et ses compétences.

Il passe par :
– l'exploration des scènes de vie :
- jeux de rôle (marionnettes, jeux de mime),
- imitation et reproduction de scènes de vie (conflit des parents, arrivée d'un nouveau-né, etc.) ;
– l'exploration des matières :
- jeux d'eau,
- jeux dans le sable,
- jardinage.

POSITIONNEMENT PROFESSIONNEL

- Aménager l'espace et le temps pour les activités.
- Observer l'enfant pour proposer des activités adaptées à son développement.
- Le laisser découvrir seul l'utilisation du jeu ou du jouet.
- Accompagner l'enfant dans le rangement des jouets.
- Vérifier la conformité pour la mise en sécurité.
- Respecter le rythme de chaque enfant.
- Encourager l'enfant dans ses nouvelles expériences.

3. Les activités animées par l'adulte

L'adulte doit réfléchir avant de proposer l'activité à l'intérêt que peut en tirer l'enfant (moteur, sensoriel, éveil, plaisir, etc.).

L'activité permet l'exploration des capacités :
– motrices : mettre un vêtement ;
– intellectuelles : chanter, raconter des histoires ;
– sensorielles : faire des puzzles, empiler des cubes.

Un projet d'animation permet de cibler les capacités et le nombre d'enfants pouvant être intéressés par l'activité.

L'activité doit être définie dans la durée, aménagée dans un espace réservé pour ce temps-là.

Le matériel sera prêt avant le début de l'activité.

La motricité peut être exprimée à travers une sortie au parc, une séance de gymnastique ou des jeux collectifs de ballon, etc.

Les activités manuelles peuvent être des collages, des jeux de modelage de différents matériaux (terre, pâte à modeler), la participation à l'élaboration du repas, de la peinture et du dessin, etc.

POSITIONNEMENT PROFESSIONNEL

- Observer l'enfant afin d'adapter son environnement à ses besoins.
- Ne pas interrompre ni solliciter l'enfant pendant son activité de jeu.
- Lors d'activités proposées :

- expliquer l'activité à l'enfant ;
- le faire participer à l'installation du lieu et du matériel si possible ;
- lui donner les consignes en vous assurant qu'il a bien compris ;
- le prévenir avant la fin de l'activité afin qu'il ait le temps de s'y préparer.

L'AP doit être présente et encourager l'enfant.

- Si le jeu ou l'activité doivent être interrompus :

- informer l'enfant et lui expliquer pourquoi le jeu est stoppé ;
- accepter son mécontentement.

4. Histoires et comptines

L'introduction du livre se fait à tous les âges. Le tout-petit observe, regarde, imite ce qui se passe dans le quotidien de son environnement.

Le livre, la comptine et le conte développent l'imagination, la relation, la mémorisation et le partage d'émotions.

Le jeune enfant découvre le livre au moyen de tous ses sens. Le premier contact physique, sensoriel et sensuel lui permet de se familiariser avec lui.

La lecture est un moment privilégié entre l'adulte et l'enfant.

Le lieu doit être confortable, douillet, et le moment doit être choisi pour ne pas être interrompu.

Les livres pour enfants doivent être mis à leur disposition dès leur plus jeune âge. Ils doivent pouvoir les manipuler, les utiliser comme un autre jouet (toucher, sucer, regarder, etc.)

C'est en lui racontant des histoires et en lui chantonnant des comptines que l'enfant va développer son envie de parler, de communiquer et d'utiliser le livre. Une fois accompagné, sollicité, sécurisé, l'enfant tend vers une autonomie pour aller seul vers le livre.

Enfin, les chants, comptines et autres histoires éveillent l'attention, l'écoute, et aident à l'acquisition du langage oral, et ensuite écrit, de l'enfant.

Voici quelques propositions de comptines :

- ***Je fais le tour de mon jardin***

Bonjour papa,
Bonjour maman,
Je descends l'escalier,
Je sonne à la porte : dring !
J'essuie mes pieds
Et j'entre !

(Le doigt de l'adulte dessine un cercle autour de la tête de l'enfant, touche sa paupière droite, sa paupière gauche, glisse le long de son nez, appuie sur le bout de son nez, effleure sa lèvre supérieure et finit dans sa bouche.)

- ***Bonjour petit escargot***
  Bonjour petit escargot
  La pluie tombe sur ton dos
  Les souris n'aiment pas l'eau
  Mais toi, tu dis « Bravo, bravo ».

- ***Un ouistiti***
  Dans la forêt, un ouistiti
  Tout petit, tout petit,
  Se baladait de-ci de-là,
  Hop-la, hop-la, hop-la,
  Un grand serpent, Ssii,
  Vint en rampant
  Pan, pan, pan, pan
  Le ouistiti il est parti
  Tant pis, tant pis.

- ***Toc, toc, toc, pouce***
  Toc, toc, toc, pouce, es-tu là ?
  (Pouce caché dans le poing, l'autre poing frappe dessus)
  Chut ! Je dors.
  (Index sur les lèvres)
  Toc, toc, toc, pouce, es-tu là ?
  Voilà je sors !
  (Sortir le pouce)

- ***Le petit poussin***
  Le petit poussin
  A bien du chagrin
  Il appelle sa maman
  tout en chuchotant
  Piou Piou piou
  Piou Piou Pioouou…

  Le petit poussin
  A bien du chagrin
  Il appelle son papa
  En faisant comme ça
  Piou Piou piou
  Piou Piou Pioouou…

  Le petit poussin
  N'a plus de chagrin
  Papa et maman
  arrivent en courant !

QCM d'entraînement

Entraînement

Questions

❶ **Le développement de la motricité chez l'enfant, c'est :**

☐ a. le contrôle de la musculature.
☐ b. l'acquisition de la propreté.
☐ c. le développement du langage.
☐ d. l'acquisition de la marche.

❷ **À l'âge de 8 mois, un enfant :**

☐ a. tient sa tête.
☐ b. tient assis seul.
☐ c. a peur d'une personne étrangère.
☐ d. maîtrise ses sphincters.

❸ **L'insuffisance de sommeil engendre :**

☐ a. un état de fatigue.
☐ b. un déséquilibre nerveux.
☐ c. des troubles de la croissance.
☐ d. des troubles du comportement.

❹ **Le repère d'évolution de la croissance pondérale chez un enfant de 12 mois est :**

☐ a. le poids de naissance multiplié par 2.
☐ b. le poids de naissance multiplié par 3.
☐ c. le poids de naissance multiplié par 4.
☐ d. le poids de naissance multiplié par 5.

❺ **En crèche, en fonction de l'activité manuelle, l'auxiliaire de puériculture doit avoir une attitude :**

☐ a. de laisser-faire.
☐ b. d'observateur.
☐ c. de faire avec.
☐ d. faire à la place de.

❻ **L'intérêt de proposer des livres aux tout-petits, c'est :**

☐ a. la relation avec l'adulte.
☐ b. le développement de l'imaginaire.
☐ c. l'évolution du langage.
☐ d. le partage des émotions.

❼ **La manipulation de la pâte à sel présente les critères suivants :**

☐ a. le plaisir de manipuler.
☐ b. le plaisir de goûter à un nouvel aliment.
☐ c. développer le langage.
☐ d. le plaisir de faire.

Corrigé

❶ a., b. et d. Le développement du langage est plutôt classé dans le développement affectif, social et intellectuel de l'enfant, mais ce n'est pas faux.

❷ a., b. et c. L'acquisition de la maîtrise des sphincters commencera lorsque l'enfant aura acquis une maturation physiologique et neurologique suffisante, rarement avant 18 mois.

❸ a., b., c. et d. ❹ b. ❺ a., b. et c. ❻ a., b., c. et d.

❼ a., c. et d. Goûter la pâte à sel, c'est possible, si les ingrédients ne sont pas toxiques.

La nutrition et l'alimentation de l'enfant

1. Les besoins nutritionnels

Se nourrir, c'est donner à notre organisme les éléments nécessaires à ses besoins. Pour répondre à ces besoins, l'alimentation ingérée doit être équilibrée.

Une alimentation équilibrée s'obtient en consommant tous les groupes d'aliments, en quantité adaptée en fonction de l'âge et des besoins de chacun.

Les groupes d'aliments ont des caractéristiques nutritionnelles qu'il faut connaître.

Chaque aliment est composé de nutriments qui participent à la couverture énergétique de l'organisme.

Il y a les éléments énergétiques et les éléments non énergétiques.

1. Les éléments énergétiques

- **Les protides**, ou **protéines**, constituées de chaînes d'acides aminés, permettent l'élaboration du tissu vivant.
- **Les glucides simples** (lactose, fructose, saccharose) ou complexes (amidon) ont leur rôle dans la contraction musculaire et le fonctionnement cérébral chez l'enfant.
- **Les lipides** sont composés d'acides gras saturés et non saturés. Ils participent à l'élaboration des membranes cellulaires du système nerveux et permettent la maturation des fonctions sensorielles.

Chaque élément libère des calories :

- 1 g de protéine libère 4 kilocalories ou 17 KJ ;
- 1 g de glucide libère 4 kilocalories ou 17 KJ ;
- 1 g de lipide libère 9 kilocalories ou 38 KJ.

La calorie

C'est l'unité de mesure pour calculer les besoins énergétiques de l'individu.

- 1 kilocalorie (Kcal ou Cal) 4,18 kilojoules (KJ)
- 1 kilojoule (KJ) 0,239 kilocalorie (Kcal ou Cal)

2. Les éléments non énergétiques

- **Les éléments minéraux** se présentent sous forme de sels (le calcium, le magnésium et le fer) ou bien d'oligoéléments (zinc, cuivre, cobalt etc.). Ils participent aux métabolismes.
- **Les vitamines hydrosolubles** (B, C, PP et acide folique). Elles favorisent l'absorption du fer, luttent contre l'infection et participent au renouvellement des cellules nerveuses.
- **Les vitamines liposolubles** (A, D, E, K) permettent l'assimilation du calcium, jouent un rôle antirachitique, antihémorragique, antioxydant et participent au mécanisme de la vision et au maintien en bon état de la peau.
- **Les fibres** (cellulose) régulent le transit intestinal et ont une fonction protectrice de l'intestin grêle et du côlon.
- **L'eau.** Elle représente 65 % à 85 % du poids du corps. Les besoins sont importants et doivent être majorés en cas de fièvre, diarrhée, vomissements. Elle transporte les aliments et les déchets.

Quelques exemples de carences

- Déficience en vitamine D : rachitisme (insuffisance de calcification des os)
- Déficience en fer : anémie (diminution du nombre d'hématies dans le sang)
- Déficience en phosphore : diminution de la minéralisation des os
- Déficience en vitamine C : le scorbut

Les aliments et leurs apports

Groupes d'aliments	Éléments énergétiques	Éléments non énergétiques
Lait, fromages et assimilés	- protéines animales - lipides animaux	- vitamines A, B et D - minéraux (phosphore, calcium, etc.)
Viande, poissons, œufs	- protéines animales - lipides animaux	- vitamines A, B12 et D - phosphore (poisson) - fer (viande, œufs)
Fruits et légumes	- glucides simples (glucose, fructose)	- vitamines A, C - minéraux (potassium) - fibres - eau
Féculents	- glucides complexes (amidon) - protéines végétales	- vitamine B - minéraux (potassium) - fibres
Aliments sucrés	- glucides simples	- saccharose (sucre)
Aliments gras	- lipides animaux - lipides végétaux	- vitamines A, D, E, K
Eau		- minéraux (dépendent de l'origine de l'eau)

En conclusion

Pour être en bonne santé, l'organisme a besoin d'une alimentation diversifiée qui pourvoit aux besoins énergétiques, structuraux, fonctionnels et hydriques. Les besoins du jeune enfant dépendent directement de son âge et de sa vitesse de croissance. Ils sont différents d'un enfant à l'autre.

Les protides, glucides et glucides se modifient à la chaleur.
Les vitamines sont détruites à la chaleur.
L'air modifie les végétaux, les lipides et les vitamines.

2. L'alimentation de la naissance à 1 an

Pendant cette période, l'alimentation lactée apporte les nutriments dont l'enfant a besoin.

Le lait maternel est adapté aux besoins du nourrisson. En revanche, le lait de vache doit être traité avant d'être donné au bébé car sa composition ne permet pas à l'enfant de le digérer et de l'assimiler de façon satisfaisante. On utilise alors un lait 1er âge. Ses besoins en minéraux et oligo-éléments seront couverts par les laits maternels et maternisés.

La ration lactée, en ml par 24 heures pour un bébé de moins de 6 kg, peut se calculer par la **règle d'Appert** :

$$\frac{\text{Poids de l'enfant en g}}{10} + 250 = x \text{ ml}$$

Exemple :

Pour un enfant de 5,500 kg à 5 repas par jour, la formule donne :

$$\frac{5500}{10} + 250 = 800 \text{ ml}$$

Il reste à partager les 800 ml sur 5 repas, soit 160 ml de lait par repas en moyenne.

1. L'alimentation lactée

Il existe de nombreux laits infantiles :

– le lait pour nourrisson ou lait 1er âge est le lait des cinq premiers mois de vie de l'enfant ;

– le lait de suite ou lait 2e âge est le relais du lait pour nourrisson ;

– le lait de croissance (de 1 an à 3 ans) pallie les carences du lait de vache et fournit un complément en fer et vitamines ;

– les laits HA (hypoallergéniques) pour les nourrissons prédisposés aux allergies ou comme complément de l'allaitement maternel ;

– les laits dits « de confort », épaissis, pour les enfants souffrant de reflux.

Les six premiers mois, l'alimentation de l'enfant est principalement lactée.

DE LA NAISSANCE À 5-6 MOIS :

- la ration est fractionnée en 6, 5, pour atteindre 4 prises alimentaires par jour vers l'âge d'1 an ;
- l'alimentation est principalement à base de lait ;
- les volumes sont adaptés à l'enfant par le corps médical.

2. La diversification alimentaire

La diversification alimentaire commence entre 4 et 6 mois révolus. C'est un moment où l'enfant est enclin à moins développer d'allergies et semble prêt à cultiver ses goûts alimentaires. Elle varie selon la maturation physiologique de l'enfant.

Il faut avoir en mémoire que l'introduction de nouveaux aliments va augmenter les apports nutritionnels. Il convient d'amener un seul aliment nouveau à la fois de façon à ce que l'enfant intègre sa texture, sa saveur, son odeur, sa couleur, etc.

La diversification ne fait pas oublier le lait. L'apport lacté journalier est indispensable. On utilisera du lait 2e âge car il est enrichi en fer. Il sera remplacé plus tard par les laitages.

Voici ce qu'il peut être proposé aux nourrissons pour l'introduction des aliments :

- Les farines infantiles : tout d'abord, farines diastasées sans sucre ni gluten, puis farines sans gluten et farines avec gluten.

Toutes les classes d'aliments peuvent être introduites sous forme mixée pour répondre aux possibilités du nourrisson.

Les fruits, légumes, viande, poisson, œufs et céréales peuvent être donnés à la cuillère.

Il semblerait selon les experts que l'ordre des différents groupes d'aliments ne soit pas important.

À titre d'exemple :

■ **Vers 4/6 mois :**

- Les légumes cuits et en purée : carottes, haricots verts, courgettes (1 à 2 cuiller à café par repas)
- Les fruits mixés cuits et homogénéisés (pomme, poire) ou jus de fruits non sucrés
- Les laitages : un ½ yaourt ou 1 petit suisse

■ **Après 6 mois :**

- Purées et potages mixés sans pomme de terre
- Viande ou poisson maigres, 10 g par jour (2 cuillers à café)

■ **Vers 7/8 mois :**

- Pommes de terre
- Fruits frais très mûrs, écrasés
- Fromage fermenté râpé ou à pâte cuite
- Viande ou poisson maigres, 15/20 g par jour
- Pâtes et semoules
- Beurre : une noisette dans la purée

■ **Vers 1 an :**

- Crudités et fines lamelles de fruits
- 1 yaourt ou 100 g de fromage blanc
- Viande ou poisson maigres, 20/25 g par jour

– Œuf : jaune et blanc en même temps
– Pain et biscuits
– 1 cuiller à café d'huile végétale dans l'assaisonnement des crudités

- **Notions de quantité journalière de viande, œuf ou poisson :**
  - 6 mois : 10 g
  - 12 mois : 20 à 25 g ou 1/3 œuf dur
  - 18 mois : 30 g
  - 3 ans : 50 g ou 1 œuf
  - 4 à 6 ans : 60 g

ATTENTION

Pour les bébés présentant un risque élevé d'**allergie (arachide, œuf)**, l'introduction d'aliments en contenant se fera, après avis médical, entre 4 et 11 mois, de manière progressive. Quant à l'**introduction du gluten**, elle pourra s'effectuer entre 4 et 12 mois, selon le corps médical.

La diversification commence par les légumes puis les fruits. Les aliments doivent être introduits un à un pour tester leur tolérance et leur acceptation. Les farines sans gluten sont mieux tolérées. Les jus de fruits ne sont pas utiles avant 6 mois. Certains sont laxatifs. Le sel et les aliments gras et trop sucrés doivent être limités. À partir de 4 ans, l'enfant a une alimentation qualitativement identique à celle de l'adulte.

POSITIONNEMENT PROFESSIONNEL

- Toujours laisser les parents prendre l'initiative de l'introduction d'un nouvel aliment.
- Travailler en collaboration avec les parents dans l'élaboration de cette diversification.
- Respecter les quantités.
- Quand l'enfant refuse un aliment nouveau, ne pas le forcer et le lui proposer à nouveau régulièrement.

3. L'allaitement maternel

Il est important de rappeler que, quel que soit le mode d'alimentation que la maman a choisi, l'essentiel pour le bébé est qu'il soit alimenté et aimé.

Le démarrage d'un allaitement soulève souvent des questions qui peuvent parasiter ce moment privilégié.

Les quelques points de repères suivants sur la conduite d'un allaitement vont sécuriser la maman et participer à la mise en place de l'attachement mère/enfant.

Le lait maternel permet d'assurer l'apport nécessaire aux besoins du nourrisson en nutriments énergétiques et non énergétiques. Les besoins énergétiques quotidiens doivent comporter environ 12 % de protéines, 35 à 40 % de lipides et 45 à 50 % de glucides.

A. Côté enfant

Quelques conseils à donner :

– Pour que l'allaitement soit profitable, il faut que le bébé soit repu à la fin de la tétée.

On peut surveiller la prise de lait en vérifiant la courbe de poids et les selles.

– L'enfant nourri au sein peut avoir 5 à 6 selles par jour, semi-liquides et couleur jaune d'or mais, en fonction de l'alimentation de la mère, l'enfant pourra aussi n'avoir qu'une selle par jour.

B. Côté maman

Quelques conseils à donner :

- Une douche quotidienne est importante avec un savon sans parfum.
- Porter, si nécessaire, un soutien-gorge jour et nuit pour améliorer le confort.
- Proposer des massages aréolaires car ils permettent de déclencher le réflexe d'éjection, d'assouplir l'aréole et de diminuer la tension mammaire.
- Pour prévenir les crevasses, proposer de varier les positions d'allaitement au maximum afin de ne pas toujours solliciter les mêmes zones du mamelon.
- Informer la maman de l'existence de coussins de maternité pouvant être utilisés pendant la grossesse et pendant l'allaitement. Il cale le dos et participe au confort de la maman et de son bébé.

QCM d'entraînement

Entraînement

Questions

Plusieurs bonnes réponses sont possibles.

1 Les premiers aliments introduits dans l'alimentation diversifiée sont :

☐ a. le poisson (blanc).
☐ b. les légumes (carottes, courgettes).
☐ c. les fruits rouges.
☐ d. les farines sans gluten.

2 Pour réaliser un biberon de lait infantile de 120 ml, il faut :

☐ a. 40 ml d'eau pure et 1 mesure de lait en poudre
☐ b. 30 ml d'eau pure et 3 mesures de lait en poudre
☐ c. 20 ml d'eau pure et 5 mesures de lait en poudre
☐ d. 4 mesures de lait en poudre

3 L'air a une action sur les éléments suivants :

☐ a. les lipides.
☐ b. les protéines.
☐ c. les fibres.
☐ d. la vitamine C.

4 L'acide linoléique se trouve dans :

☐ a. l'huile de pépin de raisin.
☐ b. le beurre.
☐ c. l'huile de maïs.
☐ d. les pignons de pin.

5 L'introduction du jaune et du blanc d'œuf se fait à partir de :

☐ a. 4 mois.
☐ b. 9 mois.
☐ c. 18 mois.
☐ d. 2 ans.

6 Les avantages du lait maternel sur le lait maternisé sont :

☐ a. la composition du lait.
☐ b. la limitation du risque d'allergies.
☐ c. la relation intime entre la mère et l'enfant.
☐ d. économiques.

❼ La règle d'Appert, c'est pour la taille et le poids du bébé :

☐ a. poids (en kg) ÷ 10 + 250 ml.
☐ b. taille (en mm) ÷ 10 + 250 ml.
☐ c. taille (en cm) ÷ 10 + 250 ml.
☐ d. poids (en g) ÷ 10 + 250 ml.

Corrigé

❶ b. et d.

❷ d. Sachant qu'il faut 1 mesure de lait en poudre pour 30 ml d'eau.

❸ a., c. et d. L'air rancit les lipides et il oxyde les fibres des végétaux lorsqu'ils sont épluchés. La vitamine C perd sa teneur en vitamine à l'air libre.

❹ a., c. et d. Le beurre est une graisse animale et ne contient pas d'acide linoléique.

❺ b.

❻ a., b. et d. La relation intime entre la mère et l'enfant n'est pas spécifique à l'allaitement car un enfant nourri au lait artificiel bénéficie autant de la mise en place du lien mère/enfant.

❼ d.

L'hygiène et la sécurité dans les soins quotidiens

1. L'hygiène du personnel

L'hygiène est l'ensemble des dispositions prises pour assurer la propreté. Ceci s'applique au matériel, aux locaux, à l'environnement, aux enfants, au personnel et aux méthodes de travail.

Les mesures d'hygiène ont pour objectif de réduire considérablement le risque de propagation des micro-organismes afin de protéger les enfants et le personnel.

Quelques définitions :

– **Désinfection :** opération au résultat momentané permettant d'éliminer les micro-organismes et/ou d'inactiver les virus indésirables.

– **Décontamination :** action tendant à éliminer ou à réduire les agents pathogènes et les effets d'une contamination quelconque.

– **Stérilisation :** procédé détruisant tout micro-organisme au sein d'un espace non contaminable.

1. Hygiène vestimentaire

La tenue vestimentaire doit être adaptée aux tâches du poste de travail.

Les défenses immunitaires nécessaires pour combattre la maladie chez le petit enfant n'étant pas totalement acquises, il est souhaitable que l'auxiliaire de puériculture porte une tenue vestimentaire réservée à son lieu de travail.

La tenue sera propre et lavée régulièrement.

Les chaussures doivent être confortables, silencieuses et maintenir les chevilles. Elles devront être réservées pour le service.

2. Hygiène des mains

Tout travail auprès des enfants impose de respecter les règles d'hygiène suivantes :

- avoir les ongles courts et dépourvus de vernis ;
- ne pas porter de bijoux sur les poignets et doigts ;
- hydrater la peau des mains pour éviter les risques de gerçures, etc.

Les mains sont les parties du corps qui permettent, par le toucher, de mettre en relation le corps avec l'environnement. Elles sont donc le véhicule principal des micro-organismes pouvant être responsables d'infections. Il est nécessaire d'assurer une bonne hygiène des mains.

La transmission des germes par les mains est la principale cause d'infection au cours d'un soin.

A. Le lavage des mains

Il existe trois types de lavage des mains.

a. Lavage simple de propreté

Il est effectué en structures d'accueil ou à domicile auprès d'enfants sains. Sa durée est de 30 secondes minimum. On utilise un savon ordinaire au pH neutre.

b. Lavage antiseptique

Il est effectué avant un soin antiseptique. On procède à un lavage simple complété par un lavage des poignets et des avant-bras jusqu'aux coudes.

Sa durée est de 3 minutes minimum. On utilise un produit antiseptique ou bactéricide.

c. Lavage chirurgical

Il s'agit d'une pratique hospitalière dans des circonstances très spécifiques.

Sa durée est de 6 minutes minimum.

On procède à un double lavage des poignets et des avant-bras jusqu'aux coudes, ainsi qu'à un brossage des ongles.

Quand se lave-t-on les mains ?

- En prenant son poste de travail.
- Avant et après chaque soin.
- En sortant des toilettes.
- Avant de manipuler des ustensiles de cuisine ou des aliments.
- Après avoir touché des objets souillés.
- Après s'être mouché ou avoir mouché un enfant, etc.

ATTENTION

- On décontamine une surface sale.
- On désinfecte une surface propre.

POSITIONNEMENT PROFESSIONNEL

Tous ces gestes liés au lavage des mains doivent être transmis à l'enfant dès le plus jeune âge. Ce sont des points de repère qui rythment la vie de l'enfant.

B. La friction avec une solution hydroalcoolique (SHA)

Le produit se présente en flacon.

L'application du produit se fait sur des mains propres.

Pour démarrer le soin, les mains doivent être sèches après l'application de la SHA.

ATTENTION

Il existe un risque de lésions oculaires en cas de projection accidentelle de SHA dans les yeux des jeunes enfants.

2. Notions d'ergonomie

Des troubles de la colonne vertébrale ou des maux de dos sont fréquents lorsqu'on s'occupe d'enfants en bas âge.

Pour toute tâche effectuée à domicile, comme en structures d'accueil, des gestes réflexes doivent être faits pour éviter de blesser son corps.

1. Règles générales

Ainsi pour travailler dans de bonnes conditions il faut :

- réfléchir avant d'agir ;
- s'assurer d'une bonne stabilité du corps avant l'effort ;
- se rapprocher le plus près possible de l'enfant ou de l'objet à déplacer ;
- ne pas courber le dos ;
- utiliser les muscles des cuisses en priorité ;
- faire des mouvements sans à-coup pour éviter les lésions ;
- faire rouler, glisser, pivoter en utilisant tout son corps, plutôt que de soulever ;
- selon la situation, demander de l'aide ;
- faire quelques exercices qui musclent le dos (marche, natation, etc.) ;
- s'asseoir le dos droit ;
- faire participer l'enfant au soin.

Lorsqu'elle porte l'enfant, la professionnelle contribue à sa sécurité affective.

2. Porter un enfant : quels conseils donner aux familles ?

A. Le portage « kangourou » ou portage dans les bras

Il sécurise l'enfant par la promiscuité d'avec le corps de sa mère.

Tous les sens de l'enfant sont en éveil et il se sent rassuré (odeur, chaleur, écoute, toucher).

Il permet de prévenir les régurgitations.

B. Le portage à « l'africaine » ou portage dans le dos

Il permet à la personne qui le porte de faire d'autres activités en gardant un contact corporel sécurisant pour l'enfant. Soit il dort, soit il s'éveille par tout ce qu'il découvre autour de lui.

> **ATTENTION**
> Être attentif à la sécurité de l'enfant porté dans le dos car il est plus difficile pour l'adulte d'anticiper l'espace suffisant pour se mouvoir.

3. Le transat

Il permet à l'enfant d'être dans la même pièce que l'adulte et de participer à la vie de la maison en sécurité.

Le nourrisson ne peut pas rester très longtemps dans le transat mais cela permet d'alterner avec les autres portages.

> **ATTENTION**
> Ne jamais mettre le transat sur un meuble si l'enfant y est installé. L'enfant doit toujours être attaché car il peut en gigotant glisser et tomber.

3. L'hygiène alimentaire

1. Le biberon

Pour préparer un biberon de façon optimale sur le plan microbiologique, l'atout majeur sera l'hygiène de la tenue, des mains et du plan de travail.

Le biberon doit être muni d'une étiquette ou d'un système de traçabilité équivalent avec le nom de l'enfant, l'heure de la reconstitution.

Si le biberon doit être consommé dans l'heure, il peut rester à température ambiante, sinon il doit être placé immédiatement au réfrigérateur à une température de 4 °C.

A. Préparation du biberon

a. Matériel pour préparer le biberon

- 1 biberon + 1 tétine stériles
- 1 assiette
- 1 couteau pour araser la poudre du lait
- 1 boîte de lait en poudre
- 1 bouteille d'eau faiblement minéralisée

b. Technique de préparation

- Noter la date d'ouverture sur la bouteille d'eau et la boîte de lait.
- Verser, dans le biberon, l'eau puis les mesurettes arasées avec le couteau.
- Mélanger le biberon en le roulant entre les mains.

Le biberon peut être proposé à l'enfant à température ambiante ou réchauffé au chauffe-biberon ou au bain-marie.

Après la prise du biberon :

- le rincer à l'eau froide pour décoller les particules de lait sur les parois et le laver à l'eau savonneuse en utilisant des goupillons adaptés aux biberons et aux tétines ;
- mettre à égoutter.

B. Stérilisation du biberon

Il existe deux méthodes de stérilisation.

a. La méthode de stérilisation à chaud

- Avec le Soxhlet® et la casserole, les temps d'ébullition sont de 15 à 20 minutes.
- Avec l'autocuiseur, le temps de rotation de la soupape est de 5 minutes.

La conservation des biberons fermés au réfrigérateur ne doit pas dépasser 24 heures.

b. La méthode de stérilisation à froid

Elle s'effectue avec du liquide de stérilisation (type Milton) ou des comprimés (type Solustéril).

La solution doit être changée toutes les 24 heures.

Les biberons se conservent 24 h dans la solution.

Il faut savoir que la stérilisation n'est pas indispensable.

2. Règles à respecter à domicile ou en collectivités

- Lors des consultations en PMI ou chez le médecin, il sera indiqué aux parents le type de lait à utiliser, les quantités à donner et le mode de reconstitution.
- Le biberon peut être consommé à température ambiante s'il a été préparé dans l'heure.
- En cas de réchauffement, l'utilisation du micro-ondes est proscrite.
- Avant de donner le biberon à l'enfant, agiter le biberon pour homogénéiser la température du lait. Vérifier la température en versant quelques gouttes sur l'avant-bras.
- Si le biberon n'est pas terminé dans un délai d'une heure, en jeter le contenu. Si le biberon a été réchauffé, ce délai est réduit à 30 minutes.
- Utiliser une enceinte réfrigérée à la température de 4 °C pour transporter le biberon reconstitué.

4. L'hygiène dans la restauration

1. Quelques textes de référence

Voici deux textes qu'il faut connaître :

– l'**arrêté du 29 septembre 1997** fixant les conditions d'hygiène applicables dans les établissements de restauration collective à caractère social ;

– la **circulaire n° 2002-004 du 3 janvier 2002** relative à la sécurité des aliments : les bons gestes.

Des règles fondamentales sont à respecter en restauration collective pour éviter les risques de contamination microbienne lors de la préparation des biberons et des repas :

- respect du système de liaisons froides ;
- respect du circuit sale/propre ;
- traçabilité des aliments ;
- température des chambres froides contrôlée et tracée ;
- conservation d'échantillons des plats servis aux enfants ;
- pas d'alimentation apportée par les parents.

2. Mode de conservation des aliments

Les aliments peuvent être frais, surgelés, lyophilisés ou homogénéisés (petits pots). Ces derniers sont soumis à une réglementation.

Les plats préparés à l'avance doivent être maintenus à une température supérieure à 63 °C jusqu'à leur distribution.

Enfin, pour éviter la contamination du matériel de restauration, les circuits des denrées, des déchets, de la vaisselle propre et sale ne doivent pas se croiser.

Ne jamais recongeler un produit décongelé.

ATTENTION

Depuis le mercredi 23 juin 2010, la fabrication et la commercialisation de biberons contenant du bisphénol A est interdite.

5. L'hygiène des locaux et de l'équipement

1. Définitions selon le guide du bionettoyage

A. Le nettoyage

C'est une opération d'élimination des salissures présentes sur des surfaces inertes par un procédé faisant appel aux facteurs suivants :

- action chimique ;
- action mécanique ;
- durée ;
- température.

B. Le bionettoyage

Il s'agit d'un procédé de nettoyage et de désinfection d'une zone à risque visant à réduire la contamination microbiologique des surfaces.

C. Le dépoussiérage humide

C'est une opération de récupération des salissures non adhérentes en les piégeant sur un support.

D. La désinfection

Elle permet la destruction de micro-organismes résiduels sur des surfaces inertes préalablement débarrassées des salissures.

2. Nettoyage des locaux

A. Nettoyage ou balayage humide des sols

Le matériel le plus utilisé en collectivité est le suivant :

- le chariot de ménage : il permet de transporter les produits et matériels nécessaires pour le ménage, de collecter les déchets ;
- les gants de ménage : ils protègent l'agent du contact avec les produits de ménage et les microbes ;
- le balai trapèze et le balai à franges : ils sont recouverts de gazes à usage unique et imprégnées de produit agglutinant pour le balayage humide des sols.

Les techniques à appliquer sont celles qui suivent :

– la gaze doit être en contact permanent avec le sol pour un ramassage des particules de poussière plus efficace ;

– la **méthode Faubert** : on trempe les franges du balai dans la solution de détergent/désinfectant et on essore les franges ;

– la **technique de la godille** : le professionnel tient le balai vers le haut et lui fait accomplir des mouvements de rotation du fond de la pièce vers la sortie en reculant ;

– la **méthode dite « au poussé »** : l'utilisateur fait glisser, en bandes parallèles, le balai devant lui.

Chaque établissement est en possession de protocoles d'hygiène des locaux et du matériel ainsi que de plans de suivi de nettoyage.

Tous les professionnels doivent prendre connaissance de ces documents et les respecter.

Concernant les autres matériels :

– l'aspirateur soulève et transporte la poussière : il est utilisé à titre privé ;

– la monobrosse nettoie, ponce, décape, rénove et polit les sols : elle est utilisée en collectivité.

B. Nettoyage ou dépoussiérage humide du mobilier

Le matériel à utiliser en collectivité est le suivant :

– le chariot de ménage ;

– des gazes et lingettes.

Il faut suivre la technique qui suit :

– du plus propre au plus sale ;

– du plus près au plus loin ;

– du haut vers le bas.

> **POSITIONNEMENT PROFESSIONNEL**
> - Respecter les protocoles d'hygiène.
> - Porter des gants de ménage.
> - Désinfecter puis nettoyer.
> - Évaluer le moment le plus opportun pour nettoyer les différentes pièces.

3. Les produits de nettoyage

A. Les abrasifs

Ils se présentent sous forme de poudre qui s'utilise avec un support humide pour décoller des salissures.

Ils peuvent rayer certains matériaux (plastiques, etc.).

B. Les détartrants

Ce sont des produits utilisés pour enlever le tartre déposé sur les sanitaires.

C. Les détergents

Ils sont utilisés pour différentes tâches (vaisselle, linge, sols, etc.).

Ils éliminent les graisses.

D. Les détergents-désinfectants

Ils nettoient et désinfectent.

4. Précautions à prendre

- Ne pas utiliser les produits en présence des enfants.
- Port de gants à usage unique.
- Pas de mélanges de produits.
- Lire la notice et l'étiquette.
- Respecter le mode d'emploi et les précautions d'utilisation.

5. Circuit du linge et des déchets

Des protocoles existent dans les structures collectives et chaque professionnel doit s'y référer.

Respecter les règles d'hygiène et le port de gants lors du contact avec le linge sale ou les déchets.

Le linge sale ne doit jamais croiser le linge propre.

Le circuit des déchets ne doit pas traverser les pièces de vie des enfants.

Le linge propre, le linge sale et les déchets sont entreposés dans des locaux différents et adaptés à cet usage.

Produits naturels, un atout pour la santé.

- Le vinaige blanc est un détartrant.
- Le bicarbonate est un nettoyant-lustrant.
- Le savon noir est un puissant dégraissant.
- Les microfibres sont désincrustantes et hyper-absorbantes.

6. Les gestes de premiers secours

1. Les dangers en fonction de l'âge

- **À partir de 3 mois :** commence à rouler sur le côté. Passage de la position dorsale à la ventrale et inversement, risque de chute.
- **À partir de 9 mois :** préhension permettant de porter des objets à la bouche. Marche à quatre pattes, risque d'étouffement, risque d'avaler de petits objets.
- **À partir de 12 mois :** se tient debout et débute la marche. Vers 12-18 mois, prises d'appui fréquentes : risque de chute.
- **À partir de 18 mois :** commence à comprendre des explications simples (« c'est dangereux parce que… »). Apprend à monter et descendre l'escalier, grimpe, escalade. Vers 18-24 mois, imitation : risque de chute, noyades, brûlures.
- **Vers 2-3 ans :** explore l'environnement, est curieux, pose des questions. Est attiré par les emballages, les formes et les couleurs : risque d'asphyxie, d'inhalation de produits toxiques, d'ingestion de médicaments.
- **Après 3 ans :** plus d'autonomie, goût du risque, nouveaux jeux, activité physique. Il est « grand » mais trop jeune pour mesurer les dangers dans des situations nouvelles : risque de coupures, brûlures.

2. La douleur

Il est important pour les professionnels de savoir reconnaître la douleur chez le petit enfant.

Chaque enfant réagit différemment mais l'auxiliaire doit être capable de repérer les manifestations de la douleur de l'enfant quel que soit son âge.

A. Comportement douloureux du nourrisson

Il se caractérise par :

- des mimiques douloureuses (grimaces) ;
- des cris pendant le soin, soit en continu soit lors de certaines manipulations ;
- des crispations des doigts ;
- une position fœtale ou position de repli ;
- un regard fuyant.

B. Comportement douloureux de l'enfant de 1 à 3 ans

L'enfant peut montrer le site de la douleur mais cela reste encore difficile. Il pleure, montre une certaine tristesse. Il ne comprend pas ce qui se passe en lui.

C. Comportement douloureux de l'enfant de 3 à 6 ans

L'enfant se plaint spontanément de la douleur. Il montre l'endroit douloureux.

D. Comportement douloureux de l'enfant plus grand

La douleur est localisée et l'enfant peut même décrire sa douleur. Il en comprend les explications.

POSITIONNEMENT PROFESSIONNEL :
Un enfant douloureux

- Sécuriser l'environnement de l'enfant.
- Comprendre la cause de la douleur immédiate.
- Observer et évaluer les signes de douleur de l'enfant.
- Prévenir la responsable de l'enfant, directrice de l'établissement.
- Écouter, observer l'enfant.
- Lui parler pour tenter de le rassurer.
- Proposer des distractions, bercer, câliner en attendant la prise en charge médicale.
- Transmettre les éléments liés à cette situation douloureuse par écrit et oral.

3. Conduite à tenir devant une situation d'urgence

A. Protéger

Protéger la ou les victimes et éviter tout accident supplémentaire.

B. Alerter

Qui ? Le centre 15, les sapeurs-pompiers, le médecin ou le pédiatre s'il est sur place.

Dans toutes les situations, avant d'appeler les secours, vous devez récupérer les indications suivantes :

- le numéro de téléphone et le lieu de l'accident ;
- l'identité de l'enfant ;
- son âge, son poids et sa taille approximatifs ;
- l'heure probable de l'accident ;
- l'état apparent de l'enfant ;
- les gestes qui ont été entrepris.

C. Secourir

Mettre en place les premiers soins indiqués par le centre 15.

Mais aussi, prévenir les parents de tout événement survenu à leur enfant.

4. Les situations d'urgence les plus fréquentes

A. L'enfant a avalé un produit dangereux

– Rechercher le produit avalé et évaluer la quantité absorbée.

– Observer le comportement de l'enfant : vomissements, convulsions, conscience.

– Alerter ou faire alerter le centre antipoison ou le centre 15 pour donner les informations connues sur l'accident.

– Protéger l'enfant, ne pas le faire vomir, ne rien lui donner à boire.

B. L'enfant s'étouffe avec un corps étranger

L'enfant ne peut pas crier, ni tousser ni respirer.

L'enfant devient cyanosé et perd connaissance.

– Alerter ou faire alerter le centre 15.

– Retirer le corps étranger selon **la méthode de Heimlich** : effectuer des compressions abdominales en se plaçant derrière l'enfant. Donner des coups secs entre le thorax et le nombril.

– Pour un enfant de moins d'1 an, utiliser la **méthode de Mofenson** : mettre l'enfant sur le ventre, tête plus basse que le reste du corps, et taper entre les deux omoplates avec le plat de la main ouverte.

C. L'enfant a été piqué par un insecte

Les piqûres d'insectes sont souvent douloureuses.

– Retirer le dard avec une pince à écharde, s'il est présent.

– Appliquer un linge froid.

– Surveiller l'œdème, la rougeur et la douleur.

– Si la piqûre est localisée dans la bouche ou la gorge, prévenir le centre 15.

D. L'enfant saigne

Le saignement ne s'arrête pas spontanément.

– Comprimer l'endroit qui saigne.

– Allonger l'enfant.

– Alerter le centre 15.

– Surveiller.

E. L'enfant saigne du nez

En lien avec une chute, un coup ou avec une fragilité connue.

- Asseoir l'enfant ou l'installer sur vous.
- Appuyer sur la narine qui saigne, en faisant pencher la tête de l'enfant en avant.
- Le rassurer et bien nettoyer.
- Ne jamais le faire moucher quand le saignement est stoppé.
- Si le saignement persiste, alerter ou faire alerter le centre 15.

F. L'enfant s'est brûlé

La gravité d'une brûlure se caractérise par son aspect, son étendue et sa localisation.

- Alerter le centre 15.
- Protéger du danger.
- Refroidir la brûlure en arrosant à l'eau froide.
- Surveiller.

G. L'enfant a chuté

Si l'enfant ne se relève pas après la chute :

- Ne pas le relever, cela pourrait aggraver son état.
- Alerter le centre 15.
- Surveiller son état de conscience en lui parlant.

Si l'enfant se relève :

- Surveiller, les heures suivantes, s'il s'endort, s'il vomit, s'il convulse.
- Dans ce cas : alerter ou faire alerter le centre 15.

H. Le coup de chaleur

Il survient chez les enfants qui sont exposés trop longtemps près d'une source de chaleur et peut aboutir à une déshydratation (voir le chapitre sur le système nerveux).

- Alerter le centre 15.
- Installer l'enfant dans un endroit frais, confortable pour lui.
- Le recouvrir d'un linge humide.
- Si l'enfant est conscient et ne vomit pas, lui donner de l'eau à boire par petites gorgées.
- Prendre sa température corporelle.
- Surveiller l'enfant et le réconforter jusqu'à l'arrivée des secours.

I. La chute de dents de lait

- Ne pas jeter la dent pour la donner aux parents.
- Faire rincer la bouche tête en avant.
- Signaler aux parents pour qu'ils consultent un dentiste dans les jours suivants.

J. Une plaie simple : coupure, éraflures

– Rassurer l'enfant.
– Désinfecter la plaie simple et couvrir d'un pansement propre et sec.
– Vérifier ou faire vérifier si les vaccinations sont à jour.

Les mots clés à retenir sont : observation ; regard professionnel ; surveillance ; présence continue ; réconfort.

5. Les mises en sécurité devant une situation d'urgence particulière telle que le risque d'attentat

Selon la **circulaire n° DGCS/SDC/ du 17 août 2016** relative à la préparation aux situations d'urgence particulière :

Chaque professionnel doit avoir pris connaissance du protocole écrit de « mise en sécurité » élaboré par la personne responsable de la structure et affiché dans les locaux. Ce protocole doit faire l'objet d'au moins un exercice par an auprès du personnel permettant de tester et de valider ce dispositif.

La circulaire stipule que, lors de l'identification d'un risque d'attentat, deux consignes composent le protocole : la consigne d'évacuation et la consigne de mise à l'abri.

Elles consistent toutes les deux à emprunter un parcours permettant de rejoindre le point de rassemblement ou le lieu de mise à l'abri (selon la situation) stipulé sur le protocole afin de mettre et maintenir les enfants et le personnel, le plus loin possible du danger présumé.

■ **Chaque professionnel doit :**

– Être vigilant sur les entrées et sorties de la structure ; l'accès étant autorisé aux seuls parents et accompagnateurs connus.

– Prévenir le responsable lors d'une demande d'intervention pour travaux, nettoyage etc. Celui-ci prendra les mesures nécessaires pour autoriser ces professionnels à pénétrer dans la structure.

– S'assurer que les portes de la structure sont refermées après chaque sortie de parents.

– Travailler en équipe sur le respect des horaires d'ouverture et de fermeture des locaux par les parents ou accompagnateurs.

■ **En amont de la situation d'urgence :**

– Répartition des tâches entre les agents.

– Préparation des locaux envisagés pour le confinement éventuel : eau, couches, goûters, trousse de secours…

– Mise à disposition d'un poste téléphonique pour d'éventuels échanges avec les forces de police.

- **Dans la situation :**

Si une des deux conduites (évacuation ou mise à l'abri) se présente à vous :

– Regrouper les enfants dans le calme, les amener sur le lieu correspondant à l'événement.

– Fermer fenêtres et volets.

– Se barricader dans la mesure du possible avec le mobilier.

– Éteindre les lumières.

– S'éloigner des cloisons, portes et fenêtres.

– Prendre contact si possible avec les forces de police.

– Rester renfermé jusqu'à ce que les forces de police procèdent à l'évacuation.

REMARQUE DU FORMATEUR

- Présenter la situation à partir des ressources ludiques développées dans l'année pour obtenir le calme auprès des enfants.
- Quelques exemples de jeux pour mettre les enfants en silence : jeu de cache-cache, relaxation, lecture, contes, puzzles.
- Rassurer les enfants inquiets.

7. La pharmacie et la trousse de secours

1. Qu'est-ce qu'un médicament ?

A. Définition

Selon le Code de la santé publique, le médicament est une « substance possédant des propriétés préventives ou curatives à l'égard des maladies de l'homme [...] pouvant lui être administrée en vue d'établir un diagnostic ou de restaurer ses fonctions organiques ». Avant commercialisation, tout médicament doit recevoir une autorisation de mise sur le marché (AMM) délivrée par l'ANSM (Agence nationale de sécurité du médicament).

B. Conditionnement

L'étui et l'étiquette fournissent des informations importantes telles que la posologie, la voie d'administration et les conditions de conservation, la date de péremption.

La **posologie** définit la quantité de médicament à prendre (par exemple un ou deux comprimés) et suivant quel rythme (par exemple deux ou trois fois par jour). Il est impératif de respecter cette posologie.

La **voie d'administration** précise comment doit se prendre le médicament. Il existe quatre voies d'administration :

- la voie cutanée : application du médicament sur la peau (ex. : pommade, crème) ;
- la voie orale : le médicament est avalé (ex. : gélules, comprimés, sirop) ;
- la voie transmuqueuse : administration du médicament sur une muqueuse (buccale, vaginale, rectale) ;
- la voie parentérale : administration du médicament par une injection à travers la peau à l'aide d'aiguilles et seringues stériles, à usage unique. On distingue les voies sous-cutanée, intramusculaire, intraveineuse.

Les **conditions de conservation** indiquent si le médicament doit être conservé à température ambiante ou au réfrigérateur.

La **date de péremption** précise la date limite d'utilisation du médicament. Le délai d'utilisation après ouverture est parfois précisé.

La notice précise, entre autres, les indications, les contre-indications, les effets indésirables.

C. Composition

Un médicament se compose :

– d'un ou plusieurs principes actifs : ce sont les composants possédant les propriétés pharmacologiques, c'est-à-dire l'efficacité du produit à combattre une pathologie ;

– d'excipients : ce sont les composants inactifs. Ils sont indispensables à la fabrication et à la mise en forme du médicament. Parmi les excipients, on trouve aussi des adjuvants qui améliorent l'activité du médicament, des conservateurs qui améliorent la stabilité, des édulcorants qui masquent un éventuel goût désagréable et facilitent la prise du produit.

D. Classement des médicaments

Les médicaments sont classés dans des listes définissant les règles de délivrance :

– La liste I concerne les produits pouvant provoquer des effets indésirables graves en cas de surdosage. Le conditionnement porte un cadre rouge. Ils sont prescrits pour un mois et ne peuvent pas être renouvelés sauf si la prescription précise « à renouveler x fois ». La durée totale ne peut toutefois pas excéder 12 mois, par périodes de 30 jours.

– La liste II concerne les produits moins dangereux que la liste I. Le conditionnement porte un cadre vert. Ils sont prescrits pour un mois et peuvent être renouvelés sauf si la prescription précise « à ne pas renouveler ». La durée de traitement est limitée à 12 mois, par périodes de 30 jours (périodes de 3 mois pour les contraceptifs).

– Les stupéfiants sont des médicaments toxicomanogènes. Le conditionnement porte un double cadre rouge. Ils sont prescrits sur une ordonnance sécurisée pour une durée n'excédant pas 7 à 28 jours selon le principe actif et la forme pharmaceutique.

Pour les médicaments délivrés sans ordonnance, il n'y a aucun cadre sur le conditionnement.

D'autres médicaments sont dits à prescription restreinte :

– ceux réservés à l'usage hospitalier ;
– ceux à prescription initiale hospitalière ;
– ceux à prescription hospitalière ;
– ceux soumis à une surveillance particulière ;
– ceux liés à une compétence particulière.

E. Médicaments génériques

Les médicaments génériques sont des copies de médicaments déjà commercialisés. Cette copie est autorisée lorsque le médicament tombe dans le domaine public, c'est-à-dire qu'il n'est plus protégé par un brevet. Comparés au médicament original, les génériques ont le même principe actif, aux mêmes doses. Toutefois les excipients peuvent être différents.

La loi autorise le pharmacien à remplacer un médicament prescrit par le médecin par son générique : c'est le droit de substitution. Le médecin peut s'opposer à ce droit de substitution. Dans ce cas, il inscrit la mention « NS » : non substituable sur son ordonnance.

Si le médicament original est remboursé par la Sécurité sociale, le générique l'est également aux mêmes conditions Enfin, tous les génériques doivent porter la mention « Gé » pour permettre leur reconnaissance. Leur prix de vente est inférieur à celui du produit original.

REMARQUE DU FORMATEUR

L'accueil d'un enfant malade ne nécessite pas forcément la prise de médicaments pendant le temps d'accueil : de plus en plus de traitements, en effet, peuvent être donnés matin et soir, donc par les parents eux-mêmes.

2. Composition de la pharmacie

A. Les médicaments

Dans une situation de soins et d'accidents en l'absence de personnel infirmier ou médical, les soins seront assurés par les personnels titulaires du certificat de premiers secours civiques de niveau 1 (PSC1). Toutefois, chaque citoyen doit porter secours à toute personne en danger.

Chaque collectivité doit posséder une pharmacie composée de matériel et produits destinés à soigner. Elle doit se situer hors de la portée des enfants, être fermée à clé, loin d'une source de chaleur et d'humidité.

Lors de prescriptions de médicaments pour les enfants ou le personnel, les produits doivent être rangés dans leur emballage avec leur notice et l'ordonnance nominative. Les médicaments enfants et adultes doivent être séparés.

La liste des produits composant la pharmacie doit être datée, signée et fixée sur la porte.

La liste et les dates de péremption seront vérifiées selon le protocole de programmation de la structure.

De plus les dates de péremption seront vérifiées avant chaque utilisation.

B. Exemple de composition d'une pharmacie

a. Matériel de soins

- Pince à échardes.
- Paire de ciseaux.
- Couverture isothermique.
- Gants jetables.

b. Produits de soins

- Compresses.
- Bandes élastiques ou bandes Velpeau.
- Sparadrap.
- Pansements adhésifs.
- Pansement réfrigérant.
- Antiseptiques incolores pour les blessures propres.
- Sérum physiologique pour rincer les yeux ou le nez.
- Pommade à l'arnica pour les coups et contusions.
- Crème contre les brûlures légères.

3. Composition de la trousse de secours

C'est un outil pratique simple d'utilisation et succinct dans sa composition intérieure.

La trousse de secours est obligatoire lors de sorties des enfants à l'extérieur de la structure.

Elle contient :

- les consignes sur la conduite à tenir en cas d'urgence ;
- les compresses stériles et antiseptiques unidoses ;
- des pansements et bandages ;
- une couverture de survie ;
- une protection solaire ;
- une crème contre les brûlures légères ;
- les numéros de téléphone du SAMU et des pompiers.

REMARQUE DU FORMATEUR

Administration des médicaments ou traitements aux enfants accueillis

La loi ASAP qui réforme les modes d'accueil de la petite enfance indique à l'article 10 :

« Art. L. 2111-3-1. - Dans le cadre des modes d'accueil du jeune enfant mentionnés à l'article L. 214-1-1 du Code de l'action sociale et des familles, les professionnels encadrant les enfants ont la possibilité d'accomplir tout acte de soin et d'administrer des médicaments ou traitements aux enfants accueillis, notamment ceux en situation de handicap ou atteints de maladies chroniques, dès lors que le médecin n'a pas expressément demandé l'intervention d'un auxiliaire médical.

QCM d'entraînement

Entraînement

Questions

1 Un produit désinfectant est fongicide quand il a le pouvoir de tuer :

☐ a. des bactéries.
☐ b. des champignons.
☐ c. des virus.
☐ d. des levures.

2 Cochez les affirmations exactes.

☐ a. La contamination d'une personne par ses propres germes est exogène.
☐ b. La contamination d'une personne par une autre est exogène.
☐ c. La bronchiolite est une contamination endogène.
☐ d. La gastro-entérite est une contamination endogène.

3 Le lavage hygiénique répond aux critères suivants :

☐ a. Il diminue le risque de contamination exogène.
☐ b. Il diminue le risque de contamination endogène.
☐ c. Il stérilise les mains.
☐ d. Il désinfecte les mains.

4 Les règles d'ergonomie servent à :

☐ a. prévenir les pathologies du dos.
☐ b. sécuriser l'enfant lors d'une manipulation.
☐ c. diminuer le risque de chute.
☐ d. muscler son dos.

5 Les règles de base du nettoyage sont :

☐ a. du moins sale au plus sale.
☐ b. du plus près au plus loin.
☐ c. de bas en haut.
☐ d. être vêtu d'un vêtement réservé à cet usage.

6 Vous travaillez en crèche, la puéricultrice vous demande de préparer et d'administrer un médicament pour un enfant que vous accueillez. Que faites-vous ?

7 Un enfant vient d'avaler un produit dangereux :

☐ a. vous lui donnez à boire.
☐ b. vous le faites vomir.
☐ c. vous alertez les secours en appelant le 15.
☐ d. vous appelez la directrice de la structure.

8 Une armoire à pharmacie contient :

☐ a. des désinfectants colorés.
☐ b. un antipyrétique.
☐ c. une crème contre les piqûres d'insectes.
☐ d. des gants jetables.

Corrigé

1 b. et d. Une levure est un champignon.

2 b.

3 a. et d. La stérilisation est une technique spécifique qui ne s'applique pas à un lavage de mains hygiénique.

4 a., b., c. et d.

5 a., b. et d. Il faut toujours aller du haut vers le bas afin de récupérer la poussière au sol.

6 Suite à la réforme sur les modes de garde, vous refusez de préparer le médicament, mais vous pouvez participer à l'administration de celui-ci, accompagnée de l'infirmière puéricultrice (article 10R. 4311-4 du Code de santé publique).

7 c.

8 b. et d. Le désinfectant coloré n'est plus autorisé car il peut cacher l'aspect de la blessure. Toute crème doit être utilisée avec une ordonnance médicale et l'autorisation des parents de l'enfant : elle peut provoquer des réactions allergiques.

La communication professionnelle

1. Les transmissions

Les transmissions exigent de la part du professionnel discrétion et devoir de réserve. L'enfant est souvent présent et ne doit pas être écarté des échanges faits avec les parents. Il est l'acteur principal et doit être informé de l'attention portée à son sujet.

Les composantes émotionnelles et les représentations de chacun sont à repérer pour être au plus près des préoccupations de l'enfant.

Il est important d'écouter tout en gardant une certaine distance dans l'émotion que certains échanges peuvent susciter.

Les transmissions sont un moyen de faire circuler l'information concernant la situation d'un enfant en structure collective ou en PMI.

1. Qui transmet ?

Ces transmissions se font par oral ou/et par écrit et se situent à différents niveaux :

- de parents à professionnels ;
- de professionnels à parents ;
- de professionnels à professionnels.

2. Pourquoi transmettre ?

Les transmissions permettent :

- d'assurer la continuité de l'accueil ;
- de respecter le rythme et l'éveil de l'enfant ;
- d'aider au repérage d'incidents physiques ou psychologiques de l'enfant ou de son environnement ;
- de pouvoir analyser une période d'accueil en revenant sur les écrits ;
- d'associer les parents à la vie de la structure d'accueil ;
- d'établir un climat de confiance.

3. Que transmettre ?

On va indiquer :

- la participation de l'enfant aux activités d'éveil du jour ;
- le comportement de l'enfant au moment de la sieste, des repas, etc. ;
- ses acquisitions psychomotrices ;
- son traitement avec sa prescription si besoin et en faire part au responsable ;
- l'incident du jour : pleurs, tristesse, chute, refus de s'alimenter, etc.

4. Comment transmettre ?

Les transmissions peuvent se faire oralement auprès de la personne responsable de l'enfant ou par écrit sur l'outil de liaison mis en place.

Il est important de veiller à ne pas porter de jugement dans l'échange et de décrire des faits précis.

5. Où transmettre ?

Les supports de transmissions sont :

- la **grille d'observation :** remplie par les parents, elle permet de suivre l'évolution de l'enfant ;
- la **feuille de rythme :** remplie par le professionnel et les parents, elle permet de suivre le rythme de l'enfant ;
- le **cahier de liaison ou cahier de bord :** utilisé pour les faits significatifs.

2. L'accueil et l'accompagnement

1. Accueillir et accompagner une collègue ou une stagiaire

L'accueil et l'accompagnement des collègues et stagiaires se font dans le cadre du rôle propre infirmier en collaboration avec l'infirmier et sous sa responsabilité.

- Lui faire visiter les locaux.
- L'accueillir et faciliter son intégration auprès de l'équipe.
- La* ou le* présenter aux autres membres de l'équipe.
- La présenter aux enfants en profitant d'un moment de regroupement ou individuellement selon la situation.
- La présenter aux parents lorsqu'ils amènent ou viennent chercher leur enfant.
- L'informer sur l'organisation du service, sur les spécificités du poste, les protocoles, les outils de travail, les outils de transmission, etc.
- Lui présenter le projet d'accueil spécifique à la structure.

2. Être tuteur de stage

- Prendre connaissance des compétences que le stagiaire doit acquérir pendant le stage.
- Participer à l'intégration des connaissances théoriques.
- Participer à l'acquisition des savoir-faire pratiques.
- Participer à l'élaboration du sens des responsabilités.
- Participer au bilan demi-stage et à l'évaluation des compétences du stagiaire en fin de stage.

* Il est évident que ces recommandations valent autant pour une femme qu'un homme. Mais pour des raisons de lisibilité de ce texte, nous n'avons pas ajouté systématiquement cette précision.

QCM d'entraînement

Entraînement

Questions

❶ **Expliquez le terme « travail en collaboration ».**

❷ **Une stagiaire auxiliaire de puériculture commence son stage ce matin :**
- ☐ a. vous vous présentez.
- ☐ b. vous continuez vos activités et vous attendez qu'elle se manifeste.
- ☐ c. vous organisez une visite de service.
- ☐ d. vous demandez à une collègue de l'accueillir car vous n'avez pas envie de le faire.

❸ **La feuille de rythme en crèche permet de :**
- ☐ a. suivre la fréquence respiratoire de l'enfant.
- ☐ b. suivre les pulsations de l'enfant.
- ☐ c. suivre l'évolution de l'enfant.
- ☐ d. d'informer les parents et les professionnels sur les rythmes de vie de l'enfant.

❹ **À quoi servent les transmissions ?**
- ☐ a. à répondre au besoin des enfants
- ☐ b. à assurer la continuité de la prise en charge
- ☐ c. à associer les parents à la vie de leur enfant pendant l'accueil
- ☐ d. à l'organisation du temps d'accueil

❺ **Lors des transmissions, vous exprimez :**
- ☐ a. des faits concrets et observables.
- ☐ b. des opinions personnelles.
- ☐ c. des revendications professionnelles.
- ☐ d. des souhaits éducatifs auprès des parents.

Corrigé

❶ C'est l'association d'une infirmière, ou d'une puéricultrice, et d'une auxiliaire de puériculture dans la réalisation d'actes de soins et dans la mise en œuvre de services pour répondre aux besoins des enfants pris en charge.

❷ a. et c. Il convient d'organiser une visite de la structure et de lui présenter les membres de l'équipe, de l'informer sur les attentes du service et de ne jamais la laisser seule.

❸ c. et d.

❹ a., b., c. et d.

❺ a.

PARTIE 2

L'épreuve orale

1. Le jury d'entretien

Le concours d'auxiliaire de puériculture territorial principal de 2e classe comporte une seule épreuve orale d'admission notée de 0 à 20.

Cette épreuve consiste en un entretien avec un jury sans tirage au sort de question ni temps de préparation préalable. Elle dure 15 minutes.

> Le jury ne vous connaît pas. Il n'a aucun élément sur vous, votre parcours, votre carrière : vous devez donc lui faire bonne impression, et le meilleur moyen d'y arriver, c'est d'être vous-même !

L'entretien avec le jury doit permettre d'apprécier la motivation du candidat et son aptitude à exercer les missions incombant aux membres du cadre d'emploi d'auxiliaire de puériculture.

Le décret n° 2013-593 du 5 juillet 2013, qui fixe notamment les règles générales d'organisation des concours de la fonction publique territoriale, dispose que « le jury comporte au moins six membres, répartis en trois collèges égaux, représentant respectivement les fonctionnaires territoriaux, les personnalités qualifiées et les élus locaux ». En conséquence, le jury plénier comportera au moins six membres, dont, obligatoirement, dans le collège des fonctionnaires territoriaux, un représentant de la Commission administrative paritaire de catégorie C de l'autorité organisatrice (centre de gestion le plus souvent, collectivité non affiliée à un centre de gestion plus rarement).

Le jury plénier pourra par exemple être constitué d'un adjoint au maire chargé de la petite enfance, d'une conseillère départementale, d'une auxiliaire de puériculture principale de 1re classe, d'un éducateur principal de jeunes enfants, d'une directrice de crèche, d'un responsable de service petite enfance dans une commune.

Si le nombre de candidats est faible, ce jury plénier pourra auditionner l'ensemble des candidats. Si ce nombre est élevé, le jury plénier pourra se scinder en jurys d'entretien, comptant par exemple trois personnes représentant chacun des trois collèges.

Les membres du jury d'entretien se répartissent les tâches d'observation et d'intervention.

Ils interviennent sur vos aptitudes relationnelles, vos compétences professionnelles, vos connaissances techniques, la connaissance de l'environnement institutionnel dans lequel vous souhaitez évoluer professionnellement et, enfin, vos motivations.

Le rôle du jury d'entretien est de déterminer, à la suite de cet entretien, si vous êtes apte à être recruté(e) comme auxiliaire de puériculture territorial. Il va donc chercher à évaluer votre motivation à exercer le métier d'auxiliaire de puériculture territorial. Comment ? En vous posant des questions permettant d'évaluer votre personnalité, vos valeurs professionnelles, vos motivations à vouloir travailler dans la fonction publique territoriale. Il va aussi estimer, juger vos compétences et connaissances pour exercer les missions qui vous seront confiées.

REMARQUE DU FORMATEUR

N'oubliez jamais que la préoccupation majeure du jury est de permettre de recruter des professionnels et non pas de les éliminer.

Il n'est pas question de vous inonder d'éléments que très rarement utiles mais de vous préparer à réagir professionnellement à l'épreuve d'oral que vous allez passer.

Les conseils ci-dessous sont nécessaires pour vous mettre en confiance et mieux gérer vos tensions.

Ce qui est certain, c'est que mieux vous connaîtrez votre sujet, mieux vous contrerez votre stress.

En application de la réglementation applicable à l'ensemble des concours et examens de la fonction publique territoriale (article 18 du décret n° 2013-593), « un candidat ne peut être admis si la moyenne de ses notes aux épreuves est inférieure à 10 sur 20 après application des coefficients correspondants ».
Dans ce concours qui ne comporte qu'une unique épreuve consistant en un entretien avec un jury, le jury d'entretien sait qu'un candidat à qui il attribue une note inférieure à 10 sur 20 se sera pas lauréat du concours.

2. Gérer son stress

Le stress est une réaction de l'organisme à une stimulation psychique, sensorielle ou physique. Il permet de faire face à certains événements ou de s'adapter à des changements imprévus.

Des mécanismes hormonaux de l'organisme peuvent entraîner la stimulation de la mémoire et rassembler les ressources utiles pour trouver des réponses adaptées aux situations présentées par le jury.

1. Prenez le temps de réfléchir

- Vos motivations : pourquoi suis-je là ? Pourquoi le choix de la collectivité territoriale ?
- Votre aptitude pour ce métier : quelques points de mon parcours professionnel en présentant des éléments qui semblent appuyer mes compétences.
- Votre personnalité : mes points forts, mes faiblesses ?
- Votre aptitude relationnelle : quel genre de collaborateur suis-je ? Comment vais-je communiquer avec les usagers (familles, etc.) ?
- Que pouvez-vous dire des mots suivants : patience et bienveillance auprès des enfants ?

2. Mettez en place des moyens pour vous motiver

- Définissez des objectifs de travail et tenez-les.
- Commencez par les parties que vous connaissez le mieux.
- Ce qui vous semble acquis doit être revu en premier.
- Pour savoir si vous avez atteint votre objectif, faites les exercices proposés en fin de chapitre.
- Vérifiez votre calendrier et cochez le travail fourni.
- Notez ce qui n'est pas acquis et reprogrammez tout de suite ce qui doit être revu.

3. Se préparer à l'épreuve orale

« Mens sana in corpore sano » sera la devise du candidat pour être « au top ».

1. Hydratez-vous suffisamment

L'eau est un élément important dans votre capacité à mémoriser.

Alimentez-vous sainement

L'équilibre alimentaire est d'actualité pendant cette période d'efforts intellectuels. Les repas doivent être variés afin que toutes les substances soient apportées à l'organisme à un moment ou à un autre.

Pour fonctionner correctement, le cerveau a besoin de substances telles que vitamines, sels minéraux, protéines, glucides, lipides, etc. Le manque de ces substances peut entraîner fatigue, maux de tête, trous de mémoire.

Évitez les excitants qui favorisent le mauvais stress et de sauter un repas.

> Ne tombez pas dans le piège des vitamines ou des oligoéléments en comprimés qui améliorent votre mémoire, votre concentration : aucun ne fonctionne ! Évitez aussi les calmants et les stimulants qui améliorent les performances intellectuelles...

2. Reposez-vous

Il est astucieux de prendre 10 minutes de pause par heure travaillée. Vous obtiendrez un rendement optimum sur une tâche demandant une attention soutenue. Il est toujours préférable de se réserver des plages de travail de deux ou trois heures par jour : la qualité est toujours préférable à la quantité !

Optimisez votre sommeil

C'est pendant le sommeil que le tri et la mémorisation des informations s'opèrent.

Il est important de se fixer une heure régulière de coucher.

Après le repas, vous risquez d'avoir un « coup de barre ». Il s'explique par l'énergie consommée par l'organisme pour digérer le repas. Il est préférable de fractionner des petits repas. Pensez au bénéfice de la sieste : des études américaines ont démontré qu'une sieste d'un quart d'heure permet une meilleure efficacité au travail. Enfin, le matin semble être le moment de la journée le plus opportun pour un travail plus efficace.

3. Faites de l'exercice

Pour oxygéner le cerveau, il est bon de pratiquer une activité physique. Elle vous aidera dans la concentration et la mémorisation des informations.

Apprenez à respirer

Avoir une respiration de qualité favorisera l'oxygénation du cerveau et donc votre vigilance intellectuelle. Le cerveau pèse environ 2 % du poids de l'organisme mais consomme 20 % de son énergie. C'est la raison pour laquelle vous devez avoir une respiration de qualité. Vous pouvez vous entraîner à la respiration abdominale qui consiste à poser les mains sur le ventre, inspirer et expirer profondément. Tenez-vous droit, c'est très important pour votre posture professionnelle. Faites cet exercice plusieurs fois avant votre oral.

4. Quelques conseils généraux

1. Enregistrez-vous pendant votre préparation si vous en avez l'opportunité

Ré-écoutez-vous. Vous remarquerez vos tics oraux et pourrez ensuite les faire disparaître.

Travaillez votre présentation devant un miroir. Il saura vous renvoyer vos manies (main dans les cheveux, tics, etc.).

2. La veille

Réglez tous les problèmes qui pourraient parasiter vos préparatifs du matin de l'examen (garde d'enfants, scolarité, repas à préparer, etc.).

Votre convocation et vos papiers administratifs doivent être prêts.

3. Le jour J

- Prévoyez un délai suffisant pour pallier les problèmes de circulation routière ou d'horaires de bus. Le jury ne doit pas attendre.
- Soignez votre tenue : habillez-vous avec des vêtements dans lesquels vous vous sentez à l'aise. Évitez les tenues trop chics ou trop décontractées.
- Ayez une attitude d'ouverture : sourire, tête droite, etc.

4. L'épreuve en elle-même

- Lorsque vous entrez dans la salle d'examen, soyez souriante car vous allez inciter le jury à être agréable vis-à-vis de vous.
- Vous saluez les membres du jury en vous présentant d'abord aux dames « bonjour mesdames, bonjour messieurs » que vous prononcez clairement.
- Vous attendez que l'on vous dise de vous asseoir.
- Votre élocution doit être, autant que possible, fluide et claire. Pensez à articuler.
- Vous énoncez votre prénom et votre nom, votre statut social si vous le souhaitez.
- Pensez à vous adresser à tous les membres du jury en les balayant du regard.

■ Vous êtes stressé, certes, évitez de le signaler en disant « je suis stressé », « je ne sais plus rien ». Le jury le sait et vous observe.

N'essayez pas d'attendrir le jury avec d'éventuels problèmes personnels (« je suis malade », « mon hamster est mort hier soir », « mon mari vient d'être hospitalisé »...), ils ne modifieront en rien la note finale, et le jury, qui n'a aucun moyen de savoir si c'est vrai, pourra s'agacer de ces excuses qui n'en sont pas !

■ Adoptez une posture droite sur votre chaise, les mains posées sur la table et les pieds posés au sol, votre corps sera stabilisé.

■ Vous pouvez être en confiance mais vous ne devez pas montrer une attitude trop décontractée, afin d'éviter de troubler le jury.

■ Écoutez les questions du jury et prenez le temps pour y répondre.

■ Si vous n'avez pas saisi la question, demandez qu'elle vous soit répétée ou reformulée.

■ Si vous ne savez pas répondre, dites-le au jury.

■ Pensez à utiliser le vocabulaire professionnel adapté à votre discours.

■ Montrez que vous avez du plaisir à échanger avec eux. Permettez au jury d'échanger avec vous en faisant ressortir votre ouverture d'esprit et votre capacité à analyser avant de proposer des réponses.

■ La diversité professionnelle des membres du jury devra vous faire rentrer dans la discussion et réfléchir aux arguments de chaque partie.

■ Argumentez vos positions en donnant des exemples de votre expérience professionnelle.

■ N'hésitez pas à parler à la 1re personne du singulier, vous serez impliquée directement dans votre discours. Vous serez valorisée et plus confiante.

■ Présentez votre candidature comme une opportunité d'épanouissement professionnel et d'enrichissement mutuel entre vous et la structure qui va vous accueillir.

■ À la fin, saluez le jury en commençant par les dames et ensuite les messieurs.

Même si un membre du jury est resté tout à fait muet, ou a été désagréable, il va participer à votre notation !

Simulation d'entretien

REMARQUE DU FORMATEUR
Nos commentaires sont en *italique*.

Le jury est composé de deux examinateurs ; il vous invite à vous asseoir (il peut arriver qu'ils soient trois, voire quatre ; il n'est pas obligé de se présenter).

Vous : Bonjour, madame, bonjour, monsieur.

Jury 1 : Bonjour, madame, installez-vous.
(Vous vous asseyez)
Vous êtes ici pour passer l'épreuve orale d'auxiliaire de puériculture. Cet entretien, qui va durer 15 minutes, doit nous permettre d'apprécier vos capacités professionnelles, vos motivations à devenir fonctionnaire territorial et à exercer les missions d'une auxiliaire de puériculture, ainsi que votre aptitude à les exercer les missions incombant aux membres du cadre d'emplois concerné. Nous allons dans un premier temps vous laisser quelques minutes pour vous présenter, pour nous présenter votre parcours, puis nous vous poserons quelques questions. Vous n'avez pas à vous soucier du temps, nous le contrôlons avec ce chronomètre. Avez-vous des questions ?

Vous : Non, tout va bien.

Jury 1 : Alors nous vous écoutons (*il enclenche le chronomètre*).

Vous racontez simplement, le plus naturellement possible, votre parcours professionnel, avec les mots que vous employez d'habitude, vous évitez soigneusement de tomber dans le piège de l'exposé appris par cœur ou trop répété : cela s'entend, et cela risque de donner au jury une image négative de vous. Vous vous êtes contentée, c'est bien, de vous remémorer les étapes importantes de votre parcours professionnel, mais aussi personnel : ne les détaillez pas trop, mettez en avant celles qui vous paraissent les plus intéressantes. Le jury, éventuellement, vous interrogera ou vous demandera d'approfondir. Il peut s'intéresser à des expériences qui n'ont pas beaucoup de rapport avec votre métier : n'hésitez évidemment pas à mettre en avant ce dont vous êtes la plus fière, mais n'édulcorez pas votre présentation, ne parlez pas seulement de vos réussites, de vos succès…

Le parcours de tout individu présente des failles, des erreurs, des échecs ; le jury appréciera la sincérité avec laquelle vous les aborderez : il n'est pas nécessaire de vous dévaloriser, juste de résumer votre parcours sans tricher. Il est possible que le jury vous interroge sur vos loisirs, vos passions, vos centres d'intérêt personnels : n'essayez pas de lui faire croire que vous êtes un lecteur acharné si ce n'est pas le cas, ne lui répondez pas que vous adorez voyager si vous avez passé vos dernières vacances à Berck-Plage, ne lui affirmez pas – pour « faire bien » – être passionnée d'opéra si vous n'écoutez que Radio Nostalgie...

Voici un exemple, que vous devez personnaliser et enrichir :

Vous : Je m'appelle Léa Gaultier et je travaille depuis huit ans comme auxiliaire de puériculture, d'abord pendant cinq ans dans une crèche parentale qui venait d'ouvrir tout près de chez moi, puis en halte-garderie associative. J'ai obtenu mon diplôme d'État en 2011, et j'ai trouvé du travail tout de suite. Cette première expérience professionnelle m'a permis de confirmer pleinement mon envie de travailler en crèche et de transformer, grâce à la directrice, qui a été très présente, mes connaissances théoriques en savoir-faire ; j'ai aussi amélioré ma compréhension des besoins et des attentes des bébés, et de leurs parents ; j'ai également, je crois, développé mon sens de l'organisation, démontré mes qualités d'écoute, et d'empathie, et je suis devenue plus autonome...

Jury 1 : Vous êtes devenue plus autonome ?

Vous : Oui, la directrice de la structure nous laissait une grande autonomie en nous demandant de travailler ensemble : nous devions nous autoréguler en groupe, ce qui rendait, à mon avis, l'équipe beaucoup plus efficace et renforçait notre cohésion.

Jury 1 : Vous pensez que le rôle d'une directrice est de laisser tranquille l'équipe qu'elle dirige ?

Vous : Elle ne nous laissait pas tranquilles ! Elle était au contraire très exigeante, sur l'hygiène par exemple, sur l'intimité des bébés, sur la sécurité, elle avait posé un cadre assez strict qui nous laissait des espaces de liberté, elle répétait souvent que nous étions responsables de la qualité de notre travail, responsables de la qualité de l'accueil...

Jury 2 : Nous vous remercions pour cet exposé. Pouvez-vous nous raconter dans quel cadre vous avez suivi vos études d'auxiliaire de puériculture ?

Vous : J'ai préparé et obtenu un bac pro ASSP (accompagnement soins et service à la personne) au lycée Hélène-Boucher de Toulouse, j'ai ensuite, dans le même établissement, intégré la formation du diplôme d'État d'auxiliaire de puériculture.

Jury 1 : Pourquoi vouloir aujourd'hui intégrer la fonction publique ?

Vous : J'aimerais intégrer la fonction publique territoriale parce que de nombreuses structures sont municipales, et je ne vous cache pas que la sécurité de l'emploi par rapport au secteur privé « me parle », mais aussi la mobilité entre les trois fonctions publiques, qui me permettra peut-être un jour d'intégrer la fonction publique hospitalière. Enfin, je souhaite évoluer socialement et professionnellement, ce que la formation continue peut me proposer.

Jury 2 : La fonction publique vous donne l'opportunité au cours de votre carrière de travailler en PMI : que savez-vous de ce service ? Quelle serait votre fonction en tant qu'auxiliaire de puériculture ?

Vous : La protection maternelle et infantile est un service public gratuit du conseil départemental qui s'adresse aux futurs parents, parents et enfants de moins de 6 ans. Elle a pour mission l'éducation à la santé, la prévention et la protection des jeunes enfants ; elle procède aux agréments des établissements d'accueils de jeunes enfants et aussi aux agréments des assistants maternels. Si je travaillais en PMI, je travaillerais en collaboration avec la puéricultrice de la structure, j'accueillerais et accompagnerais les parents et leur enfant, si besoin, dans les soins tels que la prise du repas (sein ou biberon), le change, la prise de température, etc. Je pourrais aussi être présente aux consultations en participant à la pesée, en assistant, en accompagnant le parent, en lui montrant comment effectuer les soins demandés ; je devrais être en capacité de donner des conseils et d'écouter les questions que se posent les parents sur l'éducation, les modes de garde, etc. Je pourrais aussi travailler en pouponnière, où sont placés les enfants nés lors d'un accouchement dit « sous X » et les enfants retirés à leurs parents…

Vous pouvez bien sûr amener d'autres éléments, ce qui est important c'est de montrer au jury que vous connaissez le sujet. Montrer l'importance de la PMI dans la prévention périnatale, prévention des difficultés éducatives parentales, prévention médico-sociale et protection de l'enfant.

Jury 1 : Vous êtes auxiliaire de puériculture dans une crèche gérée par un CCAS. Savez-vous ce qu'est un CCAS ? Qui est votre supérieur hiérarchique ?

Vous : Un CCAS, oui, bien sûr, c'est un centre communal d'action sociale ; il existe aussi des CIAS, qui sont intercommunaux. Le CCAS est un établissement public, présidé par le maire, qui intervient dans les domaines de l'aide sociale légale et l'action sociale facultative : l'aide sociale légale relève de la compétence du département ; le CCAS instruit localement les demandes d'aides et les transmet au Conseil départemental ; l'action sociale est déterminée par les orientations de la municipalité. Le CCAS peut aussi développer des actions et des activités sociales en direction de l'enfance et de la jeunesse, mais aussi des personnes en difficulté financière, des sans domicile fixe (certains CCAS ou CIAS gèrent des CHRS), des personnes âgées isolées ou dépendantes (certains CHRS gèrent des EHPAD) et des familles nombreuses aux revenus modestes. Le CCAS est autonome, il dispose de son propre conseil d'administration et d'un budget distinct de celui des autres services municipaux. Quant à mon supérieur hiérarchique, c'est le maire, bien sûr, qui est l'employeur de tout le personnel municipal, mais surtout le directeur du CCAS, et, au-dessus de lui, le directeur général adjoint (DGA) et le directeur général des services (DGS) ; le directeur du CCAS peut être lui-même secondé par des adjoints, chef de service, coordinateur, etc.

Jury 2 : En 2018, un nouveau carnet de santé a été édité, en quoi est-il différent de l'ancien ? Quels en sont les objectifs ?

Vous : Le carnet de santé est un document délivré gratuitement aux parents à la naissance. Il fournit les éléments essentiels de la santé de l'enfant. Son contenu est confidentiel, le Code de la santé publique précise même que « nul ne peut en exiger la communication ».

Sur le nouveau carnet de santé, l'accent est porté sur la prévention et les conseils aux parents sur le choix des biberons, le risque des écrans, les pleurs des bébés. Il fait aussi mention du nouveau calendrier vaccinal.

Montrez au jury que vous vous informez des nouveaux textes concernant votre profession. La notion de confidentialité peut être développée si vous vous sentez à l'aise avec le sujet.

Jury 1 : Merci, madame, l'entretien est terminé. Nous vous remercions.

Jury 2 : Merci, madame.

Vous : Merci, madame, merci, monsieur, je vous souhaite une belle fin de journée.

1. Les collectivités territoriales

Entraînement

Questions

❶ Combien le Premier ministre peut-il nommer de ministres ?

☐ a. 20 maximum
☐ b. 15 maximum (et autant de secrétaires d'État)
☐ c. 30 (y compris les secrétaires d'État)
☐ d. autant qu'il veut

❷ Il existe plusieurs catégories de lois, par exemple :

☐ a. les lois ordinaires.
☐ b. les lois extraordinaires.
☐ c. les lois organiques.
☐ d. les lois de finances.

❸ La protection maternelle et infantile est une compétence dévolue :

☐ a. au département.
☐ b. au centre communal d'action sociale.
☐ c. à l'établissement public de coopération intercommunale.
☐ d. à l'hôpital.

❹ Un(e) auxiliaire de puériculture territoriale est soumise :

☐ a. au secret médical.
☐ b. au secret professionnel.
☐ c. à l'obligation de discrétion professionnelle.
☐ d. au devoir de réserve.

❺ Les bâtiments des lycées sont entretenus par :

☐ a. le conseil départemental.
☐ b. le ministère de l'Éducation nationale.
☐ c. la direction locale de l'Éducation nationale.
☐ d. le conseil régional.

❻ Combien existe-t-il de fonctions publiques ?

☐ a. 2 (territoriale et d'État)
☐ b. 3 (territoriale, hospitalière et d'État)
☐ c. 4 (territoriale, hospitalière, préfectorale et d'État)
☐ d. 5 (territoriale, hospitalière, sociale et d'État)

❼ La France compte au 1er janvier 2020 :

☐ a. un peu plus de 34 965 communes.
☐ b. 101 départements.
☐ c. 17 régions.
☐ d. 577 circonscriptions législatives

8 En tant qu'agent de l'État, le maire agit sous :

☐ a. l'autorité du procureur de la République. ☐ b. l'autorité du préfet.
☐ c. l'autorité du conseil municipal. ☐ d. l'autorité publique.

9 La qualité de fonctionnaire territorial s'obtient :

☐ a. lorsque l'agent est nommé stagiaire.
☐ b. lorsque l'agent est nommé titulaire.
☐ c. lorsque l'agent a effectué dix années de service dans une collectivité territoriale.
☐ d. dès la réussite du concours interne ou externe.

10 Quelles sont les affirmations exactes ?

☐ a. Le cadre d'emplois des auxiliaires de puériculture territoriaux est classé en catégorie C.
☐ b. Le corps des auxiliaires de puériculture est classé en catégorie B.
☐ c. Le cadre d'emploi des auxiliaires de puériculture territoriaux est un cadre d'emploi médicosocial.
☐ d. Il existe un grade d'auxiliaire de puériculture principal de 1re classe accessible par concours ou examen professionnel

11 Le budget primitif de la commune pour l'année 2020 doit être adopté avant :

☐ a. le 31 décembre 2019 ☐ b. le 1er juin 2019
☐ c. le 15 avril 2020 ☐ d. le 1er janvier 2020

12 Le recrutement dans la fonction publique territoriale obéit au(x) principe(s) suivant(s) :

☐ a. l'égalité d'accès aux emplois publics.
☐ b. la liberté de recrutement des collectivités territoriales.
☐ c. le recrutement sur concours, sauf dérogation prévue par les statuts particuliers.
☐ d. la cooptation par les élus et/ou les fonctionnaires en poste.

13 Le mandat d'un conseiller régional est de :

☐ a. six ans. ☐ b. cinq ans. ☐ c. dix ans. ☐ d. trois ans

14 Le CCAS, centre communal d'action sociale :

☐ a. dispose d'un budget autonome.
☐ b. est financé par le conseil départemental.
☐ c. est une association financée essentiellement par les dons et la générosité publique.
☐ d. est un établissement public subventionné par la commune.

15 La région est devenue une collectivité territoriale en :

☐ a. 1969 (depuis le référendum sur le Sénat et la régionalisation).
☐ b. 1986 (elle n'était, depuis 1972, qu'un établissement public régional).
☐ c. 1982 (depuis la loi du 2 mars 1982 sur la décentralisation).
☐ d. 1984 (depuis la création de la fonction publique territoriale).

16 Le tribunal administratif juge les litiges entre :

☐ a. une administration et un particulier.
☐ b. une collectivité territoriale et un particulier.
☐ c. deux collectivités territoriales.
☐ d. une collectivité territoriale et l'État.

17 Pour se financer, les communes peuvent :

☐ a. recevoir des dons. ☐ b. recevoir des legs.
☐ c. percevoir des recettes. ☐ d. emprunter de l'argent aux banques.

⑱ Le directeur général des services (DGS) d'une commune est :

☐ a. un fonctionnaire ou un contractuel. ☐ b. un élu.
☐ c. un bénévole. ☐ d. un collaborateur occasionnel.

⑲ La loi n° 83-634 du 13 juillet 1983 est relative aux :

☐ a. droits et obligations du maire.
☐ b. droits et obligations du président du conseil départemental.
☐ c. droits et obligations des fonctionnaires.
☐ d. mesures d'hygiène et de sécurité dans les collectivités territoriales.

⑳ Les collectivités territoriales dotées d'un statut particulier sont :

☐ a. Paris. ☐ b. Lyon. ☐ c. Belfort. ☐ d. Nice.

㉑ L'assemblée délibérante qui administre le département s'appelle :

☐ a. conseil départemental. ☐ b. conseil général.
☐ c. conseil cantonal. ☐ d. conseil régional.

㉒ La Corse est :

☐ a. un département.
☐ b. une région.
☐ c. un EPCI à vocation touristique.
☐ d. une collectivité territoriale à statut particulier.

㉓ La métropole de Lyon récemment créée :

☐ a. est un établissement public de coopération intercommunale.
☐ b. exerce sur son territoire les compétences de la commune, de l'intercommunalité et du département.
☐ c. recouvre désormais tout le département du Rhône.
☐ d. est « à cheval » sur plusieurs départements (Ain et Isère).

㉔ La métropole du Grand Paris récemment créée :

☐ a. est un établissement public de coopération intercommunale.
☐ b. recouvre Paris et les trois départements de la Petite Couronne (Hauts-de-Seine, Val-de-Marne, Seine-Saint-Denis).
☐ c. est « à cheval » sur plusieurs départements (Essonne et Val-d'Oise).
☐ d. est présidée par la maire de Paris.

㉕ Les établissements d'accueil de jeunes enfants :

☐ a. peuvent ouvrir leurs portes et accueillir du public sur autorisation du président du conseil départemental.
☐ b. sont soumis au contrôle et à la surveillance du médecin responsable du service départemental de protection maternelle et infantile (PMI).
☐ c. peuvent être fermés par le préfet si la santé physique ou mentale, ou l'éducation des enfants sont compromises ou menacées.
☐ d. doivent respecter des normes d'encadrement fixées par arrêté municipal.

㉖ Dans une ville de 5 000 habitants, le conseil municipal est élu au premier tour si :

☐ a. une seule liste se présente.
☐ b. une liste obtient la majorité absolue des suffrages au premier tour et recueille un nombre de voix au moins égal à 25 % des inscrits.
☐ c. la liste arrivée en seconde position obtient moins de 15 % des suffrages.
☐ d. si une seule liste au premier tour a franchi la barre des 10 % de suffrages et que les autres n'ont pas fusionné pour être présentes aux deux tours.

27 Le maire et les adjoints constituent :

☐ a. la municipalité. ☐ b. le conseil municipal.
☐ c. une partie du conseil municipal. ☐ d. la commune.

28 Le président de la République :

☐ a. est le chef de l'État et du gouvernement.
☐ b. est le chef de l'État.
☐ c. est le chef du gouvernement.
☐ d. est le chef des armées.

29 Le Parlement français est composé :

☐ a. des députés.
☐ b. des sénateurs.
☐ c. des présidents de départements et de régions.
☐ d. des députés élus en France aux élections européennes.

30 Le Congrès prévu par la Constitution :

☐ a. se déroule obligatoirement au château de Versailles.
☐ b. rassemble côte à côte les 348 sénateurs et les 577 députés.
☐ c. a lieu au moins une fois par an.
☐ d. permet de modifier la Constitution par l'adoption d'une loi constitutionnelle.

31 Les ministres siègent à l'Assemblée nationale.

☐ a. jamais ☐ b. parfois
☐ c. le mercredi ☐ d. en cas de nécessité

32 Dans l'exercice de ses prérogatives, le maire peut :

☐ a. prendre diverses mesures relevant de la police administrative.
☐ b. interdire par arrêté le stationnement sur la place de l'église.
☐ c. constater par procès-verbal des infractions au stationnement.
☐ d. titulariser un agent inscrit sur la liste d'aptitude.

33 Le député est élu lors des élections :

☐ a. législatives. ☐ b. parlementaires.
☐ c. nationales. ☐ d. cantonales.

34 Un maire peut être à la fois :

☐ a. député. ☐ b. député européen.
☐ c. sénateur. ☐ d. vice-président du conseil départemental.

35 Pour être candidat aux élections municipales, le maire :

☐ a. doit être soutenu par un parti politique.
☐ b. doit au minimum avoir le baccalauréat.
☐ c. doit au moins avoir 18 ans.
☐ d. doit recueillir la signature d'au moins 10 % des électeurs.

36 Parmi les obligations du fonctionnaire figure(nt) notamment :

☐ a. l'obligation de neutralité. ☐ b. l'obligation d'amabilité.
☐ c. l'obligation de secret professionnel. ☐ d. l'obligation d'obéissance hiérarchique.

37 Un comité technique paritaire (CTP) est créé dans chaque collectivité territoriale ou établissement public employant au moins :

☐ a. 50 agents. ☐ b. 100 agents. ☐ c. 200 agents. ☐ d. 350 agents.

38 Les sanctions disciplinaires qui peuvent être infligées aux fonctionnaires territoriaux :

☐ a. sont classées selon leur gravité en 4 groupes.
☐ b. ne peuvent être prononcées sans avis de la CAP (commission administrative paritaire).
☐ c. s'effacent du dossier au bout de deux ans.
☐ d. peuvent être décidées par le supérieur hiérarchique sans passage devant le conseil de discipline.

39 Le nombre d'élus qui siègent au conseil municipal dépend :

☐ a. du nombre d'habitants de la commune.
☐ b. du nombre d'électeurs de la commune.
☐ c. du résultat des élections (nombre de voix / nombre de candidats / résultats).
☐ d. du nombre d'adjoints au maire.

40 Les hopitaux de proximité (ex-hopitaux locaux, ex-hopitaux ruraux) sont financés par :

☐ a. les communes. ☐ b. les départements. ☐ c. les régions. ☐ d. l'État.

41 Les lois dites « Defferre » de 1982 et 1983 portent essentiellement sur :

☐ a. les nationalisations.
☐ b. la fonction publique territoriale.
☐ c. la décentralisation.
☐ d. l'intercommunalité.

42 Cochez la ou les affirmation(s) exacte(s).

☐ a. La déconcentration n'existe plus en France depuis la décentralisation.
☐ b. Décentralisation et déconcentration sont synonymes.
☐ c. La délocalisation est une organisation administrative qui rapproche le pouvoir des citoyens.
☐ d. La décentralisation et la déconcentration sont deux types différents d'organisation administrative.

43 En matière d'organisation administrative, la déconcentration est :

☐ a. le transfert de compétences des collectivités territoriales à l'État.
☐ b. l'exercice de compétences de l'État par des autorités administratives réparties sur l'ensemble du territoire.
☐ c. le transfert de compétences des collectivités territoriales à des établissements publics locaux.
☐ d. le transfert de compétences de l'État aux collectivités territoriales.

44 Depuis la loi du 13 août 2004, la région :

☐ a. s'est vu confier l'ensemble de la formation professionnelle.
☐ b. ne peut plus octroyer d'aides économiques aux entreprises en difficulté.
☐ c. a gère les agents techniciens et ouvriers de service (TOS) des lycées.
☐ d. gère les transports scolaires.

45 Les collectivités territoriales énumérées à l'article 72 de la Constitution sont :

☐ a. le conseil municipal, le conseil départemental et le conseil régional.
☐ b. la région, le département, la commune et les établissements publics de coopération intercommunale.
☐ c. la région, le département et la commune.
☐ d. uniquement le département et la commune.

46 Le département est :

☐ a. un établissement public.
☐ b. une personne morale de droit privé.
☐ c. une collectivité territoriale.
☐ d. une personne morale de droit public.

L'ÉPREUVE ORALE

47 Les fonctionnaires ont droit, après service fait, à une rémunération comprenant :

☐ a. le traitement, fixé en fonction du grade de l'agent et de l'échelon auquel il est parvenu, ou de l'emploi auquel il a été nommé.
☐ b. le salaire de l'agent.
☐ c. le supplément familial (le cas échéant).
☐ d. les indemnités, qui peuvent tenir compte de ses fonctions, de ses résultats professionnels et des résultats collectifs du service dans lequel il travaille.

48 Le maire est normalement élu :

☐ a. pour cinq ans.
☐ b. pour six ans.
☐ c. pour un mandat de même durée que celui du président du conseil départemental.
☐ d. pour un mandat de même durée que celui du président du conseil régional.

49 L'organe délibérant de la commune est :

☐ a. le conseil communal.
☐ b. le conseil municipal.
☐ c. élu pour six ans.
☐ d. le conseil communautaire.

50 L'organe délibérant du département est :

☐ a. le conseil départemental.
☐ b. le conseil général.
☐ c. élu pour six ans.
☐ d. renouvelé par moitié normalement tous les trois ans.

51 Les adjoints au maire :

☐ a. sont, comme les maires, élus au scrutin secret et à la majorité absolue par les conseillers municipaux
☐ b. sont élus au scrutin de liste quelle que soit la taille de la commune
☐ c. bénécient automatiquement d'une délégation du fait de leur élection
☐ d. ne sont pas élus mais nommés par le maire.

52 L'expression « délibération du conseil municipal » désigne :

☐ a. une décision du maire prise après avis du conseil municipal.
☐ b. le résultat d'un référendum local.
☐ c. l'acte voté par l'assemblée délibérante de la commune.
☐ d. un avis consultatif du conseil municipal au maire.

53 Lorsque le préfet estime qu'un acte transmis par une collectivité territoriale pour contrôle de légalité est illégal, il peut :

☐ a. le modifier.
☐ b. l'annuler.
☐ c. demander à la collectivité de le rapporter.
☐ d. si la collectivité refuse de le rapporter, le déférer devant le tribunal administratif.

54 Le principe du vote du budget en équilibre réel :

☐ a. s'applique au budget de l'État et aux budgets locaux.
☐ b. ne concerne que les budgets locaux.
☐ c. ne s'applique qu'aux entreprises privées.
☐ d. implique l'existence d'un équilibre entre les recettes et les dépenses.

55 Est ou sont des impôts locaux :

☐ a. la taxe d'habitation.
☐ b. l'impôt sur le revenu des personnes physiques.
☐ c. la taxe sur la valeur ajoutée.
☐ d. la dotation globale de fonctionnement.

56 **Les dépenses obligatoires d'une commune sont notamment :**

☐ a. les subventions versées aux associations caritatives.
☐ b. les frais de personnel.
☐ c. les subventions versées aux partis politiques.
☐ d. le remboursement de la dette.

57 **L'expression « délégation de service public » désigne :**

☐ a. le fait qu'une collectivité territoriale délègue à une personne privée la gestion d'un service public.
☐ b. la délégation de fonctionnaires chargés de promouvoir le service public dans une collectivité territoriale.
☐ c. le fait que le maire délègue des pouvoirs à des adjoints.
☐ d. le désengagement de l'État en faveur d'opérateurs privés.

58 **Les conditions générales pour avoir la qualité de fonctionnaire sont notamment :**

☐ a. de prêter serment au président de la République.
☐ b. de ne pas avoir subi de condamnation incompatible avec l'exercice des fonctions.
☐ c. de ne pas présenter de handicap.
☐ d. d'avoir la nationalité française.

59 **Que trouve-t-on parmi les droits et obligations des fonctionnaires inscrits dans la loi du 13 juillet 1983 portant droits et obligations des fonctionnaires ?**

☐ a. le droit de retrait
☐ b. le droit de réserve
☐ c. l'obligation de se conformer aux instructions de son supérieur hiérarchique, sauf dans le cas où l'ordre donné est manifestement illégal et de nature à compromettre gravement un intérêt public
☐ d. le droit d'accéder à son dossier individuel

60 **Le fonctionnaire territorial est titulaire :**

☐ a. de son poste.
☐ b. de son emploi.
☐ c. de son grade.
☐ d. de son statut.

61 **Les auxiliaires de puériculture constituent :**

☐ a. un cadre d'emplois.
☐ b. un poste.
☐ c. une filière.
☐ d. une caste.

62 **Les adjoints au maire :**

☐ a. sont nommés par le maire.
☐ b. peuvent se voir retirer leur délégation par le maire.
☐ c. sont élus par le conseil municipal.
☐ d. peuvent célébrer des mariages.

63 **La loi française du 6 juin 2000 sur la parité hommes-femmes en politique impose que :**

☐ a. dans tous les scrutins de liste, les listes comptent autant d'hommes que de femmes.
☐ b. un fonctionnaire sur deux soit une femme..
☐ c. un ministre sur deux soit un homme.
☐ d. un maire sur deux soit une femme.

64 **En matière de protection de l'enfance, le conseil départemental :**

☐ a. finance les mesures ordonnées par le juge des enfants.
☐ b. peut placer un enfant en « famille d'accueil », avec l'accord des parents, sans saisir le juge des enfants.

☐ c. agrée et encadre les assistant(e)s maternel(le)s.
☐ d. reçoit les signalements d'enfants victimes de maltraitances.

65 La direction de la petite enfance d'une commune est :

☐ a. un service de l'État.
☐ b. un établissement public.
☐ c. un service municipal.
☐ d. placé sous l'autorité du conseil départemental et de son service de protection maternelle et infantile (PMI).

66 Cochez la ou les bonnes affirmations.

☐ a. Le maire est le président du conseil d'administration de la commune.
☐ b. Le maire contrôle les actes du préfet.
☐ c. Le président du conseil communautaire d'une communauté d'agglomération est élu au suffrage universel direct par les habitants de l'agglomération.
☐ d. Le maire préside le conseil municipal.

67 Dans une commune sont des structures ou des services obligatoires :

☐ a. les restaurants scolaires.
☐ b. les crèches.
☐ c. le centre communal d'action sociale.
☐ d. les relais ou maisons d'assistant(e)s maternel(le)s.

68 En tant qu'agent de l'État, le maire :

☐ a. vote le budget.
☐ b. est le supérieur hiérarchique du personnel communal.
☐ c. est officier de police judiciaire.
☐ d. organise les élections.

69 Un établissement public de coopération intercommunale (EPCI) :

☐ a. fédère plusieurs communes.
☐ b. remplace les communes qu'il fédère.
☐ c. est, selon son statut, administré par un comité syndical, un conseil communautaire ou un conseil métropolitain.
☐ d. est présidé par le maire d'une des communes qu'il fédère.

70 Les conseillers municipaux :

☐ a. élisent le maire pour trois ans.
☐ b. constituent l'assemblée délibérante de la commune.
☐ c. sont élus pour six ans par les électeurs de la commune.
☐ d. règlent par leurs arrêtés les affaires de la commune.

71 Les conseillers départementaux :

☐ a. élisent le président du conseil départemental.
☐ b. sont élus pour trois ans par les électeurs du département.
☐ c. règlent par leurs délibérations les affaires du département.
☐ d. constituent une assemblée consultative placée auprès du préfet.

72 Le conseil municipal est élu :

☐ a. au suffrage universel direct. ☐ b. au suffrage universel indirect.
☐ c. au scrutin proportionnel à un tour. ☐ d. par les électeurs du canton.

73 Collectivité territoriale, la commune ne gère pas :

☐ a. l'aide sociale à l'enfance.
☐ b. la construction et l'entretien des écoles maternelles et élémentaires.
☐ c. l'urbanisme.
☐ d. la formation professionnelle.

74 Collectivité territoriale, le département ne gère pas :

☐ a. l'aide sociale à l'enfance.
☐ b. la construction et l'entretien des écoles maternelles et élémentaires.
☐ c. l'urbanisme.
☐ d. l'allocation personnalisée à l'autonomie (APA).

75 Le conseil régional règle les affaires de la région :

☐ a. par ses arrêtés.
☐ b. par ses décrets.
☐ c. par ses lois.
☐ d. par ses délibérations.

76 Le préfet :

☐ a. est un élu local.
☐ b. est un fonctionnaire d'État.
☐ c. est un fonctionnaire territorial.
☐ d. dépend du ministère de l'Intérieur.

77 Les actes budgétaires des collectivités territoriales :

☐ a. sont soumis à un contrôle de légalité.
☐ b. sont soumis à un contrôle budgétaire.
☐ c. sont soumis à un contrôle d'opportunité.
☐ d. ne sont soumis à aucun contrôle budgétaire.

78 Sont des principes budgétaires :

☐ a. l'annualité.
☐ b. l'universalité.
☐ c. la probité.
☐ d. la technicité.

79 Dans une collectivité territoriale, la création d'un service public est décidée par :

☐ a. le préfet.
☐ b. le directeur général des services.
☐ c. l'organe exécutif de la collectivité.
☐ d. l'organe délibérant de la collectivité.

80 Établissement public national, j'ai en charge la formation interne et externe, obligatoire et facultative, des fonctionnaires territoriaux, je suis :

☐ a. le Conseil supérieur de la fonction publique territoriale (CSFPT).
☐ b. la Direction générale des collectivités locales (DGCL).
☐ c. le Centre national de la fonction publique territoriale (CNFPT).
☐ d. le centre de gestion de la fonction publique territoriale.

81 L'organe exécutif de la commune est :

☐ a. le conseil municipal.
☐ b. le conseil municipal et le maire.
☐ c. le maire et ses adjoints.
☐ d. le préfet en tant que représentant du gouvernement.

82 Les droits et obligations des agents publics recrutés par une commune sont définis :

☐ a. par arrêté du maire.
☐ b. par délibération du conseil municipal.
☐ c. par la loi du 13 juillet 1983.
☐ d. par le Code du travail.

83 Les délibérations du conseil municipal :

☐ a. sont exécutoires de plein droit.
☐ b. ne peuvent être exécutées qu'après approbation du représentant de l'État.
☐ c. peuvent, en cas d'illégalité, être annulées par le représentant de l'État.
☐ d. ne sont soumises à aucun contrôle du représentant de l'État.

84 L'aide sociale à l'enfance (ASE) est un service dirigé :

☐ a. par le préfet.
☐ b. par le directeur de la direction départementale de l'action sanitaire et sociale (DDASS).
☐ c. par le conseil d'administration du CCAS.
☐ d. par le conseil départemental.

85 Depuis la loi du 13 août 2004, le département est seul compétent pour exercer des activités en matière de :

☐ a. vaccination obligatoire.
☐ b. lutte contre la tuberculose, la lèpre et le sida.
☐ c. lutte contre les infections sexuellement transmissibles.
☐ d. protection maternelle et infantile.

86 Les biens dont les collectivités territoriales sont propriétaires :

☐ a. peuvent relever du domaine privé.
☐ b. font partie du patrimoine de l'État.
☐ c. sont administrés par les centres départementaux de gestion de la fonction publique territoriale.
☐ d. appartiennent aux habitants de la commune et ne peuvent être cédés sans leur accord.

87 Si un maire décède en cours de mandat :

☐ a. le préfet nomme son remplaçant parmi les adjoints.
☐ b. une nouvelle élection est organisée au sein du conseil municipal.
☐ c. le poste reste vacant jusqu'aux prochaines élections.
☐ d. les électeurs de la commune sont appelés à une nouvelle élection municipale.

88 Un établissement public :

☐ a. est un service déconcentré de l'État.
☐ b. est obligatoirement administré par des autorités élues au suffrage universel.
☐ c. dispose de moyens propres.
☐ d. possède la personnalité juridique.

89 En application de la loi du 6 juin 2000, les candidatures doivent obligatoirement respecter le principe de parité entre les hommes et les femmes pour l'élection :

☐ a. des conseillers municipaux des communes de moins de 1 000 habitants.
☐ b. des conseillers municipaux des communes de 1 000 habitants et plus.
☐ c. des conseillers départementaux.
☐ d. des conseillers régionaux.

90 Les cantons sont :

☐ a. des circonscriptions électorales.
☐ b. des circonscriptions administratives.
☐ c. des établissements publics de coopération intercommunale.
☐ d. des communautés de communes rurales.

91 Lorsque le maire démissionne pendant son mandat de son poste de maire :

☐ a. il devient automatiquement premier ou deuxième adjoint.

☐ b. il redevient simple conseiller municipal.
☐ c. il ne fait plus partie du conseil municipal.
☐ d. il peut se représenter lors des prochaines élections municipales.

92 Le principal domaine d'intervention de la région est :

☐ a. l'action sociale. ☐ b. le développement économique.
☐ c. l'urbanisme. ☐ d. la protection de l'ordre public.

93 Lorsque le maire démissionne pendant son mandat de son poste de maire :

☐ a. le premier adjoint prend automatiquement sa place.
☐ b. son successeur est élu par le conseil municipal.
☐ c. il nomme son successeur par arrêté.
☐ d. de nouvelles élections dites « partielles » sont organisées.

Corrigé

1 d. 2 a., c. et d. 3 a.

4 c. et d. Une auxiliaire de puériculture n'est pas soumise au secret professionnel, contrairement à une puéricultrice, soumise « par état » en tant qu'infirmière (et le secret médical n'existe pas dans la loi), elle est en revanche, comme tout fonctionnaire, soumise à l'obligation de discrétion professionnelle (loi du 13 juillet 1983, art. 26) et au devoir de réserve, qui est un devoir de loyauté envers la collectivité (ou l'administration) qui l'emploie.

5 d. Les collèges sont de la compétence du conseil départemental, les enseignants et les programmes, du ministère de l'Éducation nationale, représenté localement par les services départementaux de l'Éducation nationale (appelée « inspection académique » avant 2012).

6 b.

7 a., b. et d. La France compte 34 965 communes (au 1er janvier 2020), 101 départements (96 en métropole, Corse comprise, 5 en Outre-mer), 27 régions (22 en métropole, Corse comprise, 5 en Outre-mer), et 577 circonscriptions législatives, autant que de députés (558 circonscriptions en métropole et Outre-Mer, 8 pour les collectivités d'Outre-Mer et 11 pour les Français établis hors de France).

8 b. En tant qu'agent de l'État, le maire agit sous l'autorité du préfet (et du procureur de la République pour ses compétences d'officier de police judiciaire et d'officier d'état civil).

9 b.

10 a. et c. Le grade d'auxiliaire de puériculture principal de 1re classe est accessible par avancement (à l'ancienneté).

11 c. 12 a., b. et c. 13 a.

14 a. et d. Le CCAS perçoit du conseil départemental une subvention pour lui permettre d'instruire localement les dossiers d'aide sociale légale qu'il transmet ensuite au conseil départemental.

15 b. 16 a., b., c. et d. 17 a., b., c. et d. 18 a. 19 c. 20 a. et b.

21 a. depuis la loi n° 2013-403 du 17 mai 2013.

22 d. 23 b. 24 a., b. et c. 25 b. et c. 26 a. et b.

27 c. Le conseil municipal est composé des conseillers municipaux, dont font partie le maire et ses adjoints.

28 b. et d. 29 a. et b. 30 a., b. et c.

31 a. Les ministres ne siègent pas à l'Assemblée nationale, où, séparation des pouvoirs oblige, ils ne peuvent pas voter, mais ils s'y rendent régulièrement pour répondre aux questions des députés (ou des sénateurs au Sénat), pour présenter et pour défendre leurs projets de loi.

32 a., b., c. et d. 33 a.

34 d. La possibilité de cumul des mandats a récemment été réduite par une loi de 2014 dont la complète entrée en vigueur avait été différée en 2017.

35 c. 36 a. et d. 37 a.

38 a. Seules les sanctions du 1er groupe peuvent être décidées par le supérieur hiérarchique sans passage devant le conseil de discipline et s'effacent du dossier au bout de deux ans.

39 a. de 7 à 69, excepté pour Paris, Lyon, Marseille.

40 d. 41 c.

42 d. La France a une organisation déconcentrée : le pouvoir central (le gouvernement et ses administrations) est représenté localement par le préfet et le sous-préfet, qui dirigent les administrations déconcentrées (les collectivités territoriales sont des autorités décentralisées administrées par des assemblées délibérantes élues).

43 b. Il ne faut pas confondre « décentralisation » et « déconcentration ».

44 c. La région ne gère les transports scolaires que depuis 2017, elle exerçait déjà la compétence de la formation professionnelle, et peut toujours octroyer des aides économiques aux entreprises en difficulté.

45 c. Les collectivités territoriales de la République sont les communes, les départements, les régions, les collectivités à statut particulier et les collectivités d'outre-mer.

46 c. et d.

47 a., c. et d. Les fonctionnaires ne perçoivent pas de salaire, mais un traitement (loi du 13 juillet 1983, art. 20).

48 b., c. et d. 49 b. et c. 50 a. et c. 51 a. 52 c. 53 c. et d. 54 b. et d. 55 a. 56 b. et d. 57 a.

58 b. Un ressortissant d'un État membre de l'Union européenne ou d'un État partie à l'accord sur l'Espace économique européen (comme la Suisse ou la Norvège) peut devenir fonctionnaire.

59 c. et d. Le droit de retrait existe bien dans la fonction publique, mais il n'apparaît pas dans cette loi ; et le droit de réserve n'existe pas : il s'agit d'un « devoir de réserve » d'origine jurisprudentielle (créé par les tribunaux) qui découle de l'obligation de discrétion (loi du 13 janvier 1983, art. 26).

60 c. Le fonctionnaire est titulaire de son grade, mais pas de son emploi (loi du 13 janvier 1983, art. 12) ; il peut être appelé à exercer différents postes correspondant à son grade.

61 a. Le cadre d'emplois des auxiliaires de puériculture s'inscrit dans la filière médico-sociale.

62 a., b., c. et d. Les adjoints au maire sont élus par le conseil municipal, puis nommés par le maire (par arrêté) ; ils peuvent se voir retirer leur délégation par le maire et peuvent célébrer des mariages : ils sont - comme le maire - officiers d'état civil (et officiers de police judiciaire).

63 a.

64 a., b. et c. La cellule de recueil des informations préoccupantes (CRIP), mise en place par le département, reçoit les informations préoccupantes qui concernent les enfants « en danger ou en risque de l'être » ; les signalements d'enfants victimes de maltraitances doivent être adressés au procureur de la République.

65 c.

66 **d.** Le président d'un EPCI est élu – comme le maire – au suffrage universel indirect, par les conseillers élus au suffrage universel direct.

67 **c.** Les autres propositions correspondent à des services facultatifs, comme la police municipale, la piscine, la « garderie » ou le centre dit « de loisirs » pour les enfants.

68 **c.** et **d.** Il n'est pas le supérieur hiérarchique du personnel communal (leur supérieur hiérarchique est un fonctionnaire, directeur de service, directeur général adjoint, directeur des services, etc.) ; il en est, au sens du statut des fonctionnaires, l'autorité territoriale. Le budget est adopté par le conseil municipal, et les activités du maire relèvent alors de sa qualité d'élu local.

69 **a.** et **c.** Le président d'un EPCI est élu dans une des communes, mais il n'est pas forcément maire (il peut être adjoint, et même conseiller municipal, même si, en pratique, cela arrive rarement).

70 **b.** et **c.** Le conseil municipal vote des délibérations, et le maire signe seul des arrêtés.

71 **a.** et **c.**

72 **a.** Il est élu au scrutin proportionnel à deux tours, mais il arrive que des listes obtiennent dès le premier tour la majorité absolue.

73 **a.** et **d.**

74 **b.** et **c.** Il y avait une subtilité dans la question : il faut cocher ce que le département ne gère pas (il est plus souvent demandé de cocher ce qu'il gère).

75 **d.** Le président du conseil régional détient un pouvoir réglementaire limité qui lui permet de signer des arrêtés (pour gérer le personnel régional par exemple).

76 **b.** et **d.**

77 **a.** et **b.** Le contrôle de légalité est de la compétence du préfet, le contrôle budgétaire relève de la chambre régionale des comptes.

78 **a.** et **b.** Les principes budgétaires des collectivités territoriales sont les suivants : annualité, universalité, unité, spécialité, équilibre et sincérité.

79 **d.**

80 **c.** Le CNFPT est un établissement public auquel cotisent toutes les collectivités territoriales ; il collecte et redistribue les fonds liés à la formation professionnelle.

81 **b.** Les adjoints n'agissent que par délégation du maire.

82 **c.** Le Code du travail ne s'applique pas à la fonction publique (son véritable nom est : « Code du travail subordonné privé »).

83 **a.** Elles sont soumises au contrôle a posteriori du représentant de l'État (le préfet) ; obtenir son approbation serait un contrôle a priori (et d'opportunité) ; il ne peut pas annuler les délibérations qu'il estime illégales, il ne peut que saisir la juridiction administrative (on parle de « déféré préfectoral »).

84 **d.**

85 **d.** La « recentralisation » voulue par la loi du 13 août 2004 relative aux libertés et responsabilités locales, entrée en application le 1er janvier 2006, a retiré aux départements ces compétences sanitaires pour les confier aux services de l'État (agence régionale de santé, etc.) : moins de la moitié des conseils départementaux ont conservé ces activités en signant une convention avec l'État. Les services de protection maternelle et infantile (PMI) et les services communaux d'hygiène et de santé (qui participent aussi aux vaccinations) n'ont pas été concernés.

86 a. Seuls les biens appartenant au domaine privé peuvent être vendus : les biens du domaine public ne peuvent être cédés ni à l'amiable, ni par le biais d'une procédure d'expropriation, ils doivent d'abord faire l'objet d'une procédure de déclassement.

87 b.

88 c. et d. Un établissement public n'est pas forcément un EPCI (établissement public de coopération intercommunale), il peut aussi avoir une vocation nationale, comme un EPIC (établissement public à caractère industriel et commercial) ou un EPA (à caractère administratif), ils jouissent alors d'une assez grande autonomie.

89 b. et d. Il y a un piège : l'élection des conseillers départementaux respecte également le principe de parité (un binôme paritaire est élu), mais son organisation est postérieure à la loi du 6 juin 2000 tendant à favoriser l'égal accès des femmes et des hommes aux mandats électoraux et aux fonctions électives, elle a été instaurée par la loi du 17 mai 2013 relative à l'élection des conseillers départementaux, des conseillers municipaux et des conseillers communautaires.

90 a. et b. Le canton est la circonscription électorale des élections départementales (elles s'appelaient « cantonales » quand le conseil départemental s'appelait encore « conseil général ») ; c'est aussi une circonscription administrative (plusieurs cantons font un arrondissement, dans le chef-lieu duquel on trouve traditionnellement une sous-préfecture et un tribunal d'instance).

91 b. et d. 92 b. 93 b.

2. Les connaissances professionnelles

Entraînement

Questions

1 Un enfant de 1 an dort, par jour :

☐ a. 8 heures. ☐ b. 12 heures. ☐ c. 16 heures.

2 Les conditions nécessaires à l'acquisition de la propreté sont :

☐ a. la maîtrise des sphincters par l'enfant. ☐ b. le fait de savoir exprimer son besoin.
☐ c. le fait de savoir marcher. ☐ d. mettre l'enfant sur le pot dès 1 an.

3 Un enfant de 18 mois tombe de sa hauteur en courant : que faites-vous ?

☐ a. Vous appelez les secours.
☐ b. Vous vérifiez s'il est blessé et vous rassurez l'enfant tout en faisant les soins si nécessaire.
☐ c. Vous le laissez pleurer en vous disant qu'il doit apprendre à maîtriser son équilibre.

4 Un enfant a avalé de la lessive :

☐ a. vous lui faites boire de l'eau. ☐ b. vous lui rincez le pourtour de la bouche.
☐ c. vous prévenez la directrice. ☐ d. vous le faites vomir.

5 Pour prévenir la mort subite du nourrisson, il faut coucher l'enfant :

☐ a. sur le côté. ☐ b. sur le dos.
☐ c. sur un matelas ferme. ☐ d. avec un tour de lit.

☐ e. dans une chambre où la température est à 18 °C.

❻ Les établissements d'accueil sont contrôlés par :

☐ a. l'ASE. ☐ b. le CCAS. ☐ c. le CMP. ☐ d. la PMI.

❼ Le numéro Vert Enfance maltraitée est :

☐ a. le 115. ☐ b. le 112. ☐ c. le 119.

❽ Un parent vous apporte un collyre à administrer à son enfant :

☐ a. vous acceptez.
☐ b. vous en référez à la directrice.
☐ c. vous demandez l'ordonnance correspondante.
☐ d. vous appliquez les consignes concernant la posologie et la périodicité.

❾ Qu'est-ce que le « CRIP » ?

☐ a. une cellule de recueil des informations préoccupantes
☐ b. un centre régional d'informations parentales
☐ c. un comité régional d'interprètes professionnels

❿ Le saturnisme est :

☐ a. une intoxication au plomb. ☐ b. une maladie infantile.
☐ c. une malformation congénitale. ☐ d. une infection au cuivre.

⓫ Erkan, 3 ans, a une intolérance au gluten. Seuls sont donc autorisés dans son alimentation :

☐ a. les pâtes. ☐ b. les pâtes au froment.
☐ c. le riz basmati. ☐ d. le quinoa.
☐ e. la polenta.

⓬ Charlotte, 4 ans, revient de chez le pédiatre, qui a diagnostiqué un syndrome « pied-main-bouche », cela est :

☐ a. un syndrome psychologique.
☐ b. un trouble obsessionnel du comportement.
☐ c. une maladie virale.
☐ d. une malformation congénitale.

⓭ Un enfant saigne du nez.

☐ a. Vous le faites se moucher. ☐ b. Vous lui mettez la tête en arrière.
☐ c. Vous lui compressez la narine. ☐ d. Vous lui mettez la tête en avant.

⓮ Vous préparez un atelier « peinture aux doigts ». Barbara ne veut pas participer. Quelle sera votre attitude ?

☐ a. Vous la laissez observer jusqu'à ce qu'elle veuille participer.
☐ b. Après 5 minutes, vous montrez de la fermeté et vous lui dites qu'elle n'a pas le choix.
☐ c. Après lui avoir mis le tablier, vous lui trempez les doigts dans la peinture.
☐ d. Vous n'insistez pas, mais vous lui faites remarquer que vous n'êtes pas contente.

⓯ Les missions de la PMI sont :

☐ a. le dépistage des handicaps des enfants de moins de 6 ans.
☐ b. la surveillance sanitaire au domicile des femmes enceintes.
☐ c. la consultation de nourrissons.
☐ d. l'agrément, la formation et le suivi des assistantes maternelles.

⑯ Quelle est la date de parution du dernier décret relatif aux établissements et services accueillant des enfants de moins de 6 ans ?

☐ a. août 2000 ☐ b. février 2007 ☐ c. juin 2010 ☐ d. mars 2002

⑰ En cas de brûlure par liquide très chaud, vous :

☐ a. appliquez une crème calmante.
☐ b. appliquez doucement de l'eau froide sur la brûlure.
☐ c. ôtez le vêtement de l'enfant s'il est en coton.
☐ d. avertissez la directrice.

⑱ Les vaccinations obligatoires pour le personnel s'occupant d'enfants sont :

☐ a. le BCG. ☐ b. la diphtérie. ☐ c. le tétanos. ☐ d. le ROR.
☐ e. la poliomyélite. ☐ f. l'hépatite B.

⑲ Chez l'enfant de 3 ans, les besoins quotidiens en viande sont de :

☐ a. 20 g. ☐ b. 50 g. ☐ c. 70 g.

⑳ Vous travaillez dans une crèche collective, vous pouvez fumer :

☐ a. dans la cour de la crèche lorsque les enfants n'y sont pas.
☐ b. dans votre salle de repos.
☐ c. à l'extérieur de l'équipement public.
☐ d. dans le bureau de la directrice (avec son accord), fenêtres ouvertes.

㉑ Combien de temps dure en général un cycle complet du sommeil ?

☐ a. 20 minutes ☐ b. 1 h 30 à 2 heures
☐ c. 4 heures ☐ d. 30 minutes

㉒ Qu'entend-on par « croissance pondérale » ?

☐ a. la croissance de la taille de l'enfant
☐ b. la croissance du poids de l'enfant
☐ c. l'évolution des proportions des segments du corps

㉓ Parmi les différents stades de la sexualité infantile cités ci-dessous, quels sont ceux que l'on observe chez l'enfant de 0 à 3 ans ?

☐ a. le stade phallique ☐ b. le stade oral
☐ c. le stade génital ☐ d. le stade anal

㉔ La directrice de la crèche vous demande de prendre en axillaire la température de Léa. Où mettez-vous le thermomètre ?

☐ a. dans l'oreille. ☐ b. sous la langue.
☐ c. sous l'aisselle. ☐ d. au niveau du rectum.

㉕ Parmi les signes d'une réaction inflammatoire, on observe :

☐ a. une pâleur de la peau. ☐ b. une rougeur de la peau.
☐ c. une douleur. ☐ d. de la chaleur.
☐ e. un gonflement localisé.

㉖ L'allaitement maternel :

☐ a. facilite l'émission du méconium.
☐ b. renforce l'immunité du bébé en apportant des anticorps.
☐ c. peut entraîner des intolérances.
☐ d. est une alimentation en lait de même composition que le lait en poudre.
☐ e. favorise la remise en place de l'utérus de la mère.

27 Quel est le nom donné à la vitamine C ?

☐ a. le carotène ☐ b. l'acide ascorbique
☐ c. le calciférol ☐ d. le rétinol

28 Un enfant trisomique ne peut pas intégrer une crèche collective.

☐ a. vrai ☐ b. faux

29 À qui peut être montré le carnet de santé ?

☐ a. au médecin de famille
☐ b. au professeur des écoles
☐ c. au pédiatre du mode d'accueil de l'enfant

30 La manœuvre de Heimlich est pratiquée en cas de :

☐ a. hémorragie.
☐ b. perte de conscience.
☐ c. inhalation d'un corps étranger.

31 Vous retrouvez un enfant en train de manger les baies d'une plante :

☐ a. vous le faites vomir.
☐ b. vous alertez la directrice.
☐ c. vous appelez le centre antipoison.

32 Un enfant de 6 mois peut manger :

☐ a. de la viande. ☐ b. des œufs. ☐ c. du riz. ☐ d. des carottes.
☐ e. un yaourt. ☐ f. du camembert. ☐ g. du pain.

33 Un enfant atteint de conjonctivite :

☐ a. peut être accueilli à la crèche.
☐ b. ne peut pas être accueilli à la crèche.
☐ c. peut être accueilli s'il a un traitement médical.

34 La rougeole est une maladie due à :

☐ a. un virus. ☐ b. un parasite. ☐ c. une bactérie.

35 La prise moyenne de poids d'un enfant entre 3 et 6 mois est de :

☐ a. 50 g par jour. ☐ b. 20 g par jour. ☐ c. 10 g par jour.

36 La méthode HACCP concerne, dans la préparation des repas :

☐ a. la marche en avant de la production alimentaire.
☐ b. le circuit du linge sale.
☐ c. la séparation des circuits propres et sales des aliments.

37 Un enfant ne termine pas son biberon :

☐ a. vous remettez le biberon dans le réfrigérateur.
☐ b. vous jetez son contenu pour le laver.
☐ c. vous le remettez au bainmarie pour le lui proposer plus tard.

38 Quelle est l'hormone responsable de la sécrétion du lait ?

☐ a. l'œstrogène ☐ b. la testostérone
☐ c. la prolactine ☐ d. la progestérone

39 En collectivité d'enfants, la contamination du sida peut se faire :

☐ a. par les urines. ☐ b. par la salive.
☐ c. par le sang. ☐ d. par la transpiration.

40 En France, quelles sont les vaccinations obligatoires ?

- ☐ a. le tétanos
- ☐ b. la poliomyélite
- ☐ c. le ROR
- ☐ d. la coqueluche
- ☐ e. la diphtérie
- ☐ f. le papillomavirus
- ☐ g. l'Haemophilus influenzae b
- ☐ h. l'hépatite B
- ☐ i. le pneumocoque
- ☐ j. le méningocoque

41 L'écartement des barreaux d'une barrière de sécurité ne doit pas être supérieur à :

- ☐ a. 6,5 cm.
- ☐ b. 11 cm.
- ☐ c. 20 cm.
- ☐ d. 16,5 cm.

42 Le gluten est une substance protidique qui se trouve :

- ☐ a. dans le tapioca.
- ☐ b. dans le blé.
- ☐ c. dans le seigle.
- ☐ d. dans le riz.

43 Un bébé pèse 6,5 kg. Vous devez lui préparer un biberon. Quelle quantité de lait lui proposez-vous (exprimée en grammes) ?

- ☐ a. 90 g
- ☐ b. 150 g
- ☐ c. 130 g
- ☐ d. 180 g

44 L'agrément d'une assistante maternelle de crèche familiale est donné :

- ☐ a. par le président du conseil général.
- ☐ b. par la directrice de la crèche.
- ☐ c. par le maire.
- ☐ d. par le préfet.

45 Un traitement antipyrétique est prescrit pour lutter :

- ☐ a. contre l'infection.
- ☐ b. contre l'hyperthermie.
- ☐ c. contre le risque de convulsions.
- ☐ d. contre les vomissements.

46 Un enfant vient vers vous en pleurant :

- ☐ a. vous le renvoyez vers le groupe.
- ☐ b. vous essayez de comprendre pourquoi il pleure et vous le consolez en lui parlant.
- ☐ c. vous le mettez au coin.
- ☐ d. vous lui donnez son doudou.

47 Vous êtes en plein repas avec les enfants, l'alarme incendie retentit, que faites- vous ?

- ☐ a. Vous savez que c'est un exercice d'entraînement, vous continuez le repas avec les enfants et vous irez ensuite avec les enfants sur le point de rassemblement.
- ☐ b. Vous attendez que l'on vous donne des consignes.
- ☐ c. Vous emmenez les enfants sur le point de rassemblement.

48 La formation à l'utilisation des extincteurs dans la crèche concerne :

- ☐ a. tout le personnel.
- ☐ b. seulement les agents habilités.
- ☐ c. seulement la directrice.

49 Un enfant de 2 ans se plaint auprès de vous de maux de ventre et de l'envie de vomir, que faites-vous ?

- ☐ a. Vous lui mettez une bouillotte d'eau chaude sur le ventre.
- ☐ b. Vous lui donnez un antispasmodique.
- ☐ c. Vous prévenez la directrice.
- ☐ d. Vous appelez le centre antipoison.
- ☐ e. Vous le rassurez.

50 Quelle attitude faut-il adopter pendant l'apprentissage de la propreté ?

☐ a. comparer l'enfant à un copain
☐ b. forcer l'enfant à aller sur le pot
☐ c. respecter le rythme de l'enfant
☐ d. donner moins d'eau à boire à l'enfant

51 Qu'est-ce que la « préhension fine » chez l'enfant ?

☐ a. la peur du noir
☐ b. la prise des objets par les mains
☐ c. le maintien de la tête et du tronc

52 Vous travaillez en crèche, vous savez que depuis hier des poux circulent dans la structure. Les parents sont informés par la direction. La mère d'un enfant vous demande quel enfant est porteur de la pédiculose, que répondez-vous ?

☐ a. Je ne sais pas.
☐ b. J'ai l'obligation de discrétion professionnelle, je n'ai pas le droit de vous le dire.
☐ c. C'est Timéo, dans la section des grands.

53 Qu'est-ce que le « rachitisme » ?

☐ a. un trouble psychique
☐ b. un trouble de la croissance
☐ c. une maladie héréditaire
☐ d. une maladie due à un manque de vitamine D

54 La section des grands se réveille progressivement de la sieste :

☐ a. vous ouvrez les rideaux pour qu'ils se réveillent plus vite.
☐ b. vous vous dépêchez de ranger le dortoir en parlant avec votre collègue des futures activités.
☐ c. vous respectez le rythme des enfants et les laissez dormir.
☐ d. vous vous occupez des enfants au fur et à mesure qu'ils se réveillent.

55 Pour la sieste, quelles sont les conditions de température idéales ?

☐ a. entre 18 et 20 °C, enfants peu couverts
☐ b. 24 °C sans couverture
☐ c. peu importe pourvu que les enfants soient bien

56 La légionellose se multiplie et se propage :

☐ a. par le circuit d'eau froide.
☐ b. par le circuit d'eau chaude.
☐ c. par le circuit de climatisation.
☐ d. dans les stérilisateurs.

57 Quelles sont les conséquences possibles de la maltraitance appelée « bébé secoué » ?

☐ a. le décès du bébé
☐ b. l'hémiplégie
☐ c. la cécité
☐ d. le retard mental

58 Le BCG protège contre la tuberculose : que signifient ses initiales ?

☐ a. bacille de Coq et Guérin
☐ b. bacille de Calmette et Guérin
☐ c. bactérie congelée de Guérin
☐ d. bactérie de Calmette et Guérin

59 Parmi le personnel de crèche, quels sont les agents qui peuvent distribuer à un enfant un médicament préparé ?

☐ a. l'éducateur de jeunes enfants
☐ b. la cuisinière ou le cuisinier
☐ c. la puéricultrice
☐ d. l'auxiliaire de puériculture
☐ e. l'infirmière/infirmier diplômé(e) d'État
☐ f. l'agent d'entretien

60 Le(s) vaccin(s) obligatoire(s) pour une entrée en crèche est (sont) :

- ☐ a. le BCG.
- ☐ b. la diphtérie.
- ☐ c. le tétanos.
- ☐ d. la poliomyélite.
- ☐ e. le ROR.
- ☐ f. l'Haemophilus influenzae b
- ☐ g. le méningocoque
- ☐ h. le pneumocoque

61 Vous devez préparer un biberon de 180 ml de lait maternisé pour un enfant de 8 mois. Combien de mesures rases devez-vous ajouter à 180 ml d'eau ?

- ☐ a. 4 mesures rases
- ☐ b. 5 mesures rases
- ☐ c. 6 mesures rases

62 Jusqu'à l'âge de 1 an, le lait de suite est adapté aux besoins de l'enfant car il apporte :

- ☐ a. du fer et des acides gras, que l'on ne retrouve pas dans le lait de vache.
- ☐ b. des vitamines en quantité suffisante, que l'on ne retrouve pas dans le lait de vache.
- ☐ c. le calcium nécessaire à sa croissance, que l'on ne retrouve pas dans le lait de vache.

63 En crèche collective :

- ☐ a. vous pouvez réchauffer les biberons au bain-marie.
- ☐ b. vous pouvez réchauffer les biberons au four à micro-ondes.
- ☐ c. vous pouvez donner les biberons à température ambiante.

64 En prévention de la bronchiolite, en période d'épidémie, il est recommandé aux parents de nourrisson :

- ☐ a. de se laver les mains systématiquement avant de s'occuper de leur enfant.
- ☐ b. de ne pas sortir dehors promener leur enfant jusqu'à la fin de l'épidémie.
- ☐ c. de ne pas aller se promener dans les centres commerciaux avec leur enfant.
- ☐ d. de ne pas fumer dans les lieux de vie de l'enfant.

65 Une otite est :

- ☐ a. un syndrome avec évitement relationnel.
- ☐ b. une inflammation au niveau de l'oreille.
- ☐ c. une difficulté à entendre certains sons.

66 En cas de diarrhée, le risque majeur est la déshydratation. À partir de quelle perte de poids doit-on s'inquiéter ?

- ☐ a. supérieure à 2 % du poids.
- ☐ b. supérieure à 10 % du poids.
- ☐ c. supérieure à 15 % du poids.
- ☐ d. supérieure à 20 % du poids.

67 Vous êtes en activité avec un groupe d'enfants. Sans raison apparente, l'un d'eux perd connaissance :

- ☐ a. vous le déplacez et le secouez pour qu'il revienne à lui.
- ☐ b. vous vérifiez rapidement ses constantes et essayez de trouver l'origine de ce malaise.
- ☐ c. vous appliquez les premiers soins (protocole concernant les gestes d'urgences) et, dans le même temps, vous appelez une de vos collègues pour vous aider à prendre en charge le groupe d'enfants et celui qui a perdu connaissance.
- ☐ d. vous faites prévenir très rapidement les pompiers et la directrice.

68 En cas de fièvre chez un enfant, il est recommandé :

- ☐ a. de l'habiller avec des vêtements légers.
- ☐ b. de lui faire boire du lait froid.
- ☐ c. de le couvrir.

69 Qu'est-ce qu'une « ecchymose » ?

☐ a. une maladie orpheline
☐ b. une fracture
☐ c. un vaccin
☐ d. une coloration bleutée, d'origine sanguine, qui apparaît sous la peau

70 Chez un nourrisson de 8 mois les signes suivants (langue sèche, yeux creux et cernés, fatigue, somnolence, fièvre, persistance du pli cutané, apathie) évoquent :

☐ a. la varicelle.
☐ b. une bronchiolite.
☐ c. une convulsion.
☐ d. une déshydratation.

71 Vous êtes dans un établissement multi-accueil et prenez en charge un groupe d'enfants de 14 mois. Un enfant du groupe présente une hyperthermie. Que faites-vous ?

☐ a. Vous habillez l'enfant avec des vêtements légers, en le laissant en couche.
☐ b. Vous rafraîchissez sa tête en l'humidifiant et vous le faites boire.
☐ c. Vous lui administrez rapidement une dose de paracétamol en fonction de son poids.
☐ d. Vous prévenez la directrice.

72 Lors d'une forte épidémie de gastro-entérite à la crèche, vous devez surveiller chez les enfants :

☐ a. un éventuel risque de déshydratation avec persistance du pli cutané et perte de poids.
☐ b. le périmètre crânien et la taille des pupilles.
☐ c. la respiration et la coloration de la peau.

73 En matière médicale, la contagion directe se fait par :

☐ a. les mains.
☐ b. le matériel de soin.
☐ c. le sang.
☐ d. l'air et les poussières.

74 Pour détruire les micro-organismes nuisibles qui peuvent contaminer un biberon sale, vous êtes amené(e) à réaliser une opération de :

☐ a. nettoyage et stérilisation.
☐ b. nettoyage et séchage.
☐ c. nettoyage et désinfection.

75 Le lavage des mains est un principe d'hygiène de base. Il est :

☐ a. indispensable après tout changement de poste de travail.
☐ b. obligatoire au moins toutes les heures, même si on ne se salit pas les mains.
☐ c. inutile si l'on porte des gants à usage unique.
☐ d. obligatoire uniquement si l'on manipule des denrées alimentaires.

76 Un plan HACCP est mis en place dans la crèche où vous travaillez. Il concerne :

☐ a. la cuisine.
☐ b. la biberonnerie.
☐ c. la buanderie.
☐ d. tous les services de la crèche, y compris les sections où sont accueillis les enfants.

77 Vous travaillez en crèche dans une section de bébés. À quel(s) moment(s) devez-vous vous laver systématiquement les mains ?

☐ a. dès que vous rentrez ou sortez de la section
☐ b. en sortant des toilettes
☐ c. avant et après chaque soin

78 Que faites-vous devant un enfant qui mord un autre enfant ?

☐ a. Je mords à mon tour l'enfant « mordeur » pour lui montrer ce que ça fait.
☐ b. Je réconforte l'enfant mordu et j'explique à l'enfant mordeur que c'est douloureux.
☐ c. Je discute avec mes collègues sur le comportement professionnel à adopter.

79 Quelle est la température généralement recommandée pour l'eau du bain d'un bébé en bonne santé ?

☐ a. 37 °C ☐ b. plus de 37 °C
☐ c. plus de 39 °C ☐ d. moins de 35 °C

80 Comment pouvez-vous favoriser l'accueil et l'intégration d'un enfant handicapé ?

☐ a. en niant son handicap pour que personne ne le remarque
☐ b. en l'imposant au sein du groupe sans rien dire aux enfants
☐ c. en lui refusant l'accès à la crèche
☐ d. en le mettant toujours hors du groupe pour le protéger
☐ e. en l'accompagnant progressivement dans ses activités et en le faisant participer à la vie du groupe

81 Comment favoriser le sommeil d'un enfant de 2 ans qui a du mal à accepter la sieste ?

☐ a. en le couchant à heures fixes sans jamais déroger
☐ b. en interrompant son activité avec autorité parce qu'il doit rejoindre impérativement son lit
☐ c. en le laissant décider seul, même s'il présente des signes de fatigue
☐ d. en l'accompagnant à la sieste et en lui expliquant qu'il pourra encore mieux réussir les activités et les jeux s'il s'est reposé

82 Le jeu chez l'enfant de moins de 3 ans :

☐ a. favorise la découverte de son corps.
☐ b. initie à la découverte du monde extérieur.
☐ c. favorise l'imitation de l'adulte et la communication.
☐ d. donne les prémices de la socialisation.
☐ e. évite l'ennui.

83 Vous accueillez un enfant dont les parents sont séparés, et qui porte le nom de son père :

☐ a. L'enfant peut être confié uniquement à son père puisqu'il porte son nom.
☐ b. L'enfant peut être confié à ses deux parents s'ils ont tous les deux l'autorité parentale.
☐ c. L'enfant ne peut être confié qu'à sa mère, qui en a la garde.

84 Conformément à la réglementation des crèches actuellement en vigueur, laquelle des affirmations suivantes est exacte ?

☐ a. Tout au long de la journée, la présence d'au moins 1 personne diplômée au sein de la crèche est obligatoire.
☐ b. Tout au long de la journée, la présence de 2 ou 3 personnes diplômées au sein de la crèche est obligatoire.
☐ c. Tout au long de la journée, la présence d'au moins 50 % de personnes diplômées au sein de la crèche est obligatoire.

85 La Convention internationale des droits de l'enfant a été adoptée par l'ONU en :

☐ a. 1970. ☐ b. 1981. ☐ c. 1989. ☐ d. 2000.

86 Selon le décret du 1er août 2000 régissant les modes d'accueil, le ratio d'encadrement des enfants à respecter est de :

☐ a. un professionnel pour 3 enfants qui ne marchent pas et un professionnel pour 8 enfants qui marchent.
☐ b. un professionnel pour 5 enfants qui ne marchent pas et un professionnel pour 8 enfants qui marchent.
☐ c. un professionnel pour 5 enfants qui ne marchent pas et un professionnel pour 6 enfants qui marchent.

87 À la crèche, un enfant de 2 ans s'introduit une perle dans le nez. Que faites-vous ?

☐ a. Vous demandez à l'enfant de se moucher en soufflant très fort.
☐ b. Vous appelez la directrice.
☐ c. Vous tentez de retirer la perle avec une pince à épiler.
☐ d. Vous pratiquez sur lui la manœuvre d'évacuation de Heimlich.

88 Dans la section des nourrissons, les mesures à prendre pour prévenir le risque de mort subite du nourrisson sont :

☐ a. coucher le nourrisson sur le dos.
☐ b. maintenir la température du dortoir à 25 °C.
☐ c. maintenir la température du dortoir à 19 °C.
☐ d. utiliser la gigoteuse pour couvrir le nourrisson.

89 Il est 18 heures, vous avez terminé votre journée dans la section des nourrissons. Il reste 6 bébés et une collègue. Que faites-vous ?

☐ a. Vous partez.
☐ b. Vous restez.
☐ c. Vous partez en prévenant la directrice.

90 Les laits 2e âge :

☐ a. sont également appelés « préparations pour nourrisson ».
☐ b. conviennent à l'enfant entre 5 mois et 12 mois.
☐ c. sont enrichis en protéines.
☐ d. sont enrichis en vitamines.
☐ e. sont fabriqués à partir du lait de vache.

91 Selon les moyennes de référence, la dentition provisoire de l'enfant :

☐ a. est complète un peu avant 3 ans.
☐ b. compte autant de molaires que d'incisives.
☐ c. est constituée de 24 dents.
☐ d. se termine par l'apparition des canines.

92 Le projet d'accueil individualisé ne concerne pas les enfants :

☐ a. souffrant d'allergies.
☐ b. souffrant d'intolérance alimentaire.
☐ c. atteints de maladies aiguës.
☐ d. atteints de maladies chroniques.

93 L'auxiliaire de puériculture qui constate qu'un enfant tortille et suce un foulard passablement terni :

☐ a. doit laver le foulard avant de le redonner à l'enfant.
☐ b. doit retirer le foulard à l'enfant, sans brusquerie et en détournant son attention.
☐ c. doit laisser le foulard à la disposition de l'enfant.

☐ d. doit expliquer à l'enfant que c'est sale et qu'il ne faut pas le mettre à la bouche.
☐ e. doit demander aux parents de laver le foulard.
☐ f. doit demander aux parents de ne plus apporter ce foulard à la crèche.
☐ g. doit le signaler à la puéricultrice.

Corrigé

1 b.
2 a., b. et c.
3 b.
4 b., c.
5 b., c., e.
6 d.
7 c.
8 b., c.
9 a.
10 a.
11 c., d., e.
12 c.
13 c.
14 a.
15 a., b., c., d.
16 c.
17 b., c., d.
18 b., c., e. et f.
19 b.
20 c.
21 b.
22 b.
23 b., d.
24 c.
25 b., c., d., e.
26 a., b., e.
27 b.
28 b.
29 a., c.
30 c.
31 b., c.
32 a., d., e.
33 c.
34 a.
35 b.
36 a., c.
37 b.
38 c.
39 c.
40 a., b., c., d., e., g., h., i. et j.
41 a.
42 b., c.
43 b.
44 a.
45 b., c.
46 b., d.
47 c.
48 a.
49 c., e.
50 c.
51 b.
52 b.
53 b., d.
54 c., d.
55 a.
56 b., c.
57 a., b., c., d.
58 b.
59 a., c., d., e.
60 b., c., d., e., f., g. et h.
61 c.
62 a.
63 a. c.
64 a., c., d.
65 b.
66 b.
67 c., d.
68 a.
69 d.
70 d.
71 a., b., d.
72 a.
73 a., c.
74 a.
75 a.
76 a., b.
77 b., c.
78 b.
79 a.
80 e.
81 d.
82 a., b., c., d.
83 b.
84 c.
85 c.
86 b.
87 a., b.
88 a., c., d.
89 b.
90 b., d., e.
91 a., b.
92 c.
93 c., e., g.

Bibliographie

- Badinter E., *L'Amour en plus : histoire de l'amour maternel (XVIIe au XXe siècle)*, Paris, Flammarion, 2010 (1980).
- Chapsal P., Lebrun P.-B., *Collectivités territoriales, Concours et examens professionnels*, Vuibert, 2020.
- Cyrulnik B., *Un merveilleux malheur*, Paris, Éditions Odile Jacob, 1999.
- David M. et Appell G., *Loczy ou le maternage insolite*, Paris, Érès, 2008 (1973).
- David M., *0 à 2 ans, vie affective et problèmes familiaux*, Paris, Dunod, 1998.
- Derville G., Rabin G., Lebrun P.-B., *La protection de l'enfance*, coll. « Aide-mémoire », Dunod, 2020.
- Discour A., Lefort M.-C., *La Place d'un père durant les trois premiers jours après la naissance de l'enfant prématuré*, Paris, Érès, 2003.
- Dolto F., *La Cause des enfants*, Paris, Robert Laffont, 1997.
- Epstein J., *L'Explorateur nu*, Paris, Éditions Universitaires, 1999.
- Epstein J., *Le Jeu, enjeu*, Paris, Dunod, 2011 (1987).
- Lacroix M.-B., Montmayrant M., *Les Liens d'émerveillement*, Paris, Érès, 1995.
- Lebrun P.-B., *Collectivités territoriales, Cours et QCM, L'essentiel en 51 fiches*, Vuibert, 2020.
- Laran S., Lebrun P.-B., *Le droit en action sociale et médico-sociale*, coll. « Aide-mémoire », Dunod, 2021.
- Martin J., Poulin C., Falardeau I., *Le Bébé en services éducatifs*, Québec, Presses de l'université du Québec, 2009.
- Maslow A. H., *Vers une psychologie de l'être*, Paris, Fayard, 1972.
- Montagu A., *La Peau et le Toucher*, Paris, Éditions du Seuil, 1979.
- Morel C., Lebrun P.-B., *Le Grand Dictionnaire de la petite enfance*, Dunod (Paris), 2018
- Piaget J., *Le Langage et la Pensée chez l'enfant*, Neuchâtel et Paris, Delachaux et Niestlé, 1966 (1997).
- Pinelli A., *Porter l'enfant vers son autonomie*, Paris, Érès, 2004.
- Pringault A., Lefort M.-C., *75 fiches pratiques pour les auxiliaires de puériculture, Préparation au DEAP*, Estem . Vuibert (Paris), 2016
- Thirion M., *Les Compétences du nouveau-né*, Paris, Albin Michel, 2002.
- Tourette-Turgis C., Georgin M.-J., « Psychopédagogie de l'enfant », *Cahiers de puériculture*, vol. 8, Paris, Masson, 1986.

Dépôt légal : août 2021
Achevé d'imprimer en août 2021 par la SEPEC en France
N° d'éditeur : MAGSI20200640
N° d'imprimeur : 09467210715

IMPRIM'VERT®

PEFC™ 10-31-1470 / Certifié PEFC / Ce produit est issu de forêts gérées durablement et de sources contrôlées. / pefc-france.org